LEGAL
NEGOTIATION

彭小龙

著

法律
谈判
思维

中国人民大学出版社
· 北京 ·

目　录

绪　论

呈现在您面前的是一本有关法律谈判思维的书，但在一开始，我们并不打算如许多著作通常那样交代写作背景和问题意识，或者直接切入法律谈判思维的概念、特征或者要素，而是想从对法律实践的理解谈起。究其原因，或许通过澄清法律实践的展开方式和基本性质，我们能够更全面地认识法律谈判是什么，更清楚地说明为何聚焦于法律谈判的"思维"，更明确地阐释本书倡导的"知行合一""道术结合"的内涵及其要求，从而展示出本书与法律谈判、法律方法、法律思维等相关著作的不同之处以及其可能的创新。

一、为什么说法律实践就是"在谈判"

说起法律谈判，可能您会想起在大到波谲云诡的国际事件、小到司空见惯的合同交易等场合使用的各种"讨价还价"技巧，或许您也会想到这是一种有别于调解、仲裁、诉讼的争端解决方式。这些认识都没有错，符合人们对谈判的通常理解，即"一种旨在相互说服的交流或者对话过程，其实质是一种双方的交易活动，目的是达成合意"[①]。不过，本书想向您展示的是，这些认识可能严重低估了法律谈判，因为法律实践就是"在谈判"。

（一）法律职业就是谈判

2001 年，美国律师协会出版了一本据说是该协会推荐给律师

---

① 范愉：《非诉讼程序（ADR）教程》（第 4 版），北京：中国人民大学出版社 2020 年版，第 104 页。

的"必读"书，该书题名为 *Lawyer' Guide to Negotiation*，直译过来应该是《律师谈判指南》。译者从正文中截取"法律职业就是谈判"这句话作为中译本标题，更醒目地表达了该书的主旨内容。为什么说法律职业就是谈判呢？该书举出以下两组数据：

> 超过 95％的民事纠纷是通过法律谈判协商解决的，而不是通过向法院起诉解决……
>
> ……由于大众传媒的宣传，很自然的，每个人都把所有的诉讼律师想成法庭斗士……但是真正从事诉讼业务的律师们却深知现实并非如此。任何一个诉讼律师都可以作证，他们把绝大部分的时间都花在会见客户、起草诉讼文件、取证和研究法律问题上了……实际上，95％的诉讼是通过谈判来解决的。也就是说，为了解决纠纷和冲突，平均而言，诉讼律师使用谈判技能的几率是使用审判技能的几率的 19 倍。①

由此可见，谈判在纠纷的诉讼和诉讼外解决中都起着决定性作用。虽然作者并未披露数据来源②，但即便从这些数据来看，还是低估了谈判的作用。一方面，诉讼外纠纷解决存在"统计黑数"，对大量非正式或者民间性的谈判协商缺乏统计渠道。无论第一组数据中的民事纠纷总量是否准确，都必然遗漏许多未被列

---

① ［美］X. M. 弗拉斯科纳、［美］H. 李. 赫瑟林顿：《法律职业就是谈判——律师谈判制胜战略》，高如华译，北京：法律出版社 2005 年版，第 3 页，第 188 页。

② 第二组数据应该是来自美国联邦地区法院民事案件的统计。笔者曾统计过 1962 年—2010 年的相关数据，结果显示通过非诉讼方式解决的民事案件的比例持续增长。关于长期趋势及不同类型民事案件的情况，参见彭小龙：《非职业法官研究：理念、制度与实践》，北京：北京大学出版社 2012 年版，第 141－149 页。

入统计的谈判。另一方面，第二组数据提到的"19倍"应该来自谈判解决的案件与审判解决的案件的比值（95％/5％），但谈判不只是一种独立的解纷方式，同时也是所谓"审判技能"的必备要素。无论是起诉前当事人与代理人的沟通协商，还是庭审中双方当事人与法官围绕实体事项和程序事项的对话交流，都要以谈判的方式展开。除此以外，调解、仲裁等诉讼外纠纷解决方式也包含了调解员、仲裁员与双方当事人及其律师通过谈判获取合意的过程。即如该作者在其书中已然提到的那样，"不管你是想达成一份买卖合同，还是打算提起一起人身损害赔偿的诉讼，或是与你的客户讨论一些未决的法律实务，你都是在谈判"[①]。

（二）谈判是法律实践展开的基本方式

显然，《法律职业就是谈判——律师谈判制胜战略》主要是在律师职业和纠纷解决的范围内来讨论谈判。其实，谈判的重要性还远不止如此，而是全面嵌入在立法、执法、司法、守法等法律活动之中。除了已提及的司法和纠纷解决，下面将简要介绍谈判在其他主要法律活动中的作用。

就立法而言，您肯定知道民主立法、科学立法都要求立法过程应充分说理沟通，谈判协商的质量在很大程度上决定着能否获得真实的、最大限度的立法共识。除了这种应然层面的要求，由于立法涉及切实的利益损害分配，各类社会主体在博弈过程中必然也会使

---

① ［美］X. M. 弗拉斯科纳、［美］H. 李. 赫瑟林顿：《法律职业就是谈判——律师谈判制胜战略》，高如华译，北京：法律出版社2005年版，第3页。

用多种谈判技巧，甚至会竭力在立法程序之外展开谈判活动。前者
如我国在制定 2003 年《道路交通安全法》的过程中，公安、农业、
交通等部门围绕农业机械管理体制、道路交通管理体制等问题展开
了大量的协商；在该法的后续修改中，驾驶员、行人、保险公司等
不同主体围绕是否"撞了白撞"也展开了多轮反复博弈。① 后者如
许多国家中存在的"立法游说"现象。据媒体报道，1997 年美国
联邦游说活动记录在册的事件和总支出为 12 906 件和 12.6 亿美
元，1998 年增长至 15 705 件和 14 亿多美元，仅在华盛顿登记的
游说公司就有 3 700 多家。②

　　在执法活动中，尽管严格依职权、内容和程序执法是"依法
行政"的基本要求，但同样离不开谈判。除了日常生活中随处可
见的执法过程中行政主体与行政相对人的交流沟通，您可能也听
说过自律规范、专业标准、弹性条款、公共政策等"软法"的兴
起。这些软法的"效力结构未必完整、无需依靠国家强制保障实
施、但能够产生社会实效"，在公共领域和行政执法中发挥着重
要作用，其"创制、实施、解释、适用过程基本上是一个强调双
赢的博弈过程，注重对话与沟通，强调共识与认同，能够最大限
度地基于合意作出公共决策"③。

---

① 参见范愉：《关于〈道路交通安全法〉争议的若干思考》，《法学家》2005 年
第 1 期；陈斯喜：《利益多元化与立法中的利益博弈》，载中国法学创新网：http：//
www. fxcxw. org. cn/dyna/content. php？ id＝10966，2009 - 09 - 07，最后访问时间：
2024 - 02 - 03。
② 参见裴宪军：《"游说"在其貌不扬的 K 街 了解美国政治中心》，载环球网：
https：//m. huanqiu. com/article/9CaKrnJyjwV，2012 - 12 - 24，最后访问时间：2024 -
02 - 03。
③ 罗豪才、宋功德：《认真对待软法——公域软法的一般理论及其中国实践》，
《中国法学》2006 年第 2 期。

就守法而言，法的遵守并不一定都需要国家权力机关强力介入，在很多情况下是通过人们在法律制度框架中的谈判协商而实现的。请回想一下是否有过如下经历：您在购买房屋、车辆或者其他商品时，是否会通过各种方式了解一下法律规定，然后再与对方进行交易？当您在和别人发生物业、劳动、消费争议时，是否会援引法律规定（甚至有时您对法律的具体规定也不是特别清楚）作为谈判依据？当对方不理睬时，您是否会以声称投诉、举报、起诉等方式来迫使他接受您的要求；或者考虑到走这些法律途径太麻烦、不值当，忍忍算了？如果您的回答是肯定的，这些行为虽未涉及执法或者审判，却正是本书后面将要提及的"法律阴影下的谈判"或者"谈判阴影下的诉讼"，而您已经在进行法律谈判了。

看到这里，我们可以得出一个基本判断：谈判是法律实践展开或者法律运作的基本方式。这句话包含两层意思：其一，谈判贯穿于所有法律活动，谈判能力是法律从业人员必须具备的基本素质，值得高度重视。即便您不是法律专业人士或者对法律实践不感兴趣，了解法律谈判或许也有助于提高日常生活品质。其二，既然谈判是法律实践展开的基本方式，那么，进行法律谈判应当具备什么样的知识、技能或者素养，取决于法律实践的实际需求和条件限定。问题是：我们真的了解法律实践吗？

二、我们了解法律实践吗

谈起法律实践，人们通常会联想到公平正义的价值追求、浩如烟海的专业文献、忠诚法律的职业群体、明辨是非的程序制度或者纪律森严的机构人员。当然，也有人会认为现实中的法律实践并不必然表现得如此。抛开这些理想与现实的分歧不论，各种看法通常对法律实践达成以下共识：这是一种高度专业性活动，要求其从业人员熟知法律、深谙法理并精通法律技能。1608 年，当自信满满的英国国王詹姆斯一世意欲亲临法院坐堂审案时，科克法官的回答就集中表达了这种共识：

> 上帝的确赋予陛下极其丰富的知识和无与伦比的天赋；但是，陛下对他的英格兰王国的法律并不精通，因为涉及其臣民生命、继承、动产或不动产的那些案件是由人为理性和法律判决来决定的，而不是由自然理性来决定的；法律是一门艺术，在一个人能够获得对它的认识之前，需要长期的学习和实践。①

这种共识不仅符合人们的日常印象，实际上也在数百年来的法学专业文献中得到反复强调。对此，本书基本认同而无意挑战。不过，对于法律实践来说，这种共识或者印象足够准确全面吗？我们邀请您共同思考以下几个问题。

（一）学法律、做律师就是背法条吗

随着法律在社会生活中的重要性与日俱增，近年来涌现出许多法律题材的影视剧。2020 年 1 月 7 日，《北京青年报》刊登了

---

① 转引自［美］诺内特、［美］塞尔兹尼克：《转变中的法律与社会》，张志铭译，北京：中国政法大学出版社 1994 年版，第 69 页。

一篇报道，列举某"热播"法律职业剧在法律上的多处知识硬伤，使得"'精英律师'不精英"。例如，在提及"法律职业资格考试"时仍使用其旧称"司法考试"，援用早已失效的法律条文，甚至自创并不存在的"中华人民共和国商法"、"中华人民共和国知识产权法"、"中华人民共和国产品专利法"[①]。如果说这些硬伤尚属"无心"或者"无知"之过，观众的批评捕捉到了法律实践对于准确把握法律知识的要求，那么，从大众传媒角度来看，该剧以及同类影视剧中常见的一字不差地大段背诵法律条文等情节，实际上反映出人们对法律实践的某种通常印象：学法律、做律师就是"背法条"。

当然，您或许会认为仅几部影视剧的情节不足以说明这种看法的普遍存在。别着急。如果您刚好是一位法律工作者或者法科学生，请回忆一下是否经历过如下场景：您是否也被人"夸赞"过"肯定是记性好，法律都能背下来"？当您告诉他们法律职业资格考试或者大学里面的考试允许带法律法规汇编时，是否看到过他们惊讶的眼神？当大数据、人工智能，特别是 ChatGPT 兴起时，您是否也感受过日趋临近的"失业"风险，担忧"法律人的未来"？如果曾经历过这些场景，那么实际上表明这种常识印象确实在某种程度上存在。

作为一名法律工作者或者法科学生，您可能会对这种"人形法条机"印象表示不满。同一篇报道所采访的一位法科学生就抱

---

① 宋霞：《网友挑错"精英律师"不精英》，《北京青年报》2020 年 1 月 7 日，第 A08 版。

怨"我们法学生真不是这么背法条的",一位律师进一步解释,"'学法律就是背法条'是对法律职业的极大误解"。接着,他们对自己将要从事或者正在从事的事业作出大致如下的描述:熟知法律是法律实践的前提,但这不等于死记硬背,关键是要具备法律思维,即要深谙法条背后的法理,锻炼法律逻辑,学会在基本案情中提炼法律要点并将法律正确地运用于个案解决。这种描述并非个别意见。在很多法律人看来,这才是科克法官强调的"人为理性"或者"法律思维",包含法律外行听不懂的"行话"或者接近不了的"专业槽"。对于这种描述,您满意吗?先别急着回答,不妨接着看看下面这种现象。

(二)为什么法学毕业生"不好用"

如果说法律实践要求从业者具备专门的法律思维,那么法学院校无疑是培养这种思维的主阵地。虽然不同院校的培养模式有所差别,但在夯实概念、解析规则、精研法理的基础上培养学生运用法律解决实际问题的能力,一直都是法学教育的核心内容,近些年来更是在传统的课堂讲授之外,涌现出各种案例教学、模拟法庭、虚拟仿真、"双师同堂"等贴近实践的教学方法和实训机制。2015年12月20日,中共中央办公厅、国务院办公厅印发《关于完善国家统一法律职业资格制度的意见》,明确要求"着重考查宪法法律知识、法治思维和法治能力,以案例分析、法律方法检验考生在法律适用和事实认定等方面的法治实践水平"。近几年来的法律职业资格考试内容也朝着这个方向发生了许多重大变化。按理来说,经过这些训练,尤其是通过法律职业准入门槛的法学毕业生，至少大部分应该能够直接胜任法律实践工作。然而，2023 年 1 月，"今日头条"刊载了一条新闻，某律师事务所主任直言，"读了 4 年法学，进入律师事务所后却发现不能马上用"是一个"不算少见的问题"，刚毕业的法科学生甚至连背景调查、法律检索都不会。为了说明这不是他个人的观点，他还提到前几年参与的法律界的一次研讨会，与会人员普遍认为"法学院培养的学生出来以后到了公检法或是律师事务所，却不能马上用"。他认为，这反映出"法学生实务操作技能的缺乏，原因还是学校在相关培养上的缺失"；并从培养模式、课程设置、实习训练等方面提出诸多对策建议。①

那么，真是法律专业能力或者操作技能的缺乏导致法学毕业生"不能马上用"的吗？请您看看下面这项调查。2016 年—2019 年间，中国人民大学法治评估研究中心开展了一项"中国法治评估调查"，范围覆盖除极个别省份外的全国广大地区。我们以"您所在的单位在最近三年中接收过应届法律专业毕业生吗？如果接受过，请按照好、较好、中、较差、差的标准评价他们的法律专业水平"为题，收集了法律专业人士的满意度评价。刨除"未接收"和"不了解"的受访者的回答，图 0-1 以好评率（好、较好）、中评率（中）、差评率（较差、差）汇总了相关统计数据。② 从中可以看出，法学毕业生法律专业水平的满意度评价较

---

① 参见刘晶晶：《4 年法学毕业却连检索都不会，委员建议加大法学生实务培养》，载今日头条：https://www.toutiao.com/article/7187274490261602855/? up-stream _ biz＝toutiao _ pc&-wid＝1706703084664，2023－01－11，最后访问日期：2024－01－31。

② 关于调查的样本、方法和数据，参见朱景文主编：《中国法律发展报告 2020：中国法治评估的理论、方法和实践》，北京：中国人民大学出版社 2020 年版。

为稳定，好评率基本上在 65％以上，差评率基本上在 10％以下，
中评率则为 20％～25％。

图 0-1　法学毕业生法律专业水平满意度测评（2016 年—2019 年）

　　应当说，法学毕业生法律专业水平的好评率还有不小的提升
空间，这为其"不好用"提供了部分解释，"法律检索"等确实
也是法律技能训练本应解决的问题。然而，毕竟只有 10％左右的
差评率，这表明"不能马上用"的原因或许还不仅仅在于（或者
主要还不在于）法律专业水平或者操作技能的缺乏。例如，前述
报道中律师提及的"背景调查"就不限于法律知识或者逻辑训
练，同时还包括与当事人交谈并获取必要信息的能力，需要对相
关信息渠道、企业经营状况、风险来源等社会常识甚至专业知识
有一定的了解。事实上，有人提出，法学毕业生不好用的关键不
在于法律知识欠缺而在于缺乏"确定事实"的基本能力。[①] 有学
者甚至提出，"只懂法律，而不了解其他社会知识的法律人是不

---

　　① 参见沈占明：《法学毕业生为啥不好用》，《检察日报》2018 年 9 月 26 日，
第 7 版。

成功的"①。

那么，法律实践所需的知识、技能、素养究竟包含哪些？这些要素之间的关系是什么？法律从业人员应该具备什么样的"法律思维"才能胜任其工作？讨论到这，我们已经接近有关法律实践的基本性质及其要求的关键内容了。不过，在回答这些问题之前，还是请您耐心看完下面这场"法律人思维"存在与否的学术论争。如果不存在这种思维，以上问题或许就没有多大的回答必要，本书有关法律谈判思维的讨论在很大程度上也就失去意义。

（三）存在一种"法律人思维"吗

2013 年，苏力教授发表了一篇质疑"法律人思维"的论文，孙笑侠教授等捍卫这种思维的学者对此予以积极回应。这场争论涉及内容非常广泛，既包括如何理解法教义学、"thinking like a lawyer"等理论问题，也涉及"法律思维"在我国的兴起原因等背景解读，还涉及如何改进法学教育和法律人才培养方式等对策建议。本书无意涉足这场争论，只是想接着前面的话题，关注他们是如何理解法律实践的基本性质及其从业人员的基本要求的。下面，请允许我们以论争双方的代表性论文为基础，简明扼要地介绍各自的基本立场和主要观点。②

---

① 王利明：《人民的福祉是最高的法律》（第 2 版），北京：北京大学出版社 2018 年版，第 412 页。

② 参见苏力：《法律人思维？》，载《北大法律评论》第 14 卷第 2 辑，第 429－469 页；孙笑侠：《法律人思维的二元论：兼与苏力商榷》，《中外法学》2013 年第 6 期。

　　苏力教授否认一种不同于普通人思维的"法律人思维"的存在，认为法律人在法律实践中的思维方式与普通人的思维方式无异。具体来说，法律人关心的是法律在社会实践中的后果，而不是所谓的牢记法律术语、严格按照程序、遵从法律逻辑结论或者推理，这是因为他们需要说服其他人，而且法律术语、规则和条文只有在后果考量中才会获得特定含义；虽然法律人似乎对法律问题、规则和程序更为敏感细致，但这实际上是法律人的制度角色、社会期待和自我期许所导致的，而普通人的言行也是由其制度角色、社会期待和自我期许所塑造的，一旦进入法律实践，"只要不是太蠢，一般都能很快理解并会遵循制度对自己的要求"。故此，在不贬低常规意义上的法律技能的同时，他认为"法律人不能沉湎于由概念和规则编织出来的天国，而应当在实践中慎重考虑社会后果，善于运用各种社会、政治的知识与经验，最终做出恰当的判断和行为。"

　　孙笑侠教授致力于澄清并捍卫"法律人思维"。在他看来，法律人思维是基于独特的法律方法而存在的，这些法律方法是法律职业在长期的法律实践中所形成的，建立在专门的法律概念、逻辑和程序的基础之上。法律人也可能如普通人那样会关注社会后果，但这不意味着否定法律人思维的存在。事实上，法律人思维并不拘泥于法律规则和概念逻辑，也不排斥后果考量，必要时甚至需要超越法律和进行价值判断，只是法律人需要在法律程序中运用法律解释、漏洞补充、价值补充等法律方法来关心社会后果。因此，法律人思维不仅存在，而且应该是法学教育必须着力强化的训练内容。只有这样，法律人才能在法律实践中实现法律规范与社会事实之间的张弛有度。

（四）"知行合一"的法律实践基本性质

经过以上三个问题的思考，或许您已经发现，"精通法律、深谙法理、精通法律技能"的共识尽管没错，但用来准确全面描述法律实践还远远不够。由于对法律实践的理解直接关涉法律谈判的内涵、要素和要求，本书有必要在前文讨论的基础上，阐明我们对法律实践的基本性质及其要求的看法。

第一，法律实践是一种以法律为中心展开的实践活动，对于法律知识及其应用技能有着专门的要求，其从业人员确实需要具有某种特殊的思维方式。事实上，苏力教授尽管质疑"法律人思维"的存在，但并没有否认法律技能的重要性，反而强调人们的思维方式受到制度角色及其引发的主观期许的塑造。法律实践无疑是一种制度实践，包含了特定的社会期许和从业人员的自我期许，怎么可能不会存在一种不同于其他制度实践的特有思维方式呢？更重要的是，法律实践不仅关乎个体的行动、利益或者说服，同时也关涉法治及其承诺的权力控制和权利保障等重要价值。如果仅仅从后果考量来考虑法律人的思维，法律实践似乎也就成为一场"成王败寇"或者"利益最大化"的权谋游戏。如果您也在乎法治及其承载的价值，或许也会认为这种包含法律概念、规则和方法的专门思维方式具有重要意义。

第二，法律实践所要求的专门思维方式尽管以熟谙法律知识及其应用技能为前提，但同时还应当包含对当事人乃至社会的深刻理解。这不仅因为法律是用来调整人们行动的，需要解决具体社会问题，脱离对这些社会事实的体察无法期待会有良好的法律实践；而且还因为法律置身于社会当中并且只是社会调整的一种机制，法律与道德、习惯、风俗、舆论以及各类社会共同体的内部调整机制存在着冲突、竞争、合作等复杂关系，缺乏对这些关系的把握，我们也难以找寻"法和法律程序的力量何在，弱点何在"①，个案的妥善解决乃至法治的维系更无从谈起。事实上，这或许也是前述三个问题讨论的基本结论。无论是对"学法律、做律师就是背法条"的错误观念的澄清，还是否定"法律人思维"，实际上反对的都是那种固守在法律"概念天国"中做文字游戏或者逻辑推演的思维方式；而"法律人思维"肯定论者眼中的法律思维包含各种弥合法律与社会之间缝隙的方法，为法学毕业生"不好用"找病根开药方的人所强调的法律实务操作技能，本身也都包含了对人生与社会的体察。因此，抛开对"法律思维"的理解差异，如何形成一种能够包容鲜活社会的法律思维方式，是他们的共识。

如果您认同以上看法，或许也就明白本书倡导的"知行合一"的具体内涵。这种"知行合一"包含了两个层面：第一个层面强调法律知识的"知"与其应用技能的"行"的结合，第二个层面则强调法律的"知"与其社会实践的"行"的结合。或许只有同时满足这两个层面的要求，才能避免出现"人形法条机"或者"不能马上用"的现象，才能使法律实践在维系法治的同时为

---

① ［美］朱迪丝·N. 施克莱：《守法主义：法、道德和政治审判》，彭亚楠译，北京：中国政法大学出版社 2005 年版，第 7 页。

个案寻求到妥当的解决方案。当然，您肯定也发现了，这两个层面的"知行合一"存在密切关联。如下文将要展示的，这正是本书侧重于从"思维"来探究法律谈判的重要原因。

三、为什么要重视法律谈判思维

假如您期待看到诸如红脸/白脸、虚开高价/低价、声东击西、迷惑策略等谈判计谋，估计本书会让您失望。我们试图提供的是一种如何妥当展开法律谈判的"思维"。这种思维在关注交流沟通技能等"术"的同时，更注重法律实践活动的规律、要求、原理等"道"，且尝试实现两者的融贯整合。通过法律谈判的"道术结合"来满足法律实践的"知行合一"的要求，是本书聚焦于法律谈判"思维"的原因和目标。

（一）法律谈判的"术"与"道"

本书不以谈判技巧为中心展开，并非认为它们在法律谈判中不重要，一个现实理由在于以往的法律谈判的研究、教学基本上都是以"术"为中心展开的，已有大量相关书籍和教科书。例如，前文提到的《法律职业就是谈判——律师谈判制胜战略》，以及后文将会提到的费希尔、尤里、巴顿等人的《谈判力》，列维奇的《谈判学》，汤普森的《谈判学》，迪帕克·马尔霍特拉和马克斯·巴泽曼的《哈佛经典谈判术》，威廉·尤里的《突破型谈判：如何搞定难缠的人》和《突破型谈判（进阶篇）：学会拒绝拿到更多》，彼得·约翰斯顿的《劣势谈判：小人物的谈判策略》等。既然"珠玉在前"且数量众多，再增加一本同类书籍似乎也没有太多的意义。当然，除了这种现实理由，本书不以谈判之"术"为中心，还有如下更为重要的原因。

第一，只了解谈判之"术"往往难以获得实效。您是否曾听说过甚至"深刻"懂得"换位思考""情绪管理""认真聆听""眼神交流""会讲故事""积极反馈""用好肢体语言"等技巧的好处，却怎么也不会使用？或者曾见识过您的同事、朋友很会与人沟通，关于同样的事情人家一说就行，而您自己怎么说都是错？如果有这些经历，不用过分担忧，很多沟通技巧实际上都不是"一学就会"的。就如同"三十六计"，不是每个人看了之后就懂得如何围魏救赵、暗度陈仓、欲擒故纵或者远交近攻。谈判技巧的使用往往具有极强的个性化特征，其选择及效果深受品性、情绪、道德感等个人特质影响；同时也具有很强的场景化特征，面对不同的人或者不同的事几乎不可能"一招鲜吃遍天"。缺乏系统思维来把握具体的谈判事项，往往很难懂得如何选择合适的谈判技巧，即便懂得了也不会做或者不愿意做。

第二，单纯的谈判技巧无法充分满足法律实践的需求。正如前面提到的，法律实践要求法律知识及其应用、法律与社会实践两个层面的"知行合一"，而谈判之"术"只是法律谈判中的一项要素而已。如果缺乏对谈判事项的系统把握和整体思维，只懂得谈判技巧，可能会空有技术而找不到合适的使用场景，结果"适得其反"。更重要的是，法律实践中的谈判并非完全不受限制、没有禁区。瞒天过海、偷梁换柱、浑水摸鱼等技巧计谋可能触碰到法律的强制性规定，不仅无助于达成合意，反而可能引发诸多不利的法律后果。

第三，法律谈判并非只要达成合意就可以不管手段、方式和过程。法律谈判是法律实践展开的基本方式，事关人的尊严、社会和谐、权利保障等基本价值的实现。如果不将谈判技巧放在法律实践中予以系统把握，谈判很有可能成为一场比拼技巧的胜负游戏，甚至变成只讲权谋算计的"厚黑学"，而这显然与法治的基本承诺和法律人的职业使命背道而驰。这并非危言耸听。不信的话，您可以随意在网络上检索或者去图书市场看看，有多少与谈判相关书籍的标题或者封面上写着"致胜""制胜""决胜"等字样，说不定您还可以找到一些明晃晃地将"厚黑（学）""诡计"作为标题的谈判著作。

由此可见，无论是基于法治的要求，还是从谈判的实际需求来看，我们都需要一种立足于法律实践及其需求的"法律谈判思维"。当然，这并不意味着法律谈判思维只讲"道"而不讲"术"。毕竟，法律谈判始终面对的是具体的人、解决具体的事，再好的谈判之"道"也要依靠基本的谈判技能等"术"才能实现。在这个意义上，法律谈判思维并不是"中看不中用"的屠龙术，更不是抽象的玄学，而是要像我国古人一直注重的"以道驭术""寓道于术"那样，融贯法律谈判的原理、制度与技术。

（二）法律谈判思维及其框架类型

看到这里，您可能会产生以下疑问：法律实践"知行合一"涉及那么多不同的内容，如何才能形成一种融贯"道"与"术"的法律谈判思维？又如何确保这种思维能够适应复杂多变的法律谈判场景，而不至于固化人们的认知和行动？事实上，这些正是本书着力解决的问题。为了让您有一个初步的整体印象，下面将简要介绍一下我们所谈的法律谈判思维是什么。

　　简言之，法律谈判思维试图解决的问题是：当您在现实生活中面临一个需要解决的法律事件（达成交易、解决纠纷或者其他）时，应当考虑哪些因素并采取何种方式来展开有效的交流沟通。所谓"有效的交流沟通"并不是说一定要与谈判对方达成合意，也可能是在考虑周全之后果断放弃当下的交易，或者选择其他方式来解决纠纷。但无论如何，有效的交流沟通都需要全面系统地考虑法律谈判涉及的各种要素及其相互关系。基于此，本书从知识架构、技术构成、情境构造等三方面归纳出法律谈判思维的基本要素，并着眼于三者互为条件、相互制约的关系搭建起一个"三位一体"的体系。此即本书将要向您呈现的"道术结合"的"法律谈判思维"（见图 0-2）。

图 0-2　"三位一体"的法律谈判思维

　　当然，现实中的法律谈判是复杂多样的，有的可能是在固定盘子里"分蛋糕"，有的则有"做蛋糕"的机会，还有的可能涉及谈判双方以外的利害关系人或者资源分配；谈判双方在性格上既可能温和也可能强硬，在信心上既可能志在必成也可能胆怯犹豫，在目标上既可能"赢者通吃"也可能"委曲求全"。"三位一体"的法律谈判思维并不是一套固定不变的"思维定式"，而是从法律实践"知行合一"中把握谈判应当考虑的各种要素及其关系。谈判的内容、对象和问题等有所差异，这些要素的组合关系亦应有所不同，因而可以进一步形成更具体的思维框架予以类型化思考。如图0-3所示，本书将向您介绍策略、要素和问题解决等三种框架。策略框架着眼于谈判中所涉及的人和事的差异，要素框架涉及谈判过程的整体把握，而问题解决框架则用于谈判选择、障碍突破、劣势克服等谈判常见问题的解决。这些框架并非独立并列而是相互关联，通过其综合运用，或许可以为您应对复杂多样的法律谈判和法律实践提供思考坐标和参考信息。

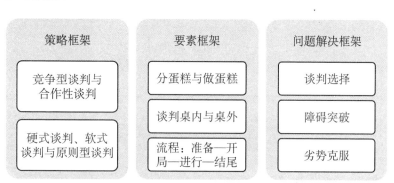

图0-3　法律谈判思维框架

（三）本书的结构与使用建议

从前面的介绍中可以看出，探究法律谈判思维的关键在于，如何从法律实践"知行合一"中解析出各种谈判基本要素，捕捉这些要素之间的关系，进而形成一种融贯的体系。这一关键任务决定了本书的结构安排主线。除绪论和结语以外，本书将由三个部分构成。第一部分为第一章"'知行合一'的法律谈判思维"，通过说明法律谈判中的"知""行"及其关系，探究知识架构、技术构成、情境构造何以成为法律谈判思维的必备要素，解析三者相互关系中蕴含的"道""术"关系，阐明法律谈判思维的整体构造及其可能具有的独特价值。第二部分为第二章至第四章，详细考察法律谈判思维的三种必备要素，系统回答依据什么知识、通过什么技术、在何种情境中实现有效的法律谈判。第三部分为第五章，对"三位一体"法律谈判思维作出系统总结，解释其为何能够满足法律实践"知行合一"的要求，以及这种谈判思维如何养成。至于前面提到的策略、要素、问题解决等法律谈判思维框架，则会根据本书的结构主线安置在不同章节之中，主要分布于第三章和第五章。

如果您想迅速了解法律谈判思维的要素及其构造，可以先跳过第一章关于法律谈判的理论讨论，直接切入第五章，然后再看第二至四章；如果您只是对法律谈判思维中的知识架构、技术构成、情境构造或者其中部分内容感兴趣，可以先阅读相关章节；如果您对法律谈判涉及的法律思维、法律方法或者法律实践的社会学观察等理论问题感兴趣，可以重点阅读第一章，将其他章节作为参考的资料信息。当然，如果时间允许又有兴趣的话，还是强烈建议您从头到尾阅读。

最后需要向您说明的是，本书的主体内容来自作者本人在中国人民大学开设"法律谈判"课程中的研究和思考。过去十余年间，本人一直坚持给法律硕士同学开设这门课，其间也多次向许多优秀的法官、调解员、仲裁员、律师请教法律谈判经验，并在海外访学期间了解过一些院校的法律谈判教学培养模式。随着了解的深入，本人越来越感受到法律谈判思维的重大实践意义，并发现法律谈判涉及法学、社会学、心理学、经济学等诸多学科知识，是一个非常具有理论价值的跨学科研究领域。为了清晰展示本人这段时间在这个问题上的思考，确保您能够有较为顺畅的阅读体验，本书写作努力采用通俗的语言将复杂的道理说明白，只是在必要时才作学术性引注。如果您想涉足这个极具潜力的学术领域，可以参阅各章在正文所引文献之外附上的少量的精简扩展阅读文献。

第一章

"知行合一"的法律谈判思维

作为法律实践或者法律运作的基本展开方式，法律谈判无疑需要熟稔法律的概念、规则和制度。然而，法律是在具体场景中通过人们的互动得以形成和实践的，而且只是人们用以判断是非、作出决策、展开行动的机制之一，法律之外的观念、制度、知识、行动等因素也会对法律谈判的组织、进行和效果产生影响。如何理解这些因素、提炼其内在关联并由此形成一种系统的法律谈判思维，即为本章需要解决的问题。我们先从法律谈判需要关注的要素开始谈起。

第一节　法律谈判中的"知"与"行"

法律如何运作是一个历史悠久的话题，特别是法律方法和法律思维等研究对此已有许多讨论。回顾这些研究及其发展变化，可以为提炼法律谈判应"知"应"行"的要素提供信息，从中也可以发现既有研究存在的不足及其可能对法律谈判思维培养的不利影响。为方便您清楚地了解相关内容，不妨请先看看下面这个事例。

事例 1

A 发现其租住小区二手房价格有明显上涨趋势，觉得到了买房的合适时机。经过几天寻访，A 看上了一套 B 名下的二手房，双方签订价格总计 400 万元的购房合同，约定 30 日后交付全款并办理过户手续，A 先向 B 支付 20 万元定金。当天支付定金之后，

A四处筹款，在约定期满前把全款准备好了，便与B联系。可是，这套二手房在此期间价格猛涨，同小区同楼层同户型同面积的房子已上涨至450万元。B觉得再按原来的价格卖出去就亏大了，于是跟A说不卖了，并提出返还此前收到的20万元。A无法接受，强调做人要诚信，声称B如果不把房子卖给他就得双倍返还定金，而自己也会因此蒙受巨大损失，于双方都不利。B不予理会，认为A支付的20万元就是一个预付款，退了就没啥事了。多轮协商无果，A打算提起诉讼，请求法院判决B双倍返还定金，并赔偿其因房屋价格上涨购房成本增加所产生的损失。

一、传统争议："三段论"与"大锅炉"

假如您是A聘请的律师，会如何跟B或者本案审理法官沟通（谈判）呢？或许您会很快找出《中华人民共和国民法典》第586条至第588条的规定，感觉胜券在握，大概会作出以下表达：

> 《中华人民共和国民法典》明确规定：当事人可以约定定金作为债权的担保；收受定金的一方不履行债务或者履行债务不符合约定，致使不能实现合同目的的，应当双倍返还定金；定金不足以弥补一方违约造成的损失的，对方可以请求赔偿超过定金数额的损失。
>
> B收了A支付的定金却不卖房，使得购房交易无法进行；房屋价格上涨，定金不足以弥补A因B的违约所产生的损失。

按照法律规定，B 应当向 A 双倍返还定金合计 40 万元，此外还应向 A 赔偿超过定金数额的损失。

当然，您也可能采用更专业的法律术语、规则或者技巧来展开沟通。例如，您可能会跟 B 详细解释"定金"与作为预付款的"订金"的差别；您也可能会建议 A 在向法院提起诉讼时，请求"继续履行合同"效果更好；如果 A 在签订合同的时候咨询您的意见，您还可能会提议可以多付点定金，只要不超过合同标的额的 20% 就好，或者在合同中约定违约金……无论这些表达有多专业，实际上采用的都是"三段论"模式，即从法律规定的大前提、纠纷事实的小前提推导出结论。在一些人看来，三段论就是法律运作的实际过程，各种围绕法律的谈判沟通共享着这一结构，并主张只有严格遵循这种模式，才能保障法律的确定性，最大限度地维系人们预期、保障个体权利和防范权力滥用。如果这种描述成立的话，法律谈判需要关注的要素应聚焦于法律的"知"及其推理应用的"行"。

本案的审理法官又会怎么看待 A 及其律师的主张？估计没有人会否定双倍返还定金的请求，毕竟这是法律的明确规定。然而，对于除此以外的损失赔偿请求，可能就会有不同的态度。或许有的法官会予以支持，但可能并非基于对 A 的理由的认同，而是出自对 A 之境遇的同情，或者出于自己都没有明确意识到的对"坐地起价"行为的道德厌恶。或许有的法官会予以否定，其理由可能并不是对法律规定和纠纷事实的严格推理，而是对市场自由的深刻认同，毕竟 B 的行为是典型的市场行为，知道房价猛涨的 A 应当甚至已经预见到这种市场风险……这些不同态度表明对于三段论中的"大前提"和"小前提"可能存在不同的解读，人们甚至可能没有遵循从前提到结论的推理过程，而是"结论先行"，是法律外因素决定着法律的运行。不要以为以上内容只是我们在杜撰法官的想法。不信的话，请看看下面这段来自卡多佐大法官的自述：

> 当我决定一个案件时，我到底做了些什么？我用了什么样的信息资源来作为指导？我允许这些信息在多大比重上对结果起了作用？它们又应该在多大比重上发挥作用？如果可以使用某个司法的先例，在什么时候我会拒绝遵循这一先例？当没有可以适用的先例时，我又如何获得一个规则而同时又为未来制定一个先例？如果我寻求的是逻辑上的前后一致，寻求法律结构上的对称，这种寻求又应走多远？在哪一点上，这种追求应当在某些与之不一致的习惯的面前、在某些关于社会福利的考虑因素的面前以及在我个人的或者共同的关于正义和道德的标准面前止步？日复一日，以不同的比例，所有这些成分被投入法院的锅炉中，酿造成这种奇怪的化合物。到底是否应当允许法官酿造这样一种化合物，对此我无心探究。我只是将法官制定的法律作为生活中存在的现实之一来看待。[①]

按照这种说法，法律的运作似乎是一个成分不明的多种要素、按照不确定的比例和方法、在一个不透明的大锅炉里形成

---

① ［美］本杰明·卡多佐：《司法过程的性质》，苏力译，北京：商务印书馆2002年版，第1-2页。

"化合物"的过程。不要感到惊讶，卡多佐法官的说法还不是最极端的。哈奇森法官这样描述自己的工作："法官作出判决真正依靠的是感觉而非判断，是预感而非推理，推理只会出现在判决意见书中"①。弗兰克法官甚至将基于三段论推理的法律确定性视为"基本法律神话"，认为法院裁判往往是各种外界刺激（例如早餐吃得好不好、来法院路上交通堵不堵）与法官个性相互作用的结果。② 您或许也听说过波斯纳法官的鼎鼎大名。他在一本书中概括了有关法官如何思考的理论，除了法条理论，还包括态度理论、战略理论、社会学理论、心理学理论、经济学理论、组织理论、实用主义理论、现象学理论等八大类以及若干子类。③ 如果从这个角度来看，法律及其推理技术或许不是法律谈判需要关注的全部要素，甚至可能只是不那么重要的因素。法律谈判应"知"应"行"包括的内容更多，乃至可能无法完全列举。

那么，"三段论"和"大锅炉"哪种才是更接近现实的描述呢？法律谈判需要关注的要素究竟包含哪些呢？无论作何选择，或许我们都会有所犹豫。前者似乎最符合人们对法律运作的通常印象，也最有利于保障预期和维系法治，但看起来不能避免人们得出不同答案，同时还可能遮蔽不同答案背后的个人的道德观和实用考虑。后者似乎也能在日常生活中找到许多佐证，人吃五谷

---

① 转引自［美］杰罗姆·弗兰克：《初审法院：美国司法中的神话与现实》，赵承寿译，北京：中国政法大学出版社2007年版，第87页。
② 参见［美］杰罗姆·弗兰克：《法律与现代精神》，刘楠、王竹译，北京：法律出版社2020年版，第84-96页。
③ 参见［美］理查德·波斯纳：《法官如何思考》，苏力译，北京：北京大学出版社2009年版。

杂粮，深受各种环境制约和条件激励，怎么可能只是冷静地专注于法律来作出决策。但这种"大锅炉"肯定会让您觉得不安。事实上，如果法律是这样运作的话，法治又怎么会受到当今世界的普遍推崇并成为现代社会治理的基本方式？

二、当代发展：法律体系和法律方法的"封闭"与"开放"

由此可见，传统的"三段论"和"大锅炉"或许都只是说出了部分事实，如何超越这种分歧并对法律运作作出相对准确的描述便成为后续研究的努力方向。虽然目前还存在各种描述和理论争议，但人们普遍发现法律的运作是某种"封闭"与"开放"的结合，就此可从法律体系和法律方法两个层面予以简要介绍。①

就法律体系而言，所谓"封闭"主要是指法律是由专门的概念、规则、原则等构成的体系，其内涵解析、体系构造和实际运用需要具备特定的思维和方法，而这些思维方法是在长期的法律实践中形成的。所谓"开放"则是指这套体系并不局限于法律的"概念天国"，而是以其专门思维方式对社会生活保持敏感和开放，由此不断反思、充实甚至改造法律自身及其体系。这种认识不仅普遍存在于当今许多国家，而且也逐渐成为法学内部不同学

---

① "封闭"与"开放"的术语来自卢曼有关法律系统"运作封闭"和"认知开放"的启示，但本书对这些术语的使用并不完全等同于卢曼学说中的原初含义。卢曼的观点，参见泮伟江：《论现代法律系统运作的二值代码性》，《环球法律评论》2023年第4期。

科的共识。就前者而言，过去几十年间，欧陆国家就出现了从传统法教义学向新法教义学的转变，不再将法律视为一个"封闭"的公理体系，而是在坚持法律规则主导的基础上就法律体系的开放包容作出了大量阐释。① 英美传统虽以判例法为中心展开，没有所谓的"法教义（学）"，却存在法律学说（legal doctrine），即"一个由相关规范构成的实质性体系，它们有着共同的主题，是某些特定情形或特定领域内原则、规则和准则的有机结合，由此组成一个在逻辑上相互联系的体系，基于这种体系和逻辑内涵便可展开推理"②。就后者来说，"封闭"与"开放"相结合的法律体系认识不仅存在于规范法学，也得到法社会学等领域的许多学者的承认，例如，科特威尔教授就明确主张以制度化的法律学说作为分析基础。③ 即便是弗兰克，虽然不同意"R（Rule，法律规则）×F（Fact，事实）＝D（Decision，判决）"的"神话"，但也不同意完全将法律视为个人臆断，而将某些人提出的"S（Stimulus，刺激）×P（Personality，个性）＝D（判决）"修改为"R（法律规则）×SF（Subjective Fact，主观事实）＝D（判决）"，并针对提高主观事实认识水平和法律的预测性提出许多改革建议。④

---

① 参见雷磊：《什么是法教义学？——基于 19 世纪以后德国学说史的简要考察》，《法制与社会发展》2018 年第 4 期。

② 薛波主编：《元照英美法词典》，北京：法律出版社 2003 年版，第 815 页。有关"legal doctrine"的含义、特征和运用，see Emerson H. Tiller and Frank B. Cross, "What is Legal Doctrine?", *Northwestern University Law Review*, vol. 100 (2006), p. 571.

③ 参见［英］罗杰·科特威尔：《法律社会学导论》（第 2 版），彭小龙译. 北京：中国政法大学出版社 2015 年版，第 42 – 43 页。

④ 参见［美］杰罗姆·弗兰克：《初审法院：美国司法中的神话与现实》，赵承寿译，北京：中国政法大学出版社 2007 年版，第 25、197、321 – 340 页。

　　显然，法律体系"封闭"与"开放"的结合有赖于具体方法来实现。从这个角度来看，法律方法虽然可能潜藏着法律人的某种职业利益，但它或许更是凝聚着法律从业人员在长期法律实践中解决"封闭"与"开放"关系的系统性智慧。事实上，如果法律实践是按照三段论机械地将法律适用于社会的"自动售货机"，或者像"大锅炉"那样"在方法论上盲目飞行"，法律方法甚至法律职业也就没有多大的存在必要，我们也就很难理解为什么法律解释除字面解释以外还有所谓限制解释和扩张解释，以及不拘泥于法律条文的系统、历史、目的、社会学等各种论理解释，更不用说法律论证、实质推理、漏洞补充、价值补充等其他法律方法。近年来，人们不仅从规范与事实"目光来回往返游走"中澄清了三段论并非机械操作①，还就各种法律方法如何考虑后果和法外因素作出了许多讨论，由此对法律运作或者法律实践提出了一些新的描述或者主张。例如，绪论提到的孙笑侠教授提出的法律规则与社会事实之间张弛有度的法律思维"二元论"，法律实践参与者之间以及法律与法外因素之间持续沟通的"沟通说"②，以及将法律视为一种以法律概念、规范、原理和方法所构成的法律话语系统的"修辞论"等。③

　　应当说，目前人们对于法律如何运作还有不少争议，但这些

---

　　①　参见［德］卡尔·拉伦茨：《法学方法论》（全本·第 6 版），黄家镇译，北京：商务印书馆 2020 年版，第 353－392 页。

　　②　参见［比］马克·范·胡克：《法律的沟通之维》，孙国东译，刘坤轮校，北京：法律出版社 2008 年版，第 172－249 页。

　　③　参见陈金钊：《把法律作为修辞——认真对待法律话语》，《山东大学学报（哲学社会科学版）》2012 年第 1 期。

争议主要涉及法律具体操作问题，虽然对于理解法律谈判也很重要，却不是本书所要处理或者所能处理的，只能留待法律思维或者法律方法等方面的研究予以详细阐发。作为一本探究法律谈判思维的著作，我们关心的是法律运作的基本情况，只要能够从中提炼出法律谈判需要关注的要素即可。就此而言，"封闭"与"开放"相结合的法律运作确实超越了传统的"三段论"和"大锅炉"，对法律实践作出了一个相对完整的描述，既突出法律的主导地位，又说明法律通过其专门知识、技能或者思维与社会展开互动。根据这种描述，法律实践不仅要求其从业人员熟知法律及其推理技术，同时还要求其学会在"开放"的法律体系内"论证"或者"考虑裁判后果"。那么，这是否就是法律谈判应"知"应"行"的全部内容？

三、遗留问题： 脱离社会现实的"守法主义"与三种"幻象"

如果您看过本书绪论，很可能会对这个问题作出肯定回答。这是因为，精通法律的专门知识技能，并能够运用这些知识技能来勾连法律与社会，似乎已经覆盖前文提及的法律实践的两个层面的"知行合一"：法律知识的"知"及其应用技能的"行"，以及法律的"知"与社会实践的"行"。事实上，目前的法学教育和法律职业训练也几乎都聚焦于此。遗憾的是，从以下两个方面来看，仅凭这些内容尚无法满足法律谈判的实际需求，甚至可能产生某些负面作用。

第一个方面关乎"思维定式"。法律专门知识技能固然是从事法律谈判的必要，但经过长期实践和训练的熏陶，人们有可能养成特定的认知习惯和路径依赖。这种思维定式虽然可能不像道格拉斯说的"制度如何思考"那般恐怖，在其范畴分类、身份赋予、记忆塑造等过程中决定性地塑造着人们的行动①，但其影响确实是深刻而又具体的。例如，波斯纳已经从职业制与旁门制的角度，对不同制度背景下法律人的思维定式作出了比较分析。②

当然，并不是说思维定式就一定不好。法律人重法条、认程序、讲逻辑甚至抠字眼对于法律运作都具有极为重要的意义，其可能存在的缺陷或许也是作为"规则之治"的法治所必须承受的代价。此外，法官、检察官、律师等不同法律职业群体的思维习惯存在明显差异，"各尽其职"也能够在很大程度上弥补各自的视野盲点。真正让人担忧的是，这种思维定式可能会滋长成一种"守法主义"（legalism），即把法律看成是一个只待发现和适用的确定的客观事物，将之作为衡量判断一切事物的唯一标准，忽略现实社会的多样性和复杂性，无视法律的发现和适用实际上穿梭在鲜活的生活之中。不要以为这是在夸大其词，"守法主义"正是哈佛大学施克莱教授对西方法律人意识形态的概括：

> 守法主义的思想范畴（categories of thought）是僵化的，特别在评价法同其所依存的政治环境之间关系的时候，

---

① See Mary Douglas, *How Institutions Think*, New York: Syracuse University Press, 1986.

② 参见［美］波斯纳：《法官如何思考》，苏力译，北京：北京大学出版社2009年版。

尤其如此。这乃是几乎所有法律理论的造作性（artificiality）之源，也导致法律学者难以认识到，在一个复杂的社会世界中，法和法律程序的力量何在，弱点何在。[①]

如果找不到法和法律程序的力量和弱点，我们又怎么能够在真实的法律实践中展开有效的沟通说服呢？您可能会认为，即便"守法主义"真的存在，那也只是在"法治过剩"的西方国家才会有的情形。那么，请回想一下：当提到法律谈判时，您脑海中是否浮现的是精通法律之士围绕法律要点展开唇枪舌剑的交锋？是否一度认为法律人最擅长的就是干这个，法律谈判压根就不需要学？如果您刚好也是一位法律从业者或者法科学生，是否有过在现实的法律业务或者课堂的模拟训练中把谈判当作辩论赛来打的经历？或者即便在"法律谈判"课程中深刻懂得沟通协商的重要性，却在课程结束后将其抛之脑后，依然习惯性地完全回到法律文本、要点和技术上来？这些想法或者表现，实际上都是思维定式在发挥作用。从这个角度来看，警惕法律的制度实践对人的观念、行动甚至自我期许的规训，避免陷入法律话语逻辑的"自说自话"而看不到鲜活的社会事实，或许才是绪论提到的苏力教授《法律人思维？》一文给我们真正的劝诫。

相较于第一个方面主要谈的是不要低估法律专门知识技能的影响，第二个方面想说的是对于它们不要过于自信。事实上，勾连法律与社会需要用到许多知识和技能，其中一些无法通过法律

---

① ［美］朱迪丝·N. 施克莱：《守法主义：法、道德和政治审判》，彭亚楠译，北京：中国政法大学出版社 2005 年版，第 7 页。

的学习训练就能习得，某些知识和技能甚至还与法律运作的原理设定相悖。只注重法律专门知识技能，甚至可能使人们对法律实践形成某些"幻象"，由此在法律谈判中遭遇诸多困境。

1. "信息充分"幻象

法律运作通常以对所涉事项和相关法律的充分把握为基础，这既是"以事实为根据、以法律为准绳"的要求，也是作出审慎决策和行动的必要。当然，这并不是说现实中法律运作所需的信息都是充分的，事实可能恰恰相反。为此，法律作出了许多制度安排。例如，法律运作并不要求把握所涉事项的所有信息，只需要掌握其中的主要事实或者要件事实即可，由此限缩了信息不充分的范围；实体法规定的构成要件、证据能力和证明力等证据规则、刑事侦查和司法鉴定等能力养成，则为收集整理相关信息以明确要件事实提供了具体指引、规则和保障；即便到最后还是真伪不明，证明责任和证明标准等机制也会在法律上给出一个明确的权威的操作方案。

从这个角度来看，通过将不确定的现实的"过去"转变成确定的法律上的"过去"①，法律本身是一套将现实中的信息不充分转化为法律上的信息充分的机制。这种转变或者转化既可能发生在交易达成时的预防阶段，亦可能产生在纠纷产生后的解决阶段。如果浸淫于法律行业日久，想必您深谙其中的原理、制度和

---

① 关于两个"过去"的操作，参见季卫东：《法律程序的意义：对中国法制建设的另一种思考》，《中国社会科学》1993 年第 1 期。

技能。事实上，法学院校的教学侧重的也是这些内容。不过，信息不充分或者不对称是社会常态，能够实现转化的范围毕竟有限。法律专门知识技能难以为那些无法实现转化的问题提供解决方案，却有可能使得长期从事此类知识技能的学习、训练和适用的人产生对"信息充分"的某种执念和依赖，无法适应在信息不充分下作出决策和展开行动，而后者或许才是法律实践和法律谈判的常态。且不说各方利益诉求、谈判依据筹码、潜在合意方案等充满了诸多不确定，谈判最基本的交流沟通往往都是在信息不对称的情况下发生的，常常会面临所谓的"诚实的困境"和"信任的困境"①。前者主要是指是否、何时以及在多大范围内应该向对方说实话。如果不说实话，双方的有效交流就无从谈起；如果说实话，则对方很可能由此在谈判中占据优势地位。后者则是指能否以及在多大程度上可以相信对方说的话。如果不相信，双方的交流沟通也就失去了起码的信任基础，更难以从中获得有用信息；如果相信，则很可能被对方的谈判技巧或者话术牵着鼻子走，在谈判中丧失自主性。

2. "地位平等"幻象

现代法律蕴含着对法律主体的特定认知，即人格平等的抽象的"一般的人"，也就是马克思所说的将"个人的、实际的关系"从"最粗鲁的形式直接表现出来"转变为法律上的"文明"的

---

① 这两个困境的概括，参见［美］罗伊·J. 列维奇、布鲁斯·巴里、戴维·M. 桑德斯：《谈判学》，郭旭力等译，北京：中国人民大学出版社 2008 年版，第 11-13 页。

"一般的关系"①，或者梅因提到的"从身份到契约"②。当然，这并不是说现实中的个体都是平等的，而是说这种地位平等是法律制度的技术架构基础。事实上，为了矫正现实中的不平等，实现"法律面前人人平等"的要求，人们在法律制度上也作出了一系列安排，包括但不限于福利政策、法律援助或者所谓"去社会化"的攻防武器平等。③ 那么，通过法律的制度安排和专门知识技能，真的能够实现"地位平等"吗？

遗憾的是，美国威斯康星大学的马克·格兰特教授在 1974 年发表了一篇论文，对此作出了明确的否定性回答。这篇文章以诉讼经历多寡为标准，将当事人区分为一次性当事人（one-shooters，OS）和重复性当事人（repeated player，RP），并从这个角度对法律的运作展开了较为全面的审视。结果发现，法律作为一种再分配性的变革工具存在明显的限度，实体规则、机构设施、法律服务等多个层面的倾斜性改革都难以矫正社会结构中的不平等。我们可以看看，他是怎么描述 RP 的独特优势的：

（1）由于以前经历过诉讼，RP 事先已具备相关经验，能够据此规划下次交易……

（2）RP 的专业知识技能接近于专家，享有规模经济优势，案件启动成本低……

---

① 参见《马克思恩格斯全集》（第 3 卷），北京：人民出版社 1960 年版，第 395 页。
② ［英］梅因：《古代法》，郭亮译，北京：法律出版社 2015 年版，第 91 页。
③ See Donald Black, *Sociological Justice*, New York：Oxford University Press，1989，pp. 57 - 72.

（3）RP 有机会与法律机构人员发展出便利性的非正式关系……

（4）RP 必须建立和维持作为其战斗力的信用，对"谈判声誉"的关注能够成为"确保"其谈判地位的一种资源……

（5）RP 能够计算赢面，考虑胜算……能够采取一种旨在使一连串案件的收益最大化的策略，即便这会使他们在某些案件中面临损失……

（6）除直接收益以外，RP 还能运作规则……其经验和资源使得他们能够在规则制定中开展大量游说活动……

（7）RP 还能够在诉讼过程中为其将来的交易和诉讼营造规则……

（8）依靠其经验和专业知识，RP 更有能力识别哪些规则具有"渗透力"，而哪些规则可能只是象征性许诺，从而在资源投入上做到有的放矢，用象征性失败换取实际收益……

（9）RP 更有能力投入必要资源，以确保于其有利的规则具备渗透力……①

不要以为这只是法律发展的某个阶段性现象，也不要将之看成是美国独有的现象。此后几十年间，许多国家和地区的学者结合当地情况做了大量实证研究，基本上都验证了格兰特的分析框

① See Marc Galanter, "Why the 'Haves' Come out Ahead: Speculations on the Limits of Legal Change", *Law & Society Review*, vol. 9, no. 1, (1974), pp. 98-103.

架和具体结论。① 事实上，由于人们在财富、教育、经历以及各种"社会资本"上的差异，几乎没有一项交易或者案件中的当事人是绝对地位平等的，人们总是在这些或者那些方面享有某些优势。如果诉讼过程都无法充分实现地位平等，缺乏刚性程序保障的其他谈判场合可能更不容乐观。寄望于只通过法律知识技术就能够解决这些问题，显然是一种"地位平等"的幻象，在谈判实践中容易导致在遭遇各种不平等现实时的手足无措，更不用说难以恰当地评估谈判情势、提出有力的理由或者找到合意形成的方向。

3. "法律理性" 幻象

与"地位绝对平等"相对应的是，个体在法律中通常被预设为具有自主行动能力、独立承担责任后果的"理性的人"，而且这种"理性"具体指的是能够理解、接受并且按照法律（或者不违反法律强制性规定）行动的能力。用不着详细列举权利能力、行为能力、责任能力以及故意、过失等法律规定，"不允许不知法""不懂法不是理由"等法律格言就直白地表达了这种预设。因此，法律运作非常强调论证说理，许多人常常会认为讲的都只是法律的道理。可是，现实生活中的人们真的都是依据法律来展开行动的吗？我们且看看马克斯·韦伯有关社会行动的四种类型的概括：

（1）工具理性的，它决定于对客体在环境中的表现和他

① See Marc Galanter, *Why the Haves Come out Ahead：The Classic Essay and New Observations*, Louisiana：Quid Pro Books, 2014, pp. ⅳ-ⅵ.

人的表现的预期；行动者会把这些预期用作"条件"或者"手段"，以实现自身的理性追求和特定目标；

（2）价值理性的，它决定于对某种包含在特定行为方式中的无条件的内在价值的自觉信仰，无论该价值是伦理的、美学的、宗教的还是其他的什么东西，只追求这种行为本身，而不管其成败与否；

（3）情绪的（尤其是情感的），它决定于行动者的具体情感和情绪状态；

（4）传统的，它决定于根深蒂固的习惯。①

其实，韦伯讲述的是一个极为平常的生活道理：人们作出决策和展开行动所依据的理由是多样的，既有可能是基于某些习惯，也可能是受到某种价值观的支配，还可能是出于经济计算或者纯粹是某种情绪，法律只是这些众多理由中的一种而已。人们对于这些不同的理由可能有着明确的认知，但可能在很多时候是"日用而不知"或者"习惯成自然"。想必您遇到过让自己觉得无法交流的人，明明事实和法律都很清楚，但对方就是不予理会，让您感到"鸡同鸭讲"；有时您甚至觉得已经煞费苦心为对方考虑了，但是人家却毫不领情，让您感到"终究是错付了"。如果有过这些经历，不妨请您再想想：究竟是对方真的"不讲理"，还是人家讲的"理"跟您讲的"理"不一样？无论答案如何，实际上都说明了人们均秉持法律理性只是一种幻象，如果仅仅专注

---

① ［德］韦伯：《经济与社会》（第 1 卷），阎克文译，上海：上海人民出版社 2010 年版，第 114 页。

于法律专门知识技能，就很难洞察到这些不同的理由，不仅无法做到有效的沟通，有时甚至都无法触及合作的关键或者纠纷的症结之所在。

需要说明的是，本书并非否认精通法律专门知识技能的必要性，而是同样强调运用它们来勾连法律与社会。我们只不过是想指出仅此不足以展开有效的法律谈判，担忧可能出现的"守法主义"或者因误读实践而产生"信息充分""地位平等""法律理性"等幻象，反而妨害法律谈判的进行。故此，在肯定当前有关法律的"封闭"与"开放"等讨论的基础上，我们还需要进一步将之放在现实社会中考虑，探究如何在注定信息不充分的环境中展开畅通的交流沟通、在不存在绝对平等的条件下谋得一个尽量公平的地位、在每个人都有自己的脾气的情况下进行真诚的说理说服。或许，这才是法律谈判思维需要解决的真正问题，亦是其区别于传统的法律知识技能训练的独特意义。

第二节　法律谈判中的"知""行"关系

由此可见，法律谈判不能仅仅将目光锁定在法律本身及其应用技术之上，而是需要深入了解法律是如何作用于人们的交流沟通的，以及其他社会机制是如何影响法律谈判的。应当说，这些问题正是法社会学等研究的关注重点。通过简要总结这些领域的发现，我们或许可以就法律谈判中的"知""行"关系提炼出一种综合性视角，从而为法律谈判思维的构造奠定基础。

一、法律阴影下的谈判

就法律如何作用于人们的交流沟通而言，"法律阴影下的谈判"或许是最有名的一句学术性概括。这句话出自 1979 年美国加州大学伯克利分校的罗伯特·芒金和纽约大学的刘易斯·康豪斯撰写的一篇论文。针对离婚纠纷很少通过诉讼解决的现象，该文发现法律的首要功能并不是自上而下地强加命令，而是为离婚夫妻通过谈判确定权利义务关系提供框架，故而在系统探究法律如何影响谈判等方面具有某种开创性意义。[①] 结合该文的讨论，我们大体可从三方面来概括法律对于谈判的作用。

第一，法律决定着谈判的适用范围。芒金和康豪斯发现，法律对不同情形下的谈判干预有所差别。在没有子女的情况下，法律通常会认可离婚夫妻双方就婚姻财产和抚养费问题自己达成协议。这种协议在某些地方可能会受到司法审查，但常常是形式性的；而在其他一些地方，这种协议甚至具有排除司法审查的终局性。如果离婚家庭中有幼年子女，法律通常会对谈判施加诸多限制，特别是对那些直接影响子女的分配决策（例如子女抚养、监护权和探视权等），往往会否认父母通过谈判解决的正式"权力"。即便父母达成了这样的谈判协议，法院也有权予以拒绝或

---

① See Robert H. Mnookin & Lewis Kornhauser, "Bargaining in the Shadow of the Law: The Case of Divorce", *Yale Law Journal*, vol. 88, no. 5 (1979), pp. 950-997.

者根据情势变更在其后予以变更。当然，即便在后一种情形下，父母在事实上仍享有一定的空间自己达成交易、解决问题。究其原因，一方面是法律确定的标准在很多时候并不明确，难以为法官推翻当事人的谈判协议提供具体指导；另一方面是，国家往往缺乏充沛的资源和信息，无法对那些没有争议的谈判交易进行全面干预，即便干预也缺乏足够的能力予以实施。

第二，法律为谈判提供参考和保障。当事人双方并非毫无根据地进行谈判，而是在法律提供的议价、筹码和保障下进行谈判。虽然谈判协议可能不会完全等同于法官在他们达不成协议时作出的判决，但通常不会偏离太远。例如，假定离婚法规定女方对幼小子女有监护权，男方每个月可有两个周末的探视权。如果男方想争取更多的探视权，他就可以提出同意付给女方更多的财产；如果女方希望获得更多的财产或者本来就认为监护权是一种负担，谈判就可能取得成果。在这种情况下，法律促成了谈判的达成，而且这种谈判比由法院给出的判决更好，这是因为它能够节省成本和节约时间，且因当事人的充分参与而更符合其偏好。

第三，法律对谈判的作用受法律的确定性及各种社会因素的影响。由于法律规定通常不会那么简单明了，法院作出的判决也可能高度不确定，法律提供的交易议价机制的适用不会那么直接，往往会受到交易成本、策略行动、风险偏好等诸多非法律因素的影响。以风险偏好为例，在控制其他变量的情况下，可能会存在以下几种情形：（1）谈判双方都风险中性（无偏好），很可能会采用法院可能的判决来展开谈判；（2）谈判双方都厌恶风险，很可能会导致谈判；（3）谈判双方都风险偏好，更有可能导致诉讼；（4）一方风险偏好，另一方厌恶风险，则很难推测结果。

在这种一般框架之下，许多经验研究进一步展示了如何运用法律来促进谈判。例如，通过解读美国加利福尼亚州两个初审法院 1890 年—1970 年的相关数据，密歇根大学的伦伯特归纳了法院解决纠纷的七种方式：（1）阐明规则以影响或者控制纠纷的私下解决；（2）认可私下解决并为其被遵守提供保障；（3）让当事人合理地提高解纷成本，从而增加纠纷私下解决的可能性；（4）让当事人了解彼此情况，减少不确定性以提升纠纷私下解决的可能性；（5）法院工作人员担任调解员，促进当事人合意解决纠纷；（6）先解决案件中的某些事项，引导当事人就其他事项达成合意；（7）在当事人无法私下解决纠纷时，对纠纷作出权威性裁决。[①] 除了第七种是直接运用法律知识及其推理技术，其他六项实际上或多或少都涉及法律与其他机制的互动。尽管这篇文章主要着眼于法院或者法官的实践，但对于其他第三方或者当事人自己运用法律促进谈判也提供了很多借鉴。例如，当事人可以通过阐明法律的具体规定、为谈判协议提供担保、强化信息沟通等方式来促进谈判合意的达成。这些内容将在本书后文中予以详细介绍。

二、谈判阴影下的诉讼

"谈判阴影下的诉讼"语出美国学者俄兰格、查布里斯、麦

[①] See Richard Lempert, "More Tales of Two Courts: Exploring Changes in the 'Disputes Settlement Function' of Trial Courts", *Law & Society Review*, vol. 13, no. 1 (1978), pp. 99 – 100.

里于 1987 年合作发表的一篇论文。[①] 通过对 25 个离婚案件的律师和当事人的深入访谈、查阅法院的审理记录并访问 4 位处理这些案件的家事法院的法官，该文对"法律阴影下的谈判"提出质疑，揭示出其他社会因素是如何影响谈判的选择和进行的。

一方面，该文发现，人们选择谈判并不是因为谈判具有"灵活性"和"允许当事人参与决策"等优点，甚至往往也不是出于自愿，而是受到各种压力的影响。（1）财产压力。许多当事人没有足够的钱请律师、上法庭，不得不考虑非正式的解决办法，并在解决过程中经常运用经济杠杆与对方周旋。（2）社会压力。在社会上（包括律师和法官）存在一种离婚诉讼是创伤、支持不通过法院解决离婚问题的普遍观念。（3）感情压力。离婚案是最浸透个人感情的案件，许多提出离婚的人不要求任何东西，只求尽快结束婚姻关系。

另一方面，该文认为谈判本身也不一定完全在法律的框架内进行。在理论上讲，当事人双方的谈判是在法律范围内进行的，而且对于单方面的、不公正的协议，法官将通过司法审查不予批准。然而，实际情况却是司法审查在很多时候不过是个"橡皮图章"，当事人很难获得充分且准确的法律信息，甚至可能就不存在某种一致的法律决策标准。即便有时候当事人获得了律师的建议，也可能在综合考虑各种压力之后完全不予理会。例如，有位受访者就明确提道：

---

① See Howard S. Erlanger, Elizabeth Chambliss & Marygold S. Melli, "Participation and Flexibility in Informal Processes: Cautions from the Divorce Context", *Law & Society Review*, vol. 21, no. 4 (1987), pp. 585 - 604.

> 我的律师……想等到秋天再确定，以便更好地掌握（我
> 丈夫的）生意是否成功。他认为我的名字应作为共有人保留
> 在上面……我真的想摆脱这段婚姻，不愿意只是在这里蹉跎
> 时光。我的意思是，（律师可能）是对的——（但是）我当
> 时不关心谁是对的，现在仍不关心。对我来说，摆脱婚姻更
> 重要。

由此可见，法律对当事人的限制可能要远远小于来自社会、经济和感情方面的压力，即便法律阴影是影响谈判的一个因素，它也不是唯一因素。据他们统计，超过 90% 的离婚案件是通过双方协议解决的，在诉讼中法官往往追随双方在非正式的谈判中所遵循的模式。因此，所谓法律阴影限制着谈判的观点是没有说服力的，取而代之的应该是"谈判阴影下的诉讼"。

应当说，"谈判阴影下的诉讼"并未完全否定"法律阴影下的谈判"的观点，其批评要点在芒金等人的论文中实际上也已出现，其主要突破点或许在于将法律谈判的"知""行"关系从单纯的法律视角往更宽阔的社会视角扩展了一些。而要论及这种扩展，做得最系统广泛的或许当属唐纳德·布莱克。[①] 例如，在《法律的运作行为》一书中，他将"社会"理解为分层、形态、文化、组织性、社会控制等不同维度，把"法律"视为"政府的

---

① 唐纳德·布莱克是所谓的"纯粹社会学"的代表人物，其在一系列著作中将"法律"和"社会"作为可观察的客观事物和分析变量，围绕两者之间的关系做了大量研究。参见 [美] 唐纳德·布莱克：《法律的运作行为》，苏力、唐越译，北京：中国政法大学出版社 2004 年版；[美] 唐纳德·布莱克：《正义的纯粹社会学》，徐昕、田璐译，杭州：浙江人民出版社 2009 年版；Donald Black, *Sociological Justice*, New York: Oxford University Press, 1989。

社会控制"，基于大量经验研究对法律与社会的关系作了类似几何学的概括提炼，得出"法律的变化与分层成正比""法律与关系距离之间的关系呈曲线型""法律的变化与文化成正比""法律的变化与组织性成正比""法律的变化与其他社会控制成反比"等规律性发现。不仅如此，他还对法律样式作了更细节的分类，包括刑罚、赔偿、治疗和和解四种类型，前两者属于指控式控制，后两者属于补救式控制。通过将这些法律样式放在社会的不同维度中考察，他进一步展示出"和解性法律的变化与分层成反比""补救式法律与关系距离成反比"等更具体的景象。当然，布莱克的研究方法及其结论并非没有可商榷之处①，但这些研究至少表明，法律是在特定的社会语境中运行的，各种社会观念、规范、制度、行为都会对法律的运作或者实践产生深刻影响，因而也必然会影响到法律谈判的组织和展开。

三、法律谈判的"法学模式"、"社会学模式"与"整合模式"

讨论到这，想必您已经对法律运行的复杂面向有所了解。从这些纷繁复杂的观点中提炼出法律谈判思维的要素，显然需要有一个清晰的参考坐标来帮助我们理清头绪。前文提及的唐纳德·布莱克，已经为此提供了一个方便的讨论起点，即法学模式

---

① 相关批评，参见彭小龙：《法实证研究中的"理论"问题》，《法制与社会发展》2022年第4期。

（Jurisprudential Model）和社会学模式（Sociological Model）的区分。在法学模式中，法律在根本上就是法律规则或者法律条文，法律运作的过程就是运用逻辑方法将法条适用于具体案件之中，因而存在某些普适性的要素和方法。在社会学模式中，法律并不是条文、规则而是在社会结构中运作的，法律运作不是逻辑推演而是表现为人们的实际行动，因而不存在某种固定不变的普适性的要素和方法。如果以这两种模式为两端，我们可以整理出一条光谱（见图 1-1），前述各种有关法律运作的观点可以在其中得到整合。其中，法学模式这一端的典型是传统的"三段论"，社会学模式那一端的典型则是弗兰克的"基本法律神话"，开放的法教义学、卡多佐的"大锅炉"、"法律阴影下的谈判"、"交易阴影下的诉讼"等则分列在光谱两端的中间。①

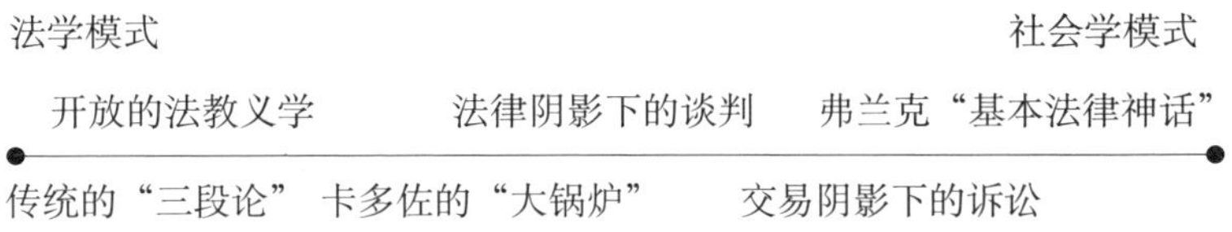

法学模式　　　　　　　　　　　　　　　　　　社会学模式

　　开放的法教义学　　　法律阴影下的谈判　　弗兰克"基本法律神话"

●━━━━━━━━━━━━━━━━━━━━━━━━━━━━━━━●

传统的"三段论"　卡多佐的"大锅炉"　　交易阴影下的诉讼

图 1-1　法律运行的法学模式与社会学模式

从这条光谱可以看到，除非常极端的观点以外，其实绝大多数的主张都认为法律运作既包含法律因素，也包含了其他社会因素，只不过是在何种因素占据主导或者支配地位上有着不同的立场。不过，在布莱克看来，这种立场的区别可能是根深蒂固的，因为它们来源于不同的视角、意图和目标。具体来说，持法学模

---

① See Donald Black, *Sociological Justice*, New York: Oxford University Press, 1989, pp. 19-22.

式的人大多是法律从业者，是从参与者的视角来探究法律条文如何逻辑地适用于具体案件之中的，其意图是揭示应该如何作出一项法律决定；持社会学模式的人则持一种观察者视角，尽管可能也意识到法律条文并非毫无用处，但更多关注的是当事人的社会特征，其意图是对法律实际如何运作作出科学解释。

对于布莱克有关"法学模式""社会学模式"的概括，本书予以认同，这确实反映了法学、社会学甚至法学内部的学术传统和发展脉络；然而，本书却不愿固守在这些不同视角、意图、目标的比较或者对立上。作为一本探究法律谈判思维的著作，我们并不特别关心分析视角、学术脉络或者学科立场，而是要从法律的运作或者实践中系统把握法律谈判需要关注的基本要素。或许正是因为"法学模式"和"社会学模式"都带有研究者特定的立场和偏好，反而可能会遮蔽法律运作各种要素之间可能的内在关联。因此，如何在充分掌握既有研究所展示的法律运行各种要素的基础上，对法律谈判中的"知"与"行"的关系予以系统提炼，便成为法律谈判思维需要重点解决的问题。

就此而言，本书作者曾在一篇论文中以规范的内容、认知、动员为框架，就法律与其他社会要素的互动作过分析。其中，规范内容主要是指对行为模式及其后果的规定；规范认知主要涉及各类规范的社会意识、权威基础、正当性认同等要素；规范动员则主要包括援用各类规范的制度配置和资源分配。为避免长篇累牍的细节论证，请允许我们直接将其中的概括性结论摘引如下：

> 从内容层面来看，法律与其他规范存在着共生、包容、模仿、耦合、整合以及规避、压制、消解等多种关系形态。

国家法当然可以直接规定某种行为方式及其规范后果，从而否定或者改变其他规范。然而，包罗万象的法律体系只是一种理想，法律始终面临不完备、滞后于社会生活、不适应具体情境等问题。因而，各国普遍存在通过制定法予以确认、运用一般条款赋予执法或司法机关以自由裁量权、允许并承认人们的自愿选择等多种吸纳其他规范的渠道。在某些情况下，法律甚至默许某些与之冲突的其他规范的存续。千叶正士认为，这些"吸纳挑战机制""变形虫式的思维方式"以及拟制、衡平等技术是法律体系得以存续发展的必要前提。从另一个角度看，否定、吸纳或默许实际上也是法律在内容层面上向其他规范的扩展。

从认知层面来看，法律与正义、习惯与传统、行业规章与自治等存在密切关联，但法律与其他规范不仅存在权威认同之争，亦存在模仿、借用、合作等扩展机制。一方面，若能利用其他规范的权威资源，法律更容易获得认同，这已被当作有效立法的必要条件和法律移植的经验法则。人们在实践中往往也诉诸其他规范的权威资源来强化或消解法律的权威。另一方面，随着法治话语和实践的展开，法律在社会关系、价值选择、利益确认等方面的"权威赋予"功能日益彰显，成为其他规范在制度构造和实际运作中倚重的正当性资源。前者如"司法权全球扩张"，即许多国家的司法权日渐介入之前远离的政治纷争，以及一些非法律的协商和决策机制纷纷采用类似法律的规则和程序。至于后者，我国有关信访、守法等经验研究表明，人们的行动理由及策略往往是法律话语与其他各种正当性资源相互作用的结果。

从动员层面来看，除了法律可以直接规定其他规范的适用范围和动员条件以外，法律动员也具有扩展能力。一方面，法律动员的可接近性等供给状况直接影响人们的动员能力和意愿，进而促进或弱化其他规范的动员；另一方面，法律动员的运作也会影响其他规范的动员。近些年美国 "消失中的庭审" 就反映出法律体系如何通过理念和技术等调整，在其内部吸收其他规范以及谈判、调解等机制。"法律阴影下的谈判" 则展现出法律动员机制的可预测性、确定性、权威性、成本等变量如何影响其他规范的动员和所谓私制秩序（private ordering）的形成。①

即如该文补充说明的，这种内容、认知和动员层面的分开讨论只是为了论述方便。实际上，"规范内容往往会影响其权威和正当性，并对人们援用这些规范的能力和方式产生激励或限制作用；规范认知会对规范内容的认同、规范动员的意愿产生深刻影响；制度设置和资源分配等则可能促进或限制人们对特定规范的接近、理解、评价和运用"。因此，这种分析虽然以规范为中心，但通过规范的内容、认知、动员等层面的划分及其互动，实际上已经扩展至法律实践相关各类观念、规范和制度，从中或许可以获得一种用来描述法律运作或者法律实践的 "整合模式"（见表1-1）。

---

① 彭小龙：《规范多元的法治协同：基于构成性视角的观察》，《中国法学》2021年第5期。

表 1-1　法律谈判"知"与"行"的整合模式①

比较项	法学模式	社会学模式	整合模式
焦点	法律条文	社会结构	社会中的法
过程	逻辑	行为	开放体系中的论证
范围	普适的	可变的	变化却有常
视角	参与者	观察者	观察与参与的视域交织
意图	适用	科学	实践
目标	作出决定	提供解释	作出更有效的决定和沟通

不同于"法学模式"和"社会学模式","整合模式"的要点可被概括为以下几方面：（1）在关注焦点上既不固守法律的规则、条文、逻辑等"概念天国"，也不泛化为一般性的人类实践或者谈判活动，而是主张法律是在社会中产生和运作的，同时也作用于社会的组织和变迁。（2）在过程上不仅仅关注法律应用的逻辑，也不只是注意到可观察的人的行为，而是在开放的法律体系中运用法律专门知识技能进行逻辑性论证。（3）在范围上不认为法律运作有一套固定不变的模式，但也不认为法律实践是随性展开的，而是认为法律实践既包含各种创造性和变化性，其中也内含某些不变的法律运用的要求、条件和方法。（4）在视角上主张参与和观察的融合。在法律已成为支配性社会治理方式的今天，每个个体在某种程度上都是法律运作的参与者和观察者。人们在法律实践过程中往往也会融入其他主体的观察体验。尽管这种观察体

---

① 本表是在布莱克绘制的"法律的两种模式"的基础上改造而成的，表框内深颜色部分为布莱克的原文。See Donald Black, *Sociological Justice*, New York：Oxford University Press, 1989, pp. 19 - 22.

验不一定来自学术研究，亦可能来源于亲朋好友的建议或者律师的咨询意见。(5) 在意图上既不局限于法律规则的推理适用，也不是旨在形成一种类似于自然科学式的科学，而是注重对法律实践作出一种较为全面的理解。(6) 在目标上既不是为了特定法律事件作出一项决定，也不是对这项决定给出某种解释，而是通过对法律的运作或者实践的理解，探究如何获得更有效的决定或者沟通方式。

由此可见，整合模式既照顾到"法律阴影下的谈判"，没有在"方法论上盲目飞行"，突出了法律专业知识技能对各类社会要素的统摄作用；也关注到"谈判阴影下的诉讼"，没有固守在"自动售货机"之中，而是将与法律谈判相关的各类意识、规范和制度纳入其中。由于这种模式融入与法律决策和行动相关的更多信息，关注法律上的平等与社会结构中的不平等，在强调法律理性的同时也不完全排斥其他理性来源，或许能够为破除脱离社会现实的"守法主义"和"信息充分"、"地位平等"、"法律理性"等幻象提供了可能。在这个意义上，整合模式包容法律运作的各种要素及其关系，内含法律知识的"知"及其推理应用的"行"、法律的"知"与社会实践的"行"等法律实践两个层面的"知行合一"，为理解作为法律实践基本开展方式的谈判奠定了基础。

第三节　法律谈判思维对"知"与"行"的整合

在明确法律运作或者法律实践是如何运作的基础上，本节将整合法律谈判应"知"应"行"的内容，探究法律谈判思维的基本元素及其框架。当然，最后我们还将向您展示这种整合性的法律谈判思维的用途——或者说——对于改进法律实务、法学教育和法学理论研究可能的价值。

一、法律谈判思维的元素

经过前面较为漫长且有点晦涩的探索，您可能会觉得法律谈判思维的元素过于庞杂以至于难以处理。其实，这个问题或许没有那么复杂，或许只需从一个最基本的问题入手：当您计划开启一项交易或者陷入某个纠纷时，在和对方交流沟通过程中会考虑哪些基本问题？或者说，应当具备哪些基本条件才能够有效地说服对方或者处理此事的法官、调解员或者仲裁员？不同的人在不同事项上的考虑可能会有明显差异，但无非主要涉及依靠什么谈判、通过什么谈判、在什么情境下谈判三类基本问题。通过将法律实践"知行合一"的要求与三类基本问题相关联，我们可以将法律谈判思维的元素分为三个部分：知识架构、技术构成与情境构造。

1. 法律谈判的知识架构：客观标准与主观态度

法律谈判是一个交流沟通的过程，而有效的沟通交流不能仅凭"三寸不烂之舌"，而是需要针对特定的事讲出能够让对方听得下去或者听得进去的道理。显然，无论是对谈判事项和谈判对象的把握，还是对"道理"的选择编排，都依托一定的知识，知识架构由此成为法律谈判思维中的一个必备元素。

那么，这种知识架构包括哪些内容呢？首先要强调的是，法律谈判涉及利益或者立场的实质分歧，要想实现有效的沟通，这些知识主要还不是您在谈判事项中的某些个人情况，也不是您对谈判事项的某些个人看法。以【事例1】为例，A说明房价上涨后的个人损失和财务困难，虽然不排除能够触动某些富有同情心的人，但在B看来那是A自己的事情。即便A强调做人要诚信不能坐地起价，这种理由也难以打动一个在巨大的现实利益面前已经决定故意违约的人。与此不同的是，A提到的定金双倍返还来源于《民法典》的具体规则，这些规则是A和B都（或者应该）共享且无法简单拒绝的知识。在谈判学上，我们通常将这些为谈判各方所共知或者应当共知、可以用来评估或者明晰谈判事项的知识称作"客观标准"。当然，客观标准不仅包含法律规定——如前所述，法律只是人们用以判断是非、作出决策、展开行动的一种标准——还包括习惯、习俗、行规等其他各种民间社会规范，甚至包括特定时期特定地点人们在某些问题上的共同看法，本书第二章将为您详细解释客观标准的意义、识别及其运用。

需要提醒您的是，法律谈判是在和具体的人打交道，仅仅依靠客观标准并不足以让您在谈判中有很好的知识准备。且不说人们因传统、信仰、境遇等影响对各种客观标准及其相互关系的理解本来就是多样的，也不用提弗兰克法官谈到的各种"刺激"所引发的法律的不同使用，"法律阴影下的谈判"和"谈判阴影下的诉讼"共同揭示的"法律的不确定性"本身就会受到解释者的世界观和人生观的影响。【事例1】也表明，即便法律规定和纠纷事实都没有分歧，人们也可能会因为对市场机制、道德要求、风险负担等的不同理解而作出不同的判断。因此，了解谈判各方的"主观态度"也是法律谈判思维知识架构的重要部分，具体内容及其与客观标准的关系亦将在本书第二章中向您详细叙述。

2. 法律谈判的技术构成：谈判战略与谈判技能

当然，再好的知识架构也需要通过一定的谈判技术才能得以施展，技术构成是将知识转化为能力的关键，必然也是法律谈判思维的基本元素。前面已经提到，本书不会在法律的解释、推理、论证等具体操作方法或者各种谈判谋略、厚黑学上花费太多精力，而是主要关注有效的交流沟通在技术上的基本要求。为此，我们将在吸收谈判学相关研究成果的基础上，向您呈现听、说、问、答等基本能力的技术要点。除此以外，针对法律谈判常见的信息不对称、地位不平等、合作僵局等问题，本书也将从谈判技能的角度提供一些相应的处理方案。

法律谈判思维中的技术构成不仅包含具体的谈判技能，还包括可能经常为人们所忽视的谈判战略，即为实现谈判的目标所进行的整体性思考和谋划。例如，【事例1】中的A是选择请求违约赔偿还是继续履行合同就是一个战略设计，不同的设计所调用的知识和技艺可能存在明显差异。再如前面提到的格兰特的研究，一些具有丰富法律经验的公司或者个人往往非常注重其"信用"的建构和维续，这种"谈判声誉"可以使得他们在法律实践中更容易获得对方当事人甚至法官、仲裁员、调解员等第三方的认可，从而能够更有效地展开说服活动；在面临系列案件时，他们往往还会将之作为一个整体来谋划，在不同的交易或者纠纷中分别作出谈判、诉讼、忍让等决定，以实现整体利益最大化。本书第三章将从系统、内容、风格等方面向您呈现不同的谈判战略及其要点。

3. 法律谈判的情境构造：情境评估和情境掌控

所有的法律谈判都不是纸上谈兵，不仅是在具体情境中展开的，而且本身就是一种适应和建构社会关系的过程。在分析谈判桌内的分蛋糕与做蛋糕、谈判桌内与谈判桌外等关系之后，本书第四章将向您介绍法律谈判思维第三个必备元素"情境构造"。具体来说，情境构造首先强调的是对谈判事项的情境评估。还是以【事例1】为例，如果 A 在与 B 进行沟通之前，能够从购房合同纠纷所涉的利害关系大小、法律规定的强制性与任意性、证据材料的充分程度、可能的法律解决方案等方面作出系统评估，或许能够更有针对性地组织理由，更有效地展开沟通，甚至在必要的时候选择不谈判。当然，正如前面提到的，谈判中的利益和立场与人们的预期和态度密切相关，情境评估不仅涉及对利益关系的客观评估，同时还包括对谈判各方（不仅仅是您自己这一方）的主观评估。

情境构造的第二个内容是情境营造。法律谈判并不仅仅是对特定社会关系的消极适应，本身也是一个通过谈判重新塑造双方关系的过程。首先，无论是谈判的知识准备及其运用，还是谈判战略的选定和谈判技能的使用，都需要建立在对情境营造要素的把握之上。我们将在综合解纷方式选择的解释理论、法律运作的社会学观察等研究的基础上，提炼一些具体的参考要素。其次，法律谈判的情境营造离不开一些具体方法。如何通过一些积极有效的行动来改善您的谈判情境，纠正对方对于谈判的某些固有认知，寻找一些有助于谈判合意达成的方向……这些都将是第四章情境营造部分向您呈现的内容。

二、法律谈判思维的框架

通过前面的介绍，估计您也发现了知识架构、技术构成、情境构造三者之间存在密切关联，而这就是本书尝试提出的"三位一体"的法律谈判思维。至于这三者怎么形成一种"道术结合"的结构，我们将在本书第五章向您详细介绍。需要再次说明的是，法律谈判思维的"三位一体"并不是某种固定不变的程式，而是强调知识架构、技术构成、情境构造之间的内在关联。在不同的法律谈判中，这些元素各自内容的确定及其相互关系亦可能有所差异。当然，从谈判事项、谈判风格以及谈判中常见的问题等方面，还是可以形成一些类型化的思维框架。本书将主要向您介绍策略、要素、问题解决三类框架。考虑到写作和阅读的便利，这些框架分布在全书的不同部分。

1. 策略框架

策略框架主要是根据法律谈判要处理的事和面对的人的差异而形成的，主要包括两类：（1）竞争型谈判与合作型谈判。应当说，所有的谈判事项都是竞争性与合作性的结合。如果只有竞争性而没有合作性，谈判合意的空间不存在，谈判也就难以进行下去；如果只有合作性而没有竞争性，当事人双方不存在争议，也无须开展谈判。不过，具体的谈判事项在竞争性和合作性上往往还是有所侧重的，因此，识别谈判情境，采取合适的谈判类型及其策略就显得非常重要，否则容易出现南辕北辙的现象。（2）硬式谈判、软式谈判和原则型谈判。这种策略区分主要是针对谈判者的风格而言。应当说，最理想的谈判风格应该是软硬适度的，或者说是哈佛大学的费希尔、尤里和巴顿提出的"人—利益—选择—标准"的原则型谈判。不过，原则型谈判说来容易，做起来难。这不仅是因为硬式谈判和软式谈判在某些时候确实能够获得好处（当然也各有其短处），更关键的是因为谈判风格往往与谈判者的个性密切相关。俗话说，江山易改本性难移。或许只有全面了解硬式谈判和软式谈判的内涵及其优缺点，我们才能够更好地认识自己和对方，有意识地调整自己和引导对方，从而形成更明智和更有效率的谈判风格。

简要来说，以上策略框架在知识构成和情境构造等方面没有太大的差异，关键区别或许在于法律谈判的战略选择。当然，谈判战略的差异也会影响到谈判知识的运用和谈判情境的掌控。其具体内容，本书将在第三章中予以详细介绍。

2. 要素框架

法律谈判的全周期大致包含准备、开局、进行、结尾等不同阶段。当然，对于不同的谈判事项、对手和情境，这些阶段的具体展开也不尽相同，知识架构、技术构成、情境构造的内容及其关系也有所差异。通常来说，要素越繁多，情境越迥异，越需要把握一条清晰的流程主线。在详细阐述法律谈判思维的基本要素和差异化处理之后，本书第五章第一节将从这四个阶段中提炼出一个流程框架，具体包含 12 个技术要点，以便您更有效地思考、组织和运行谈判。此外，由于不同的法律谈判涉及的社会关系的性质及其层次亦有所差别，"分蛋糕"与"做蛋糕"、"谈判桌内"与"谈判桌外"的关系问题及其处理，将在第四章第一节为您呈现。

3. 问题解决框架

即便是掌握了法律谈判思维的各种基本元素，您可能在具体的实践中还会遇到一系列难题：遇到纠纷时，选择谈判还是不谈判首先就是一个问题；当您下定决心谈判时，却可能发现对方迟迟不愿意跟您谈判；双方都坐下来谈判了也很有诚意，您有时候也会发现在一些问题上分歧很大，谈判进程僵持不下……更不用说，前文提到的"信息不对称""当事人'不理性'""地位不平等"等问题几乎在所有的法律谈判中都存在。本书试图运用法律谈判思维为您提供一些具体的解决框架。第五章第二节将综合法律谈判思维的基本元素及其关系，从"知行合一"的角度提炼如何应对这些问题，第三章将在技术层面上重点向您介绍解决谈判选择、障碍突破、劣势平衡等问题的一些战略和技能。

三、法律谈判思维的价值

看到这里，尽管法律谈判思维及其要素、框架的具体内容还有待进一步解析，估计您对于本书试图讨论的问题已有初步了解。或许，您会认为谈判是法律人几乎天天都在做的事情，真有必要弄出这么一个看上去很烦琐的法律谈判思维吗？本书的回答是，虽然以往人们没有专门讨论过这个话题，但谈判实践不可避免地包含法律谈判思维的各种元素；而且，相比于以往的"萧规曹随"、"边学边干"或者"野蛮成长"，这种整合性的法律谈判思维或许能够带来更好的实务解决方案、更优的法学教育模式以及更多的学术研究富矿。

1. 更好的实务解决方案

就法律谈判思维能够带来更好的实务解决方案而言，许多谈判学著作、教材和教学常常会举"分橘子"的故事予以说明。这个故事有很多版本，最简略的情节大概如下：

> 有一天，邻居家阿姨给了一对兄妹一个橘子，哥哥和妹妹都想得到这个橘子，双方争执不下。如果您是其中的哥哥或者妹妹，您会怎么处理这个橘子？

本书作者曾经在课堂上多次以这个版本组织学生讨论。在"头脑风暴"中，学生们充分发挥想象力，给出了几十条建议，例如平均分配、先分者后拿、扔掉橘子、榨汁、用其他物品交

换、猜拳或者抛硬币、告诉家长或者找第三方介入、打一架、先
让一方获得下次再给另一方、再找个橘子、忍忍算了……当然，
如果您听说过这个例子，肯定知道这些都不是该事例预设的答
案。谈判学书籍和教学设计往往给出的是如下脚本：

> 兄妹两人经过谈判发现，原来妹妹是想吃橘子果肉，哥
> 哥想得到橘子皮用来晾干泡茶或者磨成粉做蛋糕。

通过比较这些不同的方案，就可以理解谈判为什么能够带来
更好的实务操作方案。其一，通过交流沟通，谈判可以在某种程
度上解决信息不对称问题，在了解各方需求的基础上发现双赢方
案；其二，相比于其他方案，谈判能够尽量地维系（甚至在某种
程度上还能促进）各方的关系，有助于实现未来的长期合作或者
纠纷的彻底解决。

毫无疑问，以上两方面确实是谈判的优势。然而，这就是更
好的实务操作方案的全部内容吗？答案是否定的。这种谈判双方
"各取所需"的脚本设计过于刻意，无法完整展示出谈判在法律
实践中的作用，甚至还可能让人误以为谈判就要是一定寻求合作
共赢的结果。事实上，现实生活中的很多法律谈判就是在固定的
盘子里面分蛋糕，谈判双方的利益可能就是此消彼长的。在这些
情况下，我们怎么能够指望通过交流沟通就可以获得皆大欢喜的
结果？而且，如果一味执着于获取合意，是否有可能导致在谈判
中忽视本来应该高度重视或者捍卫的重大利益，反而导致利益受
损或者受制于人？

抛开这种预设的脚本，不妨设想一下：如果兄妹两人都想吃

橘子果肉或者都想要橘子皮，又该如何来解决纠纷？我们不妨认真地看看学生们所提出的其他各种可能的方案。您或许可以发现，无论是比较符合罗尔斯的"完善的程序正义"或者法学理论经常提到的"作茧自缚"的"分者后拿"方案①，还是平均分配、榨汁、用其他物品交换、猜拳或者抛硬币、先让一方获得下次再给另一方、再找个橘子等其他多种方案，实际上都需要兄妹两人协商确定。这就揭示出谈判在法律实践中的另一个重要价值，即它本身嵌入在各种纠纷解决方式之中，并不限于只是达成合意的场合。即如本书绪论提到的，谈判是法律运作或者法律实践展开的基本方式，谈判能力决定着各种法律实践活动的进行及其效果。

当然，即便是打一架、告家长等其他方案，也可以作为谈判的筹码。先抛开价值评断不说，您在现实生活中是不是常常会见到强势者（哥哥）以武力（打一架）或者其他方式来促使弱势者（妹妹）让步，或者弱势者（妹妹）以诉诸第三方权威（告家长）等方式来促使强势者（哥哥）让步，或者如【事例1】中那样诉诸某些客观标准（定金双倍返还）来展开谈判？这些情形进一步揭示出谈判在法律实践中的另一个优势，即其他各种方案、因素或者条件本身也可以嵌入在谈判之中，成为谈判可资利用的筹码和标准。

"分橘子"虽然只是一个极为简单的例子，但以上讨论或许

---

① 罗尔斯有关纯粹的程序、完善的程序正义和不完善的程序正义的区分，参见〔美〕罗尔斯：《正义论》，何怀宏、何包钢、廖申白译，北京：中国社会科学出版社1988年版，第81—85页。

可以较为全面地展示出谈判在法律实践中的意义和法律谈判思维的价值。这是因为如果您愿意，可以将"橘子"替换成车子、房子或者其他任何在法律实践中存在争议的事物和行为，并不会影响以上讨论。概括这些讨论可以发现，谈判不仅具有"信息交流、寻找共识""关系维系、长期合作"等独特优势，而且作为法律运作的基本展开方式，它与其他法律实践活动和社会因素具有内在的相互嵌入关系。因此，法律谈判不是以最终是否达成合意来论成败，有效的交流沟通也不一定是求和的，关键是要根据谈判所涉及的人和事作出审时度势的判断，并在此基础上作出理性的选择和交流。无论是在谈判桌内分蛋糕或者做蛋糕，抑或是离开谈判桌而选择忍让退出，或者采取更具外部性或者对抗性的法律行动，各种选择都内含谈判过程，而且其理性与否都取决于是否统筹考虑了相关的知识架构、技术构成和情境构造。显然，这些要素、关系和资源的全面把握、有效整合和统筹考虑都离不开系统的法律谈判思维。

2. 更优的法学教育模式

随着法治实践的展开，法律谈判的重要意义越来越获得高度重视，不仅早已被确定为法律硕士的必修课，而且许多院校积极探索教学内容和教学方法，采用了教师主讲、实务专家主讲、"双师同堂"、模拟训练等多种方式，取得了丰硕成果。不过，从目前的情况来看，法律谈判大多只是作为一门与法律文书、模拟法庭、法律诊所等并列的课程，并未将其作为法律实践展开基本方式来讲授和训练。而且，目前法律谈判课程大多或是以法律知识的应用为中心，或是聚焦于人际沟通交流的技巧，反而可能会产生某种误导。

具体来说，以法律知识应用为中心的教学，无法容纳丰富的人性和复杂的社会，容易产生前文提及的三大"幻象"和"守法主义"。在剥离社会现实的事实与法条之间"目光来回往返游走"在某种程度上不过是案例分析的翻版，不仅可能使得学生误以为法律实践中的谈判都是信息充分的、当事人地位都是平等的而且人们都是讲"法律"道理的，甚至还可能使得能够很好掌握法律分析技术的学生产生某种盲目自信，认为"法律谈判不用学"。

以人际沟通交流技巧为中心的教学，则可能存在法学知识与社会知识、法律技能与社会技能"两张皮"的现象。更严重的是，这会使得某些学生对于谈判或者法律谈判产生某种畏惧感。尽管我们不知道正在阅读本书的您是哪种性格，但其中肯定包括"社牛"和能说会道的，也包括"社恐"或者讷口少言的。如果是后一种类型，估计当想到谈判、沟通、交流时您就会本能地发怵，甚至会让您在与前一种类型的人的比较中感觉到自惭形秽，认为"法律谈判没法学"。

不要以为这些情形是本书的杜撰。实际上，以上情形在以往的教学过程中都曾遇到过，这也是促使本书作者逐渐侧重于从思维角度来研究和讲授法律谈判的重要原因。基于法律谈判思维，我们可以帮助学生重新认识法律谈判和法律实践，克服"不用学"和"无法学"等误解。

第一，法律谈判不是一项天生的能力。虽然人们或多或少都具有一些交流沟通的能力，同时也无法脱离法律实践的场景。但是，人人都在谈判，人人都会一些谈判技巧，并不意味着就真的了解法律运作和法律实践，更不意味着就懂得运用合适的知识、通过合适的技术、在合适的情境下展开交流沟通。因此，法律谈判是应当学习的。

第二，法律人不一定就善于法律谈判。法律人在法律知识及其应用推理上确实具有很明显的优势，其职业活动主要也是依托法律谈判来展开的。但是，懂法律并不意味着懂社会，更不意味着懂得运用法律知识来妥善地解决具体纠纷、调节社会关系。特别是，别忘了法学教育、法律实践对人的思维和行动的塑造，这种"规训"甚至可能会遮蔽您的眼睛，使您对某些社会常识视而不见或者熟视无睹。想必您也看过一些三维立体图吧，当您费尽功夫终于瞧见图中隐藏的事物之后，尝试下能否再看不见这些事物，把它们从视野甚至头脑中抹去？因此，法律人不仅要学习法律谈判，还需要有意识地警惕"思维定式"和"守法主义"的影响。

第三，法律谈判不是逞口舌之利。法律谈判能力确实因人而异，个体的性格、口才甚至容貌谈吐都会产生影响。不过，口吐莲花不一定就能带来有效的沟通，恰当的沉默不语或许也有助于交流。法律谈判依靠的不只是"术"，同时也要懂得法律运作之"道"，并且只有通过"道术结合"才能够在纷繁复杂、多样易变的现实中抽丝剥茧，锁定问题的关键，展开有效的沟通。更何况，成功的法律谈判总有一些规律可循，有一些基本沟通技术可供借鉴。法律人不一定需要口舌如簧、才思敏捷，通过法律谈判思维训练，寡言少语、不露锋芒亦可以成为优秀的法律人。因此，法律谈判是可以学习的。

以上主要谈的是法律谈判思维对法律谈判能力培养的重要意义。实际上，它对于法学教育模式的优化还不限于此，对于法学理论和部门法的学习亦有益处。由于法律谈判思维强调法律知识的"知"及其应用技术的"行"、法律的"知"与社会实践的"行"两个层面的"知行合一"，它就有可能帮助学生超越"书本上的法"，以免只是游离在抽象法条和脱离现实的"案例事实"之间，同时也可以避免学生迷失在复杂的法外因素之中，学会如何在真实的世界中找到法律的力量和弱点。更何况，这种系统化思维能够更好地促进原理、规则和技术的结合，以问题为导向，实现法学内部知识（例如实体法与程序法）、法学与其他学科（例如社会学、政治学、心理学等）知识、知识教学与实践教学的结合，由此或许能在一定程度上解决法学毕业生"不能马上用"等现实问题。

3. 更多的学术研究富矿

虽然您到现在才看到本书第一章，或许已经非常清楚法律谈判思维是一个不同学科高度综合、理论与实践密切结合的领域，因而对于它在法学研究中的独特意义已经有所感触。这种观察视角的整合能够使我们更加接近真实世界，从而反思我们对社会以及社会中的法律的理解，提炼出一些具有学术价值和生命力的命题和理论。事实上，本章提及的"法律阴影下的谈判""谈判阴影下的诉讼""为什么'强势者'优先"等理论都是这种整合视角的产物，而且几乎也都是这些学者的成名作或者代表作。在本书接下来的内容中，我们还将继续为您展示为什么"如果对那些促进非正式合作的社会条件缺乏眼力……就可能造就一个法律更多但秩序更少的世界"，为什么"非法律合作的体制总是在某些方面优于、在另一些方面劣于法律的解决办法，而法律的介入则会以某些复杂的方式损害或者促进非法律合作的潜在规范"，人类互动交往为何要问"为什么"，而这对于个体和社会又意味着什么……这些内容或许足够表明法律谈判思维是一个学术富矿。相信您在阅读本书过程中会发现一些有趣的研究主题，还有可能会联想到更多值得深入讨论的学术话题。最后，需要补充一句的是：当您在从事学术写作或者演讲时，是否需要考虑话题的适合度或者创新性、读者或者听众的需求、演讲表达的技能等？这是不是也是在进行某种谈判？如果是的话，法律谈判思维或许也是学术能力的组成部分。

以上就是对法律谈判思维的基本轮廓的介绍，以下各章将进入细节讨论。在踏上接下来的路程之前，如果您也认为法律谈判思维非常重要，又急切想知道如何形成这种思维，请允许我们略显啰唆地再提醒一句，本书第五章第三节将从超越"屠龙术""守法主义""本本主义"等方面为您提供一些具体建议。

扩展阅读

1. 弗里德里克·肖尔. 像法律人那样思考：法律推理新论. 增订版. 雷磊，译. 北京：中国法制出版社，2023. 该书是法律推理和法律思维的一本入门读物，诸多内容却引人深思，有助于您理解该领域的最近发展和相关争议。

2. 米尔伊安·R. 达玛什卡. 司法和国家权力的多种面孔：比较视野中的法律程序. 郑戈，译. 北京：中国政法大学出版社，2015. 一本经典的比较司法程序的著作，作者构建了一个富有解释力的类型学框架，可以帮助您对照现实了解谈判所置身的具体法律环境。

3. 菲利普·K. 霍华德. 无法生活：将美国人民从法律丛林中解放出来. 林彦，杨珍以，译. 北京：法律出版社，2011. 一本写得很生动读起来却很沉重的书，展示出过度法律化或者"法律污染"下的诸多"怪象"，或许有助于您思考谈判在法律运作和社会生活中的意义。

第二章

法律谈判思维的
知识架构

当您准备踏入法律谈判的具体场景时，肯定不会头脑空空，必然已有某些主张，否则也不会因为产生纠纷（或者担心产生纠纷）而需要与人交流沟通；当您在谈判场景中与人展开交流时，也不会对谈判事项毫无看法，因为您需要运用这些看法来说服对方；当对方提出种种事实或者理由时，想必您也会有自己的意见，以决定是接受、拒绝还是修正……这些主张、看法和意见可能已经非常清晰，也可能只是一些初步轮廓，某些内容甚至连您自己可能都没有明确感知到，但它们在法律谈判中具有关键意义，是用来判断是否进行谈判以及如何进行谈判的知识依据。这些知识依据从何而来、是否得当以及它们相互之间的关系，即为法律谈判思维知识架构所要探讨的问题。本章首先从依据什么展开法律谈判的整体问题入手，解析这种知识架构包含的"客观标准"和"主观态度"及其内在关系，然后再依次介绍各自的内容、识别与运用。

第一节　依据什么展开法律谈判

在实践中，法律谈判依据的知识往往是具体、琐碎和个性化的，但从谈判作为法律运作基本方式的视角来看，这些知识实际上指向的是人们依据什么展开法律实践的一般性问题，涉及结构与能动者、主观与客观、宏观与微观等理论问题。本书不会过多或者过深涉足这些理论争议，而将在紧扣法律谈判知识要求的基础上，吸收相关理论共识予以讨论。为避免牵涉过多的法律专业知识从一开始就增加您的阅读负担，不妨先以下面这个生活场景中常见的事例来切入讨论。

事例 2

C是一位在美访学的学者，受邀参加一场中国法的年度研讨会。会议一直采用英语进行交流。与会人员来自北美不同高校，绝大多数都是专门从事中国法研究的外籍学者。除极个别人以外，这些学者具有不同程度的中文听说能力。C刚到美国，尽管也有一定的口头表达能力，但实在不算流畅。特别是，C报告的论文涉及许多中国法的特有内容，对某些专有词汇一时间难以找到合适的英文，而且会议给定的演讲交流时间有限。C想清楚地表达自己的观点，希望和与会人员深入地交流。

一、宏观场景中的知识依据：结构与能动者

如果您是身处在【事例 2】情境中的 C，会作出怎样的决定和行动呢？估计您会在遵守会议使用英文的惯例和更流畅地用中文表达之间犹豫徘徊，会考虑到各种复杂因素。不知道下面这些因素是否在您的考虑范围之内：

1. 使用英文交流是这个年度讨论会的惯例，与会者应当遵守规则。特别是作为第一次参加会议的人员，更不能破坏这个规矩。

2. 与会学者来自北美各大高校，有很多著名学者，如果

第一次见面就用中文表达，不仅暴露自己英文不好的短处，而且也容易给这些学者留下不好的印象，以后还咋融入这个圈子。

3. 尽管自己的英文口语能力不咋样，但与会大多数学者多少懂点中文，在磕磕巴巴的表达中应该也能听个大概。实在不行的话，大不了先把要发言的内容译成英文书面稿，然后记下来，再到会场上"流利"地背出来。

4. 毕竟英文和中文一样是世界上主要的通用语言，自己的作品如果能够用英文在这么多知名学者面前表达出来，说不定能够有更大的影响力。而且，与会学者确实有那么一两位似乎不太懂中文。

5. 为提升自己的国际交往能力，迟早还是要把英文听说能力给练出来。早练晚练都是练，还不如就从这次开始，适应英文世界中的通行惯例。

············

如果考虑这些因素，相信C很有可能会作出用英文来交流的决定。在做了这么多"充分"的准备之后，C既可能表达得很好，也可能表现得不尽如人意，既可能从此慢慢适应了英文听说，在这个圈子里面变得收放自如，也可能因为挫败感而越来越抵触英文听说，甚至脱离这个圈子……无论哪种结果，实际上彰显的都是既有的社会结构对人的观念和行动的影响。这就是社会学、人类学等学科中主张结构优先或者决定性作用的学者的基本观点。例如，法国社会学家涂尔干就认为，外在于个体的各种物质性（机构、组织、道路设计等）和非物质性（宗教、道德、文化等）

"社会事实"具有客观实在性和强制性，支配着人的行动。[①] 从这个角度出发，法律谈判的展开实际上也就是这些结构性因素的适用过程，其思维框架中的知识架构也就应当侧重于对这些更具结构性和客观性的"社会事实"的把握。

当然，C可能会有其他不同的想法，以下考虑因素也是可能存在的：

1. 我的目的是更好地表达观点、展开学术交流，语言只是一个工具而已，不能"本末倒置"。

2. 年度讨论会使用英文交流只是一个惯例而已，会议又没有明确将英文表达作为一项明确的规则，我有选择用中文还是英文表达的自主权。

3. 惯例也是由人来创造的，为什么我不能改变这个惯例？说不定，在我采用中文来表达学术观点之后，它以后也会成为此类会议的新惯例。

4. 既然是讨论中国法问题，为什么一定要用英文来表达呢，用中文来表达或许更合适吧。更何况，中英文转化中肯定会出现语言失真的现象，有些中文里面的词汇就找不到合适的英文表达，用英文来解释不但费时费力，而且传达出去的意思常常是牵强附会甚至南辕北辙。即便有的学者听不懂，为什么一定需要我来迁就呢？

5. 在场的绝大多数学者都懂一些中文，相信他们可能更

[①] 参见［法］涂尔干：《社会学方法的准则》，狄玉明译，北京：商务印书馆2020年版，第25-36页。

愿意或者至少不反对我使用中文来表达吧。通过用中文进行更准确和更细致的交流，或许可以建立起更好的学术联系，说不定这还会给他们留下更深的影响。这种微观的互动比生硬的背稿子要好很多。

············

与前述因素不同的是，这些因素彰显的是个体在社会结构中享有自主性和选择权，甚至还具有影响或者改变社会结构的意愿和能力。如果 C 认同其中某些因素，很有可能会以此为依据，勇敢地提出用中文来表达的要求，积极地和与会学者进行沟通协商。当然，沟通协商可能成功也有可能失败，但无论如何，这些因素实际上反映的正是自马克斯·韦伯以来更注重个体能动性（行动）的学者的基本看法。即如我们在第一章中提到的他对行动的工具性、价值型、情绪型、传统型等四种分类，韦伯明确提到"行动中的个人给他的表现附加了某种主观意义——不管那是明显的还是隐藏的、是被忽略还是被默认的意义"，强调个体在行动时不仅对自己有预期，同时对于他人的反馈亦有预期，即"'社会'行动则是指，该行动的主观意义还顾及到了他人的表现，并据此作为行动进程的取向"①。说得简单点，如果从这个角度出发，法律谈判的知识基础或许应当侧重于对个体的能动性及其相互预期等主观因素的把握。

看到这儿，或许您会联想起前文提及的"道"与"术"、"三段论"和"大锅炉"等关系问题。在某种程度上，"道"和"三

---

① ［德］马克斯·韦伯：《经济与社会》（第 1 卷），阎克文译，上海：上海人民出版社 2010 年版，第 92 页。

段论"可能更侧重于结构这一方面，而"术"与"大锅炉"则更侧重于能动者这一方面。虽然绪论和第一章已经从法治要求和法律思维、法律方法、实证观察等角度对此有一些讨论，但相关内容主要着眼于法律运作的基本轮廓，难以深入到微观互动场景中的个体依据什么知识来展开谈判，无法系统且具体地展示法律谈判思维的知识架构。事实上，结构与能动者的关系是一个既涉及整体上的社会运作、又关涉具体的个体行动的一般性问题，法律运作、法律实践、法律谈判或许都只是这个问题或者视角的具体应用场景而已。那么，接下来的问题是，我们该如何看待结构与能动者的关系呢？

就此而言，马克思的回答是"人们自己创造自己的历史，但是他们并不是随心所欲地创造，并不是在他们自己选定的条件下创造，而是在直接碰到的、既定的、从过去承继下来的条件下创造"①，早已深刻地指出结构与能动者并非截然两分。尽管当前仍有一些学者在结构和能动者之间有所侧重，但超越两者的简单对立已成为基本共识。例如，法国社会学家布迪厄提出以场域、惯习、资本为核心的实践理论，强调个体在社会结构中进行实践活动，而这些实践活动又在影响和改变着社会结构。特别是，作为"性情倾向系统"的惯习强烈地影响着个体的决策和行动，而惯习本身是"将结构固有的法则内在化"的"一种社会化了的主观性"，反映了某一特定群体所有成员共享的思考、感受、行动和经验方式。② 英国社会学家吉登斯则提出"结构二重性"，即"社

---

① 马克思：《路易·波拿巴的雾月十八日》，北京：人民出版社2018年版，第9页。
② 参见［法］布迪厄、［美］华康德：《实践与反思——反思社会学导引》，李猛、李康译，北京：中央编译出版社1998年版，第6-11、163-186页。

会系统的结构性特征对于它们循环反复组织起来的实践来说，既是后者的中介，又是它的结果"。也就是说，规则和资源等结构要素是能动者展开行动的中介和条件，同时又在能动者反复的行动中得以生产和再生产。[1]

这些理论都体系庞大，在此不可能详细讨论。也许看了以上有些抽象的介绍，您会产生这样一个感觉：说了那么多，无非就是告诉我们一个基本常识，个体在决策和行动时会受到各种外在的、客观的以及内在的、主观的因素的影响。且不说揭示常识未必没有意义，现实生活中"遗忘"甚至"违背"常识的现象并不少见；更重要的是，这些看起来很晦涩的理论揭示出结构与能动者的相互塑造和互相转化的机制，从而为理解法律谈判所依据的各种知识及其相互关系提供了一个整体视角。通过了解规则、惯习、感受、思考、态度等知识及其关系，我们可以更好地认识法律谈判中人们是如何形成、修正或者改变看法的，更深入地了解谈判合意何以达成或者为何失败。在此基础上，我们就可以回到【事例 2】，深入法律谈判的微观互动场景来讨论法律谈判思维的知识架构。

二、微观场景中的知识依据：预期的稳定化与变动性

严格来说，【事例 2】不是一个完整的谈判事例，从始至终只有 C 的单方叙述。谈判不是"独角戏"，而是涉及两人或者两人

---

[1] 参见［英］安东尼·吉登斯：《社会的构成：结构化理论纲要》，李康、李猛译，北京：中国人民大学出版社 2016 年版，第 1-4、23-34 页。

以上的交流沟通。因此，就算我们在宏观场景的讨论中明白法律谈判涉及结构与能动者的复杂关系，也不足以展开有效的沟通交流，这是因为谈判各方所依据的知识可能会存在明显差异，可能对谈判形成不同的预期。通过对法律谈判中预期的稳定化和变动性的阐述，我们或许可以对法律谈判思维的各种知识及其关系作出更为具体和动态的理解。

（一）法律谈判的知识依据与预期的稳定化

还是回到【事例2】，从 C 可能考虑的因素中，我们可以发现多种知识起着预期稳定化的作用。换句话说，离开这些知识，谈判双方难以把握自己行为的后果和他人可能的反馈，无法进行有效的沟通交流，更不用说达成合意或者共识。

1. 法律规范

细心的您肯定注意到了，年度讨论会使用英文来表达是否是一项"规则"始终是 C 考虑的重点。当他认为这是一个规则的时候，可能基于自律或者担心留下"不守规则"的印象，选择不破坏"这个规矩"；当他认为这只是一个惯例而非规则时，就可能认为自己有选择用英文或者中文来表达的自主权，甚至预测其他学者更愿意接受他的选择，而不会招致不利后果。尽管年度讨论会的规则并非严格意义上的法律，其中的道理实际上就是法学理论通常讲的法律的指引、评价、预测等规范作用，可以在沟通中起到评断是非、缩小分歧、凝聚共识等功能。当然，法律谈判涉及至少两方的交流沟通，就法律在预期稳定化中的作用而言，德国社会学家卢曼的阐述或许最为深刻细致，他甚至认为法律系统的唯一功能就是规范期望的稳定化。① 请允许我们简要介绍他的洞见，因为这不仅对于理解作为法律谈判知识的法律很重要，习俗、惯例、行规、时价、公共道德等其他知识也共享着类似的预期稳定化机制。

在卢曼看来，人们生活在一个具有"复杂性"和"偶在性"的无限可能性的世界之中。前者是指人们的行动总是有其他的可能性，就如 C 最后可能做出了用英文来表达的行为，但他也有用中文来表达等其他选择。除非开启上帝视角洞悉 C 的考虑，否则无法确定他未来会选择哪种行为。后者是指在给定的情境下，将要发生的行为与预期的行为不一致。例如，C 期待用英文来表达以留下好印象，与会学者却因为其笨拙的表达而不予认可，C 就会遭遇失望。在这种情况下，人类互动的结构实际上极为复杂。人们通常会将对方视为一个"黑匣子"，不知道对方想什么做什么，沟通协商就充满了不确定性。问题还不限于此。由于面对的是"黑匣子"，人们要展开互动，通常会将对方看作"异我"，也就是用对方的眼光来看待问题或者判断对方的预期。当 C 对与会其他学者的反馈的预期落空时，他对这些专家对其使用英文表达的预期也落空了，由此构成所谓的"双重偶在性"。如何解决这个问题呢？卢曼认为，法律是一种解决双重偶在性困境的独特方式。通过稳定人们的规范性期望，人们可以在一个确定的行为框架下安心地行为，而不用考虑失望。如果出现失望，那必然不是自己的过错，而是对方做错了，法律系统将会判定对方的选择或

---

① 参见［德］尼古拉斯·卢曼：《法社会学》，宾凯译，上海：上海世纪出版集团 2013 年版，第 71-140 页。［德］尼可拉斯·鲁曼：《社会中的法》，李君韬译，台北：五南图书出版股份有限公司 2019 年版，第 121-154 页。

者行为为非法，并赋予其消极评价。

2. 民间社会规范

应当说，C 所纠结的规则并不是严格意义上的"法律"，实际上与"惯例"一样都属于民间社会规范的范畴，后者在某种程度上也具有类似的预期稳定化的作用。就此而言，美国法学家富勒曾撰写过一篇论文，明确主张"法"不仅仅包括国家制定的法律，工会、职业联合会、俱乐部、教会、大学等社会组织制定的规则以及各种习惯都是"法"。在他看来，为实现有意义的互动，人们需要知道对方接下来会做什么，或者至少能够估计对方对于自己行为的可能反应。参与者的预期要严丝合缝、相互支持，就需要一种可以确保预测可能的社会制度。作为一种互动的语言（a language of interaction），这种广义上的"法律"在人类互动中产生，并通过保障"互动性预期"（interactional expectancy）的功能来服务于人类互动。在他看来，与其说民间社会规范及其蕴含的义务性规定是经由"习惯"或者重复而产生的，还不如说是稳定的互动性预期带来义务感（sense of obligation），各方都以这些预期为指引进行着彼此之间的行为。[①]

当然，您可能会认为，与法律相比而言，民间社会规范往往不具有足够的明确性，也缺乏国家强制力作为保障，其预期稳定作用不宜高估甚至可以忽略不计。不然，还需要法律干啥？瞧瞧【事例 2】，C 不是也可能认为对"惯例"可以不遵守吗？应当说，

---

① 参见［美］朗·富勒：《人类互动与法》，丁建峰译，载吴彦主编：《富勒法哲学》，北京：商务印书馆 2023 年版，第 3—42 页。

这些批评确实指出民间社会规范在稳定预期上的某些不足，但可能夸大了它们与法律在这方面的差别。且不说法律同样存在不明确之处，也可能没有得到很好的遵守，更关键的问题是，民间社会规范真的不如法律那样明确和具有强制力吗？我们在此不做过多的理论推演，可以向您介绍两项经验研究，或许能够帮助我们深入了解民间社会规范的预期稳定化功能。前一项研究是伦伯特教授对夏威夷住房管理局听证（收回）委员会的非正式程序运作的观察。他发现，民间社会规范在互动中产生并不断调整，通过反复处理某些实体性问题或者程序性问题也能产生某种结晶化效应。作为一种先例机制，它们体现了特定问题的常规处理办法，对于处在类似场景下的参与者来说，其含义并非一定比法律规则更模糊，甚至可能更加"熟门熟路"或者"如鱼饮水"①。后一项研究则是耶鲁大学的埃里克森教授对夏斯塔县牧区的邻人如何解决纠纷所做的实证研究。他发现，这些群体内部也会产生各种具有实质内容的实体规则、救济规则、程序规则、构成规则和选择控制者规则。这些规则不是法律，但都有其产生根源，并有着社会强制力作为后盾来确保成员的遵守。②

3. 共享观念

【事例2】同时也表明，人们对于特定事物或者行为的共同看

---

① See Richard Lempert，"The Dynamics of Informal Procedure: The Case of a Public Housing Eviction Board"，*Law & Society Review*，vol. 23，no. 3（1989），pp. 347 - 398.

② 参见［美］罗伯特·C. 埃里克森：《无需法律的秩序——邻人如何解决纠纷》，苏力译，北京：中国政法大学出版社2003年版，第149 - 224页。

法也能成为某种稳定预期的机制。C 在思考用中文还是英文表达时，就考虑了与会学者的看法。例如，与会学者更愿意接受哪种表达方式，会不会留下好的坏的印象、能不能够融入这个"圈子"，等等。其实，共享观念在稳定预期中的作用也不是一个新话题。至少在作为社会学奠基人物之一的涂尔干那里，这个问题在某种程度上是他的核心关切。如果您曾经阅读过他的《社会分工论》，或许也会对"集体意识"的讨论印象深刻。在他看来，在早期社会，人们之间的团结和连带依靠的是社会成员的共享观念和价值观，法律、宗教等都无非是这种集体意识的表征，其功能在于维护这些共同信仰和思维方式。只不过，随着社会分工的发展，不同的群体、阶层、行业有着不同的观念，道德和社会观念的单一性不复存在，现代社会的团结基础依靠的是分化的社会群体在功能上的相互依赖。[①]

尽管涂尔干认为早期社会包罗万象的共享价值已不复存在，但这并不意味着他完全否定现代社会中共享观念在稳定预期中的作用。毕竟，在他看来，"社会生活就是一种道德环境，或者更准确地说，是那些围绕着个人的各种道德情境的总和。称它们为道德的，意味着这些环境存在于各种观念的复合体中"[②]。事实上，从日常生活来看，我们都能感知到各种群体、组织、团体或者"圈子"中共享观念的存在及其意义。在前面提到的布迪厄的

---

① 参见［法］涂尔干：《社会分工论》，渠敬东译，北京：商务印书馆 2020 年版，第 110－282 页。

② ［法］涂尔干：《乱伦禁忌及其起源》，汲喆、付德根、渠东译，上海：上海人民出版社 2003 年版，第 181 页。

"惯习"中，我们也能看到个体的决策和行动深受其所在群体的共享思考和感受等因素的影响。更有甚者，新制度主义等流派的学者认为涂尔干对共享观念的坚持力度还不够。或许您还记得第一章在论及"思维定式"时提到过的道格拉斯。她虽然提出制度本身在"思考"，但并不认为所有制度都能思考，而是主张能够思考的制度必须建立在人们的共享观念基础之上。只有这种制度才能摆脱功利性或者实用性，从而实现"自然化"，通过赋予身份、塑造记忆、范畴分类等方式来支配人们的行动：

> 制度化的社群阻碍个人好奇心，组织公共记忆，勇敢地在不确定之上强加上确定性。在划定自己边界的同时，它也影响到所有低层次的思维方式，人们由此通过对社群的归属来识别自己的身份，界定彼此之间的关系。①

当然，在新制度主义学者阵营中，人们对于共享观念对个体思维和行动的影响也存在由"强"到"弱"的不同理解。道格拉斯显然属于前者，其观点看起来确实有些绝对。本书并不是说完全认同她的观点，只是建议您在阅读上面这些文字的时候，回想一下自己的生活工作经验，是否至少有那么一点点的吻合？如果有的话，想必您已经体会到共享观念对您的影响。

（二）法律谈判的知识依据与预期的变动性

尽管法律、民间社会规范、共享观念等知识在法律谈判过程

---

① Mary Douglas，*How Institutions Think*，New York：Syracuse University Press，1986，pp. 48－109.

中能够起到稳定预期的功能，但这种功能并不必然实现。吊诡的是，预期之所以无法得到稳定化，有时恰恰来源于人们对这些知识的理解和运用。结合【事例 2】，我们至少可以识别以下几种情形。

第一，法律、民间社会规范、共享观念等知识本身是人们（能动者）建构的结果，其要求可能不一定适合特定谈判场景的实际情况，或者至少从谈判者自己的判断来看不符合实际情况，由此可能出现违背或者突破这些要求的态度和行动。不妨看看前面提到的促成选择中文表达的第四个考虑因素，C 就可能认为用英文来讨论中国法问题的惯例（或者规则）是不合理的，从而选择突破这个惯例。进一步来说，即便 C 坚守这个惯例，但最后效果差强人意，他就可能在下一次选择用中文来表达，甚至远离这个"圈子"。无论是哪种情况，都意味着规则、惯例或者共享观念的预期稳定功能失灵了。用更学术化一点的表达，这实际上就是卢曼所提到的"认知期望"与"规范期望"的区分。面对期望的失望或者落空时，人们有两种行为选择可能。如果 C 用英文来表达，没有实现符合惯例或者留下好印象的期望，从而选择下次用中文来表达，这就是期望因失望而改变的"认知期望"；如果 C 在面临期望落空时，仍然坚持遵守惯例（规则），随后练好英语口语表达并在下次使用，这就是期望不因失望而改变的"规范期望"[1]。尽管法律甚至民间社会规范、共享观念等能在宏观层面稳

---

① ［德］尼古拉斯·卢曼：《法社会学》，宾凯译，上海：上海世纪出版集团2013 年版，第 79 - 90 页。

定人们的"规范期望",但这并不能消除微观互动场景中谈判者可能秉持的"认知期望"及其可能导致的分歧。显然,谈判各方在具体谈判中究竟持有的是"认知期望"还是"规范期望",不是仅凭规则、惯例甚至共享观念就能够予以判断的,而是需要进一步去了解谈判者的主观态度。

第二,即便谈判各方都持"规范期望",也可能对法律、民间社会规范、共享观念等知识的内容存在不同理解。例如,C可能就会对使用英文来讨论中国法问题是不是这个"圈子"的共享观念产生不同的认识。事实上,且不用说多少有些模糊不定的观念,也不用说那些深嵌在鲜活社会生活中的各种民间社会规范,抑或"目光往返流转游走"中法律体系及其适用的不确定性,即便是法律本身运用的语言也具有开放结构(open texture)。看看哈特在其《法律的概念》中举的例子,或许您就能明了于心:"一个有着闪亮光滑脑袋的人明显是秃头;另一个头发乱蓬蓬的人则显然不是秃头;但是第三个人的头顶若只这边一点那边一点地有些稀疏的头发,那他到底算不算秃头?这个问题恐怕会无止境地争论下去——如果这样的争论还值得继续或有任何实际用途的话。"①

第三,即便人们对于这些知识的具体内容能够形成较为一致的理解,法律、民间社会规范、共享观念等的内容也可能存在不一致的情形。例如,在促成C用中文表达的各种因素中,惯例与

---

① [英]哈特:《法律的概念》(第2版),许家馨、李冠宜译,北京:法律出版社2006年版,第4页。

C 所理解的与会学者的共享观念之间就可能存在冲突。虽然各种知识依据之间的复杂关系有待下文再详细展开，但从这个事例中至少可以看出，谈判者对于各种知识依据的了解、认同及赋予的权重可能并不相同，甚至有可能出现"您谈规则，他讲惯例；您讲惯例，他谈道德；您谈道德，他讲感情；您讲感情，他谈规则"之类的现象。想必您在生活中也遇到过这种情形，颇感无奈甚至愤怒吧。此前或许您只是将之看作是对方在耍无赖，但读到这里，可以发现对方也可能是"真诚的"，只不过他在交流沟通时依据的是与您不同的"知识"。如果您对此感兴趣的话，建议您可以再看看纽约大学梅丽教授的《诉讼的话语》，通过对 170 多个法庭和调解庭的观察，她向我们展示出纠纷解决参与者是如何综合使用各种法律话语、道德话语和治疗话语的。①

第四，法律谈判中各方是能动的主体，在理解各种谈判知识依据的基础上，往往还会改变或者创造这些知识依据。由于人们的预期差异、知识依据的开放性及其相互间的复杂关系，谈判者在理解法律、民间社会规范、共享观念等知识的过程中，往往会基于自身利益对这些知识进行选择和组合，从而构建出于己有利的谈判依据，运用特定的谈判技术展开交流沟通。在这个过程中不仅可能产生各种分歧，谈判各方基于自身利益考虑往往还会做出各种策略行动，干扰这些知识依据的预期稳定化机制。即便对方提出有力的理由或者回应，由于人类固有的"自我论证"能

---

① 参见〔美〕萨利·安格尔·梅丽：《诉讼的话语——生活在美国社会底层人的法律意识》，郭星华、王晓蓓、王平译，北京：北京大学出版社 2007 年版，第 149－182 页。

力，谈判者往往容易"钻牛角尖"，还可能继续寻找、拼接、编织各种理由为自己的主张和立场辩护，导致分歧加剧，谈判难以进行下去。[①]

由此可见，尽管规则、惯例、共享观念等知识可能具有稳定预期的作用，但它们有赖于具体情境中谈判者的理解和运用。即如恩格斯在说明人类实践区别于自然界的"根本的不同"时指出的，"在社会历史领域内进行活动的，是具有意识的、经过思虑或凭激情行动的、追求某种目的的人；任何事情的发生都不是没有自觉的意图，没有预期的目的的"[②]。个人的偏好、情绪和观念使得这些知识的运用不同于自然界的客观规律那样恒定，法律谈判的实际进行也就不可能是某种知识的推理适用，而是充满了变化和例外。

三、法律谈判中的知识架构：客观标准与主观态度

经历前面这段稍微有些长的跋涉之后，终于到了总结的时候。从以上讨论中不难发现，人们作出谈判决定、判断谈判主题、构建谈判理由、进行谈判沟通、形成谈判结论时，往往会涉及规则、惯例、共享观念、个人的期待愿望等"知识"及其综合运用。尽管法律谈判宏观场景的讨论表明，结构与能动者、主观与客观等因素并非截然两分，但在微观互动层面还是可以将这些

---

① 有关人类固有的策略取胜和自我论证能力，参见赵鼎新：《什么是社会学》，北京：生活·读书·新知三联书店 2021 年版，第 16 页。

② 《马克思恩格斯全集》（第 28 卷），北京：人民出版社 2018 年版，第 356 页。

知识区分为"客观标准"和"主观态度"两种类型。前者更多具有脱离谈判个体的性质，后者则内在于谈判者的个体特征之中。从这个角度来看，规则、惯例等属于"客观标准"，而个人的性格、情绪、体验等则属于"主观态度"。至于共享观念或者布迪厄所说的"惯习"，虽然在通常意义上来看属于主观范畴，也可能为谈判个体所共享，但它们是外在于谈判者的"非物质性社会事实"，在谈判学上属于客观标准范畴。

通过厘清法律谈判的知识依据，我们现在就可以从客观标准与主观态度的关系角度来解析法律谈判思维的知识架构，了解人们如何在各种要素限定下展开能动性的沟通协商，又是如何通过预期的稳定和变动来影响谈判的进行和最终的结果，主要包括三个要点。

（1）法律谈判既需要系统地把握法律、民间社会规范、共享观念等客观性知识，也需要尽量全面地了解您所面对的谈判对手（当然也包括了解自己），而且这些主客观知识之间是相互关联影响的。还是以【事例2】为例，C不仅考虑了规则、惯例、共享观念等因素，对于与会专家可能的想法其实也有推测，并包含他自己有关更流利的表达、更好地融入"圈子"等主观愿望以及对用中文还是英文来讨论中国法的应然态度。不仅如此，客观标准和主观态度之间还相互影响。一方面，C的主观愿望、态度和认识显然受到其生活工作的客观结构性因素的影响；另一方面，这些主观认知也直接影响了C对规则、惯例或者共享观念的理解。概括起来或许可以说，客观标准塑造着人们对事物的看法和态度，主观态度则影响着人们对客观标准的理解和适用，两者在具体的谈判场景下相互构造和互相转化，需要在法律谈判中予以综合把握。

（2）法律谈判的各种知识依据对谈判的决策、进行和结局的影响是复杂的。各种知识的准确理解和妥当适用，能够起到稳定谈判双方预期的作用。如果 C 对于惯例与规则的区别、与会专家愿意为更好地交流而忍受语言的不便等主客观"知识"的把握准确的话，通过运用这些知识就能够和与会专家展开有效的沟通。然而，C 对这些知识的把握也可能出现偏差。与会专家也可能认为惯例与规则没有区别，或是主张"无论主题是啥，在美国进行学术交流就应当用英文"，甚至不认为中文表达能够带来更深入的交流。这些知识的把握、理解和运用的差异不仅无法实现预期稳定化，甚至有可能加深双方的分歧。在这个意义上，客观标准的存在及其运用为法律谈判提供了可能，而主观态度的差异及其理解则为法律谈判提供了空间。概括起来或许可以说，没有一种知识是必然保障预期稳定的，也没有一种知识是不能用来促进有效沟通的，关键在于谈判者在多大程度上能够发现这些知识、明晰其相互关系、把握其理解的差异及成因。

（3）法律谈判是一个知识依赖和知识创造相互结合的过程。法律、惯例、共享观念等客观标准无疑是谈判者始终都要面对的结构因素，即便是对方的主观态度，亦是谈判者不得不面对又往往难以直接左右的外部因素。法律谈判必然是在这些知识的框架、约束甚至限制下展开的。然而，谈判者是能动的主体，对这些知识掌握得越充分，谈判者越能获得主动地位，而且往往还能够在谈判过程中打破既有的结构因素，影响对方的观念，从而实现知识的创造。例如，如果 C 对促成用中文表达的各种知识的把握准确且运用得当，通过有效的交流沟通未必不能使之"成为此类会议的新惯例"。在这个意义上，客观标准、主观态度等知识依据的运用不仅关涉微观场景下谈判各方预期的稳定化和变动性，同时也是通过这种能动者的微观互动不断地在适应和调整着宏观结构。概括起来或许可以说，法律谈判既要充分尊重既有的知识依据，亦需根据自己的利益和谈判目标，灵活地运用这些知识改变对方的立场，在必要时推动新的客观标准的形成。

第二节　客观标准的意义、识别与运用

如前所述，客观标准的种类众多且关系复杂，其运用和创造直接影响法律谈判的进行及效果。本节将具体讲述这些标准在法律谈判中有何用途、如何识别以及怎么使用。

一、客观标准在法律谈判中的意义

就客观标准在法律谈判中的意义而言，前文已从稳定预期的角度作了概括性说明。接下来，我们将具体展示它们是如何实现谈判各方的预期稳定的，主要涉及以下几个方面。

1. 准确地认识自己

《道德经》曰"自知者明"，古希腊阿波罗神殿石柱也镌刻着"认识你自己"的箴言，"人贵自知"可以说是中西方共同强调的

为人处世的基本智慧。然而，对于处于现实生活中的个体而言，往往是"知易行难"。法律谈判涉及利益、立场、观念等的交锋，谈判者更容易"当局者迷"，甚至充满对立情绪。客观标准至少可以从两个方面来帮助谈判者更清晰地认识自己、形成合理期待。一方面，明晰客观标准并将之应用于谈判事项的分析，可以促使谈判者更好地厘清自己的利益和诉求。这种分析当然首先应侧重于法律上的权利义务关系，但不仅限于此，还应包括对习俗习惯、行业标准、自治规范、共享观念等其他标准的把握，据此才可能明确谈判中可能存在的焦点和难点。另一方面，客观标准的运用也有助于打破自己不切实际的幻想，纠正个人难以避免的情绪偏激和认知偏差，从而更冷静地对待谈判对手及其诉求、理由。以上文字或许有些干巴枯燥，不妨看看表 2-1，回忆一下自己是否也曾出现过承诺升级、基本归因谬误、小数法则、禀赋效应、反射性贬值等常见认知偏差，从中或许可以更加真切地感受到客观标准的意义。

表 2-1　运用客观标准纠正认知偏差

认知偏差	具体表征	客观标准的作用
承诺升级	坚持在错误的道路上不断加码、孤注一掷	思考自己的决定是否准确，及时止损，避免赌徒式的投注
小数法则	从少数事例中得出结论	用一般规则来矫正有限的经验
禀赋效应	对自己拥有的或者认为自己有用的物品评价过高	矫正"敝帚自珍"的心态
反射性贬值	贬低自己厌恶或者不信任的对方所做的让步	善意看待对方的让步和诚意
基本归因谬误	将自己的错误归因于客观因素，把别人的错误认定为品质问题	理性地评价己方与对方的对错

2. 理性地说服对方

法律谈判涉及两方或者多方的交流沟通，自己可能存在错误预期和情绪偏差，对方同样也存在。特别是，人类共有的心理认知偏差往往还会导致双方误解的扩大和情绪的对立。例如，在以往的生活工作中，您是否听到过"我不是故意的""我的初衷是好的""我也没想到会是这样"等解释，或者"你就是不负责任""这么明显的错误你怎么会犯""别人能够做到，你为什么做不到"之类的评价？这就是所谓的"基本归因谬误"。当面对谈判中的争议时，人们很自然地会放大对方的过错，将之归结为个人性格或者品质等方面的问题，对导致问题出现的客观因素常常考虑不足甚至有所忽略；同时也往往会强调自己主观上的善意或者无过错，放大制度、环境等客观因素的影响，从而为自己的过失开脱。[①] 在这种情况下，再好的利益协调方案或者再高超的沟通技巧可能也无法说服对方，而客观标准的合理使用在某种程度上可以将谈判者从情绪和幻想中拉回现实，更为理性地看待谈判事项。

3. 有效地促进沟通

在上一节我们已经提到，客观标准为谈判提供了一个评价是非、缩小分歧、凝聚共识的共同尺度，有助于谈判各方以此为参照或者筹码来展开有效的交流沟通。当然，我们也提到由于客观

---

① 参见〔美〕罗伯特·芒金：《谈判致胜》，刘坤轮译，北京：中国人民大学出版社 2011 年版，第 8 页。

标准的多样性以及人们的认知差异，这些功能并不一定就能够实现。即便如此，相对于不使用客观标准，使用客观标准还是有助于实现有效的沟通。其一，谈判各方可以就客观标准展开讨论以形成共识。各方不仅可以就客观标准的选取、组合及其解释展开有效的沟通，还可以商定形成一些新的客观标准。例如，在第一章"分橘子"事例中，我们就已经见识过学生在"头脑风暴"中提出的先分者后拿、猜拳等方案。当然，有时即便经过讨论，谈判各方也不一定能够在客观标准上达成一致。这尽管很遗憾，但不要紧，设定一些基本的讨论要点、条件和程序往往也能够促进各方在确定的框架内展开交流和管控分歧。其二，通过将焦点聚焦在客观标准上，可以在很大程度上归拢谈判的核心问题，避免各方漫天要价、东拉西扯或者节外生枝，从而推动谈判在理性客观的氛围中有效率地进行。其三，通过客观标准的使用，还能够为合意形成之后的实现提供某种保障。在谈判过程中，人们在妥协和承诺之后又反悔的现象并不少见。使用客观标准并不一定能够杜绝反悔现象，但至少能够在一定程度上减少这种现象的发生。

4. 维系起码的公正

客观标准之所以称为"客观"，是因为它们超越了谈判单方的偏好、情绪和判断，在一定程度上是某种共识的反映。在这个意义上，使用客观标准也就意味着谈判是建立在某种公认的事实、观念或者原则的基础之上，不会沦为"田忌赛马"般的纯粹技艺比拼。与此同时，在财力、经历、教育以及各种社会资本上处于弱势的一方也可以诉诸客观标准，在一个较为公平的基础上主张诉求、表达观点并和对方展开有效的交流，以防止法律谈判沦为一个被强势者赤裸裸碾压的过程。当然，您肯定也会想到，惯例、共享观念等各种客观标准本身很可能代表的就是这些"强势者"的利益，在这种情况下怎么奢望用它们来平衡谈判各方的地位、维系起码的公正？别着急，这个问题的解决既关系各种客观标准的识别运用，也需要知识架构、技术构成、情境构造等法律谈判思维的整体运用，我们将在下文予以详细解析。

二、客观标准在法律谈判中的识别

要在法律谈判进程中恰当运用客观标准，首先需要识别这些标准有哪些基本类型。在现实生活中，我们不仅能够真实地感知到多种客观标准的存在，在决策和行动中还能真切地感受到不同标准的引导或者控制作用。这些经验事实很早就引起法学、人类学、社会学等诸多学科的关注。19 世纪末 20 世纪初，韦伯就发现"国家的法"与"超国家的法"并存[1]，法国社会学家古尔维奇也提出"国家法"与"社会法"的区分。[2] 奥地利法社会学家埃利希甚至明确主张，"在当代以及任何其他的时代，法的发展

---

① 参见［德］马克斯·韦伯：《经济与社会》（第1卷），阎克文译，上海：上海世纪出版集团 2010 年版，第 434 页。

② See George Gurvitch, *Sociology of Law*, London: Kegan Paul, Trench, Trubner & Co., Ltd., 1947, pp. 62-74.

的重心既不在于立法，也不在于法学或司法判决，而在于社会本身"①。自此以后，法律多元便成为一个方兴未艾的学术传统，经历了从关注殖民社会中本土法律与欧洲法律之交集的"传统法律多元主义"，到关注发达工业社会中国家法与其他规范性秩序之间关系的"新法律多元主义"，再到全球治理时代超越民族国家视野下多种规范性秩序及其关系的"全球法律多元主义"的扩展过程。② 需要说明的是，这些研究中的"法律"都不限于国家制定或者认可的法律，而是包含了各类社会规范在内，因此，近年来一些学者主张用"规范多元"来替代"法律多元"的表述。③ 那么，我们又如何识别客观标准及其具体类型呢？埃利希曾专门讨论过"活法的探究"：

> 活法不是在法条中确定的法，而是支配生活本身的法。这种法的认识来源首先是现代的法律文件，其次是对生活、商业、习惯和惯例以及所有联合体的切身观察，这些事项既可能是法律所认可的，也可能是法律所忽视和疏忽的，甚至是法律所反对的。④

---

① ［奥］欧根·埃利希：《法社会学原理》，舒国滢译，北京：中国大百科全书出版社 2009 年版，作者序。

② See Margaret Davies, "Legal Pluralism", in Peter Cane & Herbert M. Kritzer eds, *The Oxford Handbook of Empirical Legal Research*, Oxford: Oxford University Press, 2010, p. 811 - 815.

③ 参见［英］威廉·退宁：《全球化与法律理论》，钱向阳译，中国大百科全书出版社 2009 年版，第 296 - 297 页。

④ ［奥］欧根·埃利希：《法社会学原理》，舒国滢译，北京：中国大百科全书出版社 2009 年版，第 545 页。

应当说，规范多元的现象并非一个纯粹的学术问题，实际上也是我国法治实践历来重视的一个现实问题。特别是，党的十八届四中全会将"完善的党内法规体系"纳入中国特色社会主义法治体系之中。① 在党的十八届四中全会第二次全体会议上，习近平总书记强调"加快完善法律、行政法规、地方性法规体系，完善包括市民公约、乡规民约、行业规章、团体章程在内的社会规范体系，为全面推进依法治国提供基本遵循"②。在此基础上，许多学者对我国的规范体系作了各种概括。例如，刘作翔教授认为，"当代中国的规范体系是一个以法律规范体系为首要体系，包括党内法规体系、党的政策体系、国家政策体系、社会规范体系在内的能够囊括当代中国社会所有的规范类型的规范体系"③。郭星华教授主张，我国的多元规范包括国家法、团体法和民间法三种类型。④ 王启梁教授认为，当前存在于中国的规范从规范的产生以及其与国家的关系来看包括"非正式规范、准正式规范、正式规范"，从构成上主要可以分为"社会性的、执政党的、国家性的"三大类。⑤ 范愉教授则对纠纷解决中的民间社会规范作了进一步区分，认为其包括传统风俗习惯、民族习惯、公序良俗

---

① 参见《中共中央关于全面推进依法治国若干重大问题的决定》（2014 年 10 月 23 日中国共产党第十八届中央委员会第四次全体会议通过）。

② 习近平：《论坚持全面依法治国》，北京：中央文献出版社 2020 年版，第 112 页。

③ 刘作翔：《当代中国的规范体系：理论与制度结构》，《中国社会科学》2019 年第 7 期。

④ 参见郭星华、石任昊：《社会规范：多元、冲突与互动》，《中州学刊》2014 年第 3 期。

⑤ 参见王启梁：《国家治理中的多元规范：资源与挑战》，《环球法律评论》2016 年第 2 期。

和公共道德、自治性规范以及其他社会规范。[①]

这些分类还有很多，无法一一列举，但足以表明法律谈判所依据的规范的多样性。不过，这些研究大多着眼于宏观结构层面的制度或者规范，对于微观互动中的法律谈判所依据的客观标准的讨论尚不够充分。尽管本章第一节结合【事例2】也谈到了法律规范、民间社会规范、共享观念等客观标准，但相关讨论不够全面。综合法律谈判的实际情况和既有的理论研究，我们或许可以将客观标准概括为以下三种主要类型。

（一）法规政策类标准

此类客观标准为法律谈判设定了底线标准、基本框架和最终保障，根据其来源又可以分为两类：（1）法规政策。法规政策主要涉及国家制定的法律（法律、行政法规、地方性法规、部门规章、地方政府规章）及相关的立法、行政、司法解释，党内法规以及党和国家发布的政策等。（2）适用法规政策所产生的个别性文件，主要包括法定机关在职权范围内作出的各种判决、决定、措施等。这些文件并非规范性文件，往往针对的是特定的人或者特定的事，但由于是法规、政策所派生的，在谈判中对处于类似场景下的其他当事人通常具有某种拘束力。这种拘束力既可能获得法律的明确承认，如当前我国的指导性案例，亦可能作为一种说服性权威资源发挥客观标准的作用。例如，在法律谈判实践

---

① 参见范愉：《纠纷解决的理论与实践》，北京：清华大学出版社2007年版，第583－589页。

中，人们通常会主动检索、整理和运用以往法院的相关判决。

（二）自治自律类标准

此类客观标准不是由国家或者执政党制定或者发布的，而是在社会交往中形成变化的，根据其覆盖人群及生成机制的差异，也可以将之分为两类。第一类是在某些社会群体内部形成的客观标准。这些社会群体在某种程度上即为哈佛大学穆尔教授所说的"半自治社会领域"，即"能够在内部生成规则、习俗和符号，同时又易受来自其周围更大社会的规则、决策和其他因素的影响……自己具有'制定规则'的能力以及诱导或者强制人们服从的手段，同时又置身于更大的社会母体之中，并因主动邀请或者被动介入的方式受到后者的影响和侵入"[1]。具体来说，这些客观标准包括但不限于以下几类：（1）风俗习惯，即人们在长期的生活中约定俗成的一些社会规范，其中既包括从父姓、从夫居、彩礼等习惯，也包括饮食起居、礼仪交往等方面的禁忌。民族习惯亦是其中一种类型。（2）自治规范，主要存在于各种类型的社会组织之中，既包括基层群众自治组织、公司企业、事业单位、社会团体、行会、商会、协会等制定的规则，同时也包括在这些组织中得到普遍确认的惯例、规则和标准等。随着数字技术的发展和线上线下的融合，近年来各种平台（尤其是电商平台）也制定了大量的平台规则。（3）宗教规范，主要包括宗教经文、教义、

---

[1] Sally Falk Moore, "Law and Social Change: The Semi-Autonomous Social Field as an Appropriate Subject of Study", *Law and Society Review*, vol. 7, no. 4 (1973), p. 720.

教规和相关行为规范，同时也包括宗教组织内部的相关管理规范。（4）交易习惯，主要是指在某些领域或者某些行业中为人们所共同认可遵循的一些规则，例如特殊商品现场交易后不能再要求解除合同关系、饭店禁止自带酒水、旅店中午 12 点退房等。（5）技术标准，即有关生产工艺、流程、产品质量等方面的标准和操作规范。除此以外，此类标准还包括时价、各种"潜规则"等。第二类客观标准是谈判各方在谈判开始前或者进行中所约定的。即如前文所提到的，人们既受到各种结构性因素和客观标准的限制，同时也是能够改变这些外在因素的能动者。在法律谈判实践中，谈判者可以商定客观标准的解释、选择和组合，亦可以临时创造新的客观标准。例如，约定以成本效益计算来统筹考虑各方利益，商定以某项最重要的利益或者原则来统揽各个谈判要点，或者在无法达成合意时明确接下来的谈判应遵循的程序等。

（三）共享观念类标准

相较于前两类客观标准，共享观念在法律谈判的研究中受到的关注严重不够。上一节不仅解释了共享观念为何重要又缘何应被视为一种客观标准，而且从结构与能动者、主观与客观的相互作用角度阐明了某些共享观念已融入其他两类客观标准之中。接下来，我们将为您呈现共享观念的两种具体类型。（1）道德观念。道德观念反映一定范围的人们对行为正当与否的普遍看法，在法律未有规定的情况下能够提供道德底线标准，以及在法律规定及其运作不确定之处为价值补充提供依据。当然，如果您也听过哈佛大学富勒教授提出的"义务的道德"与"愿望的道德"的区分的话，或许还会发现道德观念更为积极的作用。以百分制考试为例，60 分是"义务的道德"，考生如果达不到就会受到谴责，但刚刚达到这个分数并不会得到表扬；90 分则是"愿望的道德"，考生如果达到了会受到表扬，但不会因为达不到这个分数就会被谴责（当然至少得及格）。道德观念包含许多"愿望的道德"，若能加以妥善使用，可以引导谈判各方以更积极的态度来看待谈判事项、以更友善的态度来看对待对方，从而获得更好的谈判结果。[①]（2）文化观念。人们总是在特定的结构中展开行动的，文化观念作为一种"非物质性社会事实"不仅塑造着个体的谈判决策和沟通行为，同时也往往能够作为一种客观标准，用以评价什么样的行为举止、利益分配结果、救济方式等是恰当的。例如，比较法或者法律文化研究中常见的中西方"厌讼"与"好讼"的对比就是一个例子。尽管本章第三节马上就要提醒您对这种比较的结论不要完全信以为真，但文化观念确实是法律谈判中不可忽视的客观标准。事实上，从文化解释学的角度来看，不理解文化观念，或许难以把握真实的法律，更谈不上展开法律谈判：

> 法律其实……是地方知识；它的地方性不仅在于空间、时间、阶级及其他许多方面，更在于它的腔调，即对所发生的事实赋予一种地方通俗的定性，并将之联结到当地关于"可以不可以"的通俗观念。[②]

---

① 两种道德的区分及其意义，参见［美］富勒：《法律的道德性》，郑戈译，北京：商务印书馆 2005 年版，第 5－39 页。

② ［美］克利福德·格尔茨：《地方知识》，杨德睿译，北京：商务印书馆 2016 年版，第 339 页。

三、客观标准在法律谈判中的运用

识别法律谈判中的客观标准，并不意味着马上就可以运用这些标准。究其原因，各种客观标准之间存在着复杂的动态关系。不了解这些关系，我们往往难以准确地理解和运用特定的客观标准。

在很长一段时间内，人们认为法律、政策以及各种社会规范"各管一摊"，或者各有其作用领域。随着研究的深入，人们逐渐意识到各种客观标准可能不是"分离的实体"，而是"对同一社会领域的参与"①。说得简单点，这也是一项生活常识。社会生活不会因为法律或者其他客观标准而被划分成不同领域，反而是各种规范的复杂互动构成了现实且多样的社会生活，因而在某个具体问题上可能同时存在法律、道德、习俗等多重调整。② 以大家都可能听说过的四川泸州继承案为例，就同时存在遗嘱继承优先的法律规定、公序良俗的道德要求、何为"道德"的共享观念等诸多客观标准的综合考虑。③ 就此而言，范愉教授曾就国家法与民间社会规范的关系做了一个从历史到当代的梳理，归纳出冲突、博弈与妥协、补充与协调、任意性选择等几种关系形态。④ 在此

---

① S. E. Merry，"Legal Pluralism"，*Law & Society Review*，vol. 22，no. 5（1988），p. 873.

② 相关理论讨论，参见彭小龙：《规范多元的法治协同：基于构成性视角的观察》，《中国法学》2021 年第 5 期。

③ 该案的基本案情，参见何海波：《何以合法？对"二奶继承案"的追问》，《中外法学》2009 年第 3 期。

④ 参见范愉：《纠纷解决的理论与实践》，北京：清华大学出版社 2007 年版，第 596－622 页。

基础上，我们进一步切入法律谈判的微观场景，就法律与其他客观标准的关系作出如下概括。

1. 冲突

法律与其他客观标准相互抵触，主要表现为两种情形。一种情形是在具体规定上直接冲突。例如，前面提到的"从父姓"就是我国长期以来的一种习惯，1980 年《婚姻法》对此予以否定，明确规定"子女可以随父姓，可以随母姓"，这条规则在后续《婚姻法》的修改以及《民法典》的制定过程中得到维续。另一种情形则是在基本精神上相互冲突。2024 年 2 月 18 日，央视"法律讲坛"讲述了一个案例。大年初二外甥去理发，舅舅当晚酒后骑车发生车祸去世。舅妈以外甥明知"正月理发死舅舅"为由，向公安机关控告外甥间接故意杀人，后又向法院提起诉讼，要求外甥为此承担民事侵权赔偿责任 100 万元。虽然法律没有也不可能对"正月理发死舅舅"作出具体规定，但此类缺乏科学依据的习俗显然与法律的基本精神是冲突的。公安机关没有受理舅妈的控告，法院也驳回了其诉讼请求，并提道，"民间习俗要取其精华、去其糟粕，应当弘扬那些符合社会发展进步的习俗，不能用那些不符合社会发展进步的习俗约束人，更不能上升到道德的层面绑架人"。

2. 并行

法律与其他客观标准在很多时候也呈现出并行不悖的关系，其原因大致有两个方面。一方面，法律调整本来就是"管"、干涉、强制性规定与"放"、自主、任意性规范的结合，后者为人们的自由选择和其他各种客观标准的生存提供了足够空间，即如我们可能都知道的私人领域"法无明文禁止即自由"。另一方面，法律运作有赖于人们的援用或者动员。当人们更认同其他客观标准或者缺乏足够的资源来动员法律时，即便法律与其他客观标准相冲突，往往也只能"默许"后者的存在。美国威斯康星大学的麦考利教授就此做出了一个经典的研究。他发现，如果严格按照合同法的规定，1953年到1956年威斯康星州的公司在交易时没有合同的比例为60%～75%，但这并没有妨碍商人们的交易。究其原因，交易习惯、共识观念、声誉制度等其他机制可能更为商人们所看重。如果严格按照合同法的规定来办事，反而会妨碍商家之间建立良好的合作关系。①

3. 补充

估计您也听说过"法律不是万能的"或者法的作用局限性等说法。法律与其他客观标准之所以出现互为补充的现象，既有现实的考虑也有价值上的依据。就前者而言，法律往往具有抽象性和稳定性，无力照顾到现实生活的多样性和变动性，而且法律运作需要各种人力资源和物质条件，这些成本对于国家和个人都是一种沉重负担。就后者来说，法律只是社会调整的一种机制，在很多问题上不宜介入或者介入时机不成熟。法律对社会生活的全

① See Stewart Macaulay, "Non-Contractual Relations in Business: A Preliminary Study," *American Sociological Review*, vol. 28, no. 1 (1963), pp. 55 - 67.

面直接干预有可能导致"千孔一面"的过度"法化"，不仅有损社会活力，还可能因为得不到身处各种客观标准中的人们的认同，从而危及法律自身的权威。因此，法律运作并不只是法律自身的运作，而是包含了法律与其他客观标准的互补关系。且不说这种现象在实践中随处可见，许多国家在立法上也明确了这种互补关系。我国《民法典》第 11 条就明确规定："处理民事纠纷，应当依照法律；法律没有规定的，可以适用习惯，但是不得违背公序良俗。"《立法法》第 85 条也对民族自治地方的人民代表大会制定自治条例和单行条例的权力作出了规定。这些自治条例和单行条例可以依照当地民族的特点，对法律和行政法规的规定作出变通规定。

4. 转化

法律与其他客观标准的相互转化主要涉及方向和途径两个方面。就转化方向而言，法律自身的很多内容实际上来自风俗习惯、自治规范、交易习惯，例如商法的很多内容就来自商人之间的交易习惯[1]；与此同时，法律本身往往也能够影响甚至转化为其他客观标准，例如近年来所谓"司法权全球扩张"中出现的一些非法律的协商和决策机制纷纷采用类似法律的规则和程序。[2] 至于转化途径，这种转化可能发生在法律的规则或者文本层面，也

---

[1] 参见 [美] 哈罗德·J. 伯尔曼：《法律与革命——西方法律传统的形成》，高鸿均等译，北京：中国大百科全书出版社 1993 年版，第 414－416 页。

[2] See Torbjörn Vallinder, "When the Courts Go Marching in", in C. Neal Tate & Torbjörn Vallinder eds., *The Global Expansion of Judicial Power*, New York：New York University Press，1995，pp. 13－24.

可能发生在执法、司法或者守法等法律实施层面。就前者而言，例如，2003 年最高人民法院《关于适用〈中华人民共和国婚姻法〉若干问题的解释（二）》第 10 条规定了支持当事人请求返还按照习俗给付的彩礼的三种情形：双方未办理结婚登记手续的、双方办理结婚登记手续但确未共同生活的、婚前给付并导致给付人生活困难的。这些规定实际上就是对民间习俗和彩礼纠纷处理习惯的一种确认。2024 年最高人民法院发布《关于审理涉彩礼纠纷案件适用法律若干问题的规定》对此做了修订，但均强调"结合当地习俗"来解决此类纠纷。就后者而言，2000 年上海和 2002 年江苏发生了两起类似案件，均系房主因装修工人在新房内死亡产生的索赔纠纷。相对于前一起案件中法院驳回原告的请求，后一起案件中法院则确认了"凶宅"导致房屋价值贬损的习俗、共享观念和交易习惯。[①]

由此可见，法律谈判不仅要明确法律规定，还需要对相关的其他客观标准予以全面把握。只有在综合考虑它们之间关系的基础上，我们才能知道在特定谈判情境中如何妥当地运用客观标准。具体来说，以下三条建议供您参考。

第一，摒弃"守法主义"，理性认识、客观评估和充分运用其他各种客观标准。一方面，只有在全面把握习惯、习俗、自治规范、交易习惯、共享观念等客观标准的基础上，我们才能作出理性的谈判决策和沟通行动。即如埃里克森所提到的，"法律制

---

① 这两个例子的内容及分析，参见范愉：《纠纷解决的理论与实践》，北京：清华大学出版社 2007 年版，第 61、622 页。

定者如果对那些促进非正式合作的社会条件缺乏眼力，他们就可能造就一个法律更多但秩序更少的世界"①。从法律谈判的角度来看，如果谈判者对于那些促进非正式合作的社会条件缺乏眼力，他就有可能造就一个更加冲突、更难合作或更难实现谈判者利益的结果。另一方面，在现实的谈判中不要以为所有人都"信法为真"，要摒弃"法律万能主义"的不切实际的幻想。其他客观标准之所以能够"客观"，往往是因为它们植根于具体的社会土壤之中，获得了特定人群的深刻认同，本身具有一定的权威性或者正当性基础。对于特定人群来说，这种权威性不一定比法律的权威性要弱，其正当性基础或许扎得更深。例如，前面提到的"从父姓"的问题，尽管法律明确否定了这种习惯，但公安部《二〇二〇年全国姓名报告》对 2020 年新生儿姓氏选取情况的统计显示，随母姓与随父姓的比例为 1：12。因此，在法律谈判中用法律来取代或者压制其他客观标准有时候难以取得实际效果。如果您对这个话题感兴趣，推荐您看看尤伊克、西尔贝合著的《日常生活与法律》。这本书讲述了一个人们在现实中如何敬畏法律、利用法律、对抗法律以及其态度转变的故事。②

第二，超越"各执己见"，在法律与其他客观标准的复杂关系中寻求共识。由于法律与其他客观标准可能存在冲突，法规政策类、自治自律类、共享观念类等客观标准内部也可能存在冲

① ［美］罗伯特·C. 埃里克森：《无需法律的秩序——邻人如何解决纠纷》，苏力译，中国政法大学出版社 2003 年版，第 254 页。
② 参见［美］帕特丽夏·尤伊克、［美］苏珊·S. 西尔贝：《日常生活与法律》，陆益龙译，北京：商务印书馆 2015 年版。

突，人们对于客观标准的认识、理解和权重赋予更是千差万别，人们在法律谈判中"钻牛角尖"、自我论证或者各执己见或许是最正常不过的现象。不过，冲突的存在并不意味着它们无法协调，问题的关键取决于我们能否就客观标准的选择或者创造寻求到基本共识，是否可以形成双方都能够接受的客观标准来展开法律谈判。本书作者曾经在一篇论文中讨论过法治用以协同多元规范的多种机制，或许能够为如何在法律谈判的微观互动中寻求某种客观标准共识提供参考。[①] 例如，在客观标准的观念认同上注重法律与道德、习俗、行规等承载的正当性资源的相互滋养；在客观标准的具体内容上提升"在开放的体系中论证"的能力，坚守法律规范的基本要求，通过法律解释、漏洞填补、利益衡量等方式推进法律与其他客观标准的对话；在客观标准的形成过程中摒弃"毕其功于一役"的想法，根据谈判情境或者主客观条件的变化，寻找并抓住达成共识的契机。

第三，突破"本本主义"，灵活运用客观标准展开有效的交流沟通。法律谈判涉及多方的利益和预期，既需要弄清楚相关的客观标准是什么，同时也要分阶段、分对象地灵活运用。简要来说，在坐到谈判桌边之前，应当先明确相关法律的底线要求，权衡各种客观标准的分量，以明确自己的利益及实现可能性，作出是否谈判的决定并调整好自己的谈判预期、预估谈判中可能出现

---

① 参见彭小龙：《规范多元的法治协同：基于构成性视角的观察》，《中国法学》2021年第5期。

的焦点、难点。在坐到谈判桌边之后，根据对方的反应有效地组织自己的谈判依据并予以及时调整，重点突出于己有利的客观标准，尽量模糊于己不利的客观标准。换句话说，某些时候客观标准弄得越清晰，越有助于获得更好的谈判地位，更容易促进谈判合意的达成；但某些时候客观标准或者某些客观标准弄得越清楚，可能谈判各方的回旋余地也就越小，特别是谈判涉及各方重大利益时，达成合意的空间越发局促。"水至清则无鱼"，适度的模糊客观标准亦是法律谈判的需要，既为谈判各方达成合意留下空间，同时也可以趁此探知对方的意图和态度。概括起来就是，要适应和拥抱"不确定性"，既要高度重视客观标准，但也不要执拗于某种特定的客观标准，后者或许正是费希尔、尤里、巴顿在《谈判力》中提出"不必就什么是'最佳'标准达成一致"的原因。[①]

第三节　主观态度的意义、识别与探知

作为法律谈判的知识依据，主观态度是指谈判各方的心态、情感、预期、偏见等各种内在因素。相较于客观标准，主观态度

[①]　参见［美］罗杰·费希尔、威廉·尤里、布鲁斯·巴顿：《谈判力》，王燕、罗昕译，北京：中信出版社 2012 年版，第 145 页。

在以往的法律谈判研究中受到的重视程度严重不够。毕竟，正如人们常说的"人心似海"，法律谈判中各方的想法往往变化莫测，这或许也能解释为何此前同类书籍往往将关注点放在"操弄"人心的权谋算计之上。在本节中，我们试图超越权谋算计，先在理论上阐明为何要重视主观态度，然后再具体讨论如何识别和探知谈判者的主观态度。

一、主观态度在法律谈判中的意义

前文已从结构与能动者、主观与客观的关系角度对主观态度的意义作了理论上的阐述。接下来，我们将切入法律谈判的微观场景，具体展示主观态度如何影响法律谈判。

1. 谈判者的主观态度对法律谈判产生系统性影响

首先，我们还是邀请您回忆一下在以往的交流沟通过程中，无论是线下的"卧谈会""侃大山""摆龙门阵"还是线上的微信群、朋友圈，是否见过不因事实分歧却因"三观"不同而争吵不休甚至退群、退圈的情形？对于同样的社会现象，您是否也有过前后观点发生变化的经历？如果您的回答是肯定的话，想必您从中已然体会到沟通交流必然包含各方主观态度在内，而不只是纯粹的事实呈现或者利益计算。当然，这也并不是什么深奥的道理。从心理学"知觉选择"的常识来看，个体对事物的认知本来就不是摄像机那种全景式的客观复刻，而是根据自己的需要、兴趣、期望、知识、经验甚至"潜意识"，在纷繁复杂的因素中选择性地关注少数信息，忽略其他无关的信息。在这个意义上，法律谈判者的主观态度在某种程度上限定了自己能够看到什么，并往往以此为依据对各方的相互关系以及谈判事项的是非曲直作出判断。因此，如果不准确把握谈判者的主观态度，我们也就很难真正了解谈判各方的利益关系、实质分歧和可能的合意空间。

以上说法可能还是有些抽象，不如还是以具体例子略作说明。您可能听说过一些地方因兴建垃圾焚烧厂、石化设施等引发的"邻避事件"。在一些事件中，尽管相关项目或者设施已经通过环境影响评价和相关审批手续，周围居民即便认识到这些建设非常有必要，依然强烈要求"不要建在我家后院"（Not in my Back Yard）。邻避事件产生和激化的原因是多方面的，但人们对于确定性安全的执着追求是其中的重要影响因素。有学者对 1995 年—2007 年间 300 起重大邻避事件进行了统计分析，结果发现：人们的诉求主要集中在安全诉求（占比 35.4%）和环境诉求（占比 24.4%）。[①] 在这种情况下，如果不能准确把握居民对不确定风险的恐惧，只是强调经济补偿或许很难进行有效的沟通，有时甚至会出现承诺补偿越多、居民越恐惧、矛盾越激化的现象。而且，如果不了解这种恐惧背后的风险认知、议题关注、归因归责等社会传播机制和个人心理机制的双重作用，只是通过"公共利好""安全可控"等政府或者技术专家的单向劝服，风险交流也难以取得效果。[②] 当然，邻避事件往往牵涉面广、影响较大，或许

---

① 该统计数据转引自何艳玲：《"法律脱嵌治理"：中国式邻避纠纷的制度成因及治理》，《中国法学》2022 年第 4 期。

② 参见涂一荣、魏来：《从不确定到确定：风险经验对邻避认知的塑造》，《中国行政管理》2023 年第 6 期。

有人会认为这个例子不具有典型性。那么，请您再回忆一下【事例2】，即便是在这种琐碎的日常交流中，C 和与会其他专家都有可能基于不同的态度作出不同的预期、决策和行为。由此可见，谈判者主观态度不仅影响法律谈判的主题确定，还深刻地影响着谈判的目标设定、战略设计以及各种具体沟通技能的选择、运用和效果。

2. 法律谈判的关键在于谈判者主观态度的调适

之所以说主观态度调适是关键，不仅仅是因为前面提到的它在某种程度上决定着人们对于谈判事项的理解和谋划——如果只是这个原因，前面已经提到客观标准可以用来纠正谈判者的认知偏差——更关键的是，谈判者作为能动的主体，在接受和处理外界信息时容易出现各种感知偏差。您可能对感知偏差这类心理学知识不是特别熟悉，但这其实是现实生活中常见的现象。《列维奇谈判学》就列举了谈判常见的四种感知偏差。[①]（1）刻板印象。人们常常会以某一个体归属于某个特定社会群体为依据，将该社会群体的一般性特征加强在该个体之上。"嘴上没毛办事不牢""北方人性情都很粗犷"等就属于这种偏差。事实上，并不是所有的年轻人办事都不牢靠，也不是所有的北方人都性情粗犷。（2）晕轮效应。人们在现实生活中还常常会放大个体的某个体征，并推及该个体的其他方面。"情人眼里出西施""一俊遮百丑""爱笑

---

① ［美］罗伊·J. 列维奇、布鲁斯·巴里、戴维·M. 桑德斯：《列维奇谈判学》，郭旭力、鲜红霞、王圣臻译，北京：中国人民大学出版社 2008 年版，第 92 - 93 页。

的人好沟通"就属此类。（3）选择性感知。这种感知偏差是指人们容易接受和强化以往认知的信息，而忽略或者贬低那些不支持以往认知的信息。"先入为主""结论先行"或者当前讨论正热的"信息茧房""回音室效应"等背后都有这种偏差的心理机制。（4）投射效应。这种感知偏差是指个体常常会将自身的特性或者感觉强加给别人，认为别人也与自己有着相同的特性或者感觉，例如，我们都熟知的"以己之心度人之腹"或者"感时花溅泪，恨别鸟惊心"。

由于感知偏差的存在，法律谈判参与者往往容易对谈判事项的认知产生分歧，并且往往很难通过客观标准予以纠正。究其原因，当出现感知偏差时，实际上各方接收到的信息从源头上就存在不一致，这种不一致不仅发生在谈判事项的事实层面，还涉及对客观标准本身的感知，更不用说经过两者相互观照所作出的谈判决策和行动。更有甚者，选择性感知、刻板印象、晕轮效应等还可能相互叠加和互相强化，谈判双方的分歧可能会越发尖锐深刻。在这个意义上，卢曼所说的法律等客观标准具有"规范预期的稳定化"固然不错，通过明确行为模式及其后果或许可以在一定程度上解决"异我"预期落空所产生的复杂性和偶在性问题；从感知偏差的角度来看，这套预期稳定化的机制在某种程度上其实也依赖于"异我"，需要尽量探知谈判各方的主观态度。

3. 有效的主观态度调适可以带来更好的谈判体验和效果

相信通过前面的介绍，您已经了解到谈判者的主观态度是决定法律谈判进行的关键因素。事实上，谈判各方主观态度调适的意义还不限于此，它还能够带来更好的谈判体验和谈判效果。究其原因，人们的交流沟通或者更具体的法律谈判在很多时候并不只是纯粹的利益计算，同时也内含人们的情感对话、交流和转化。换句话说，法律谈判不仅是一种物质性的利益协商，还是一个精神交流的过程。如果谈判各方的主观态度能够得到有效的调适，不仅有助于合意的达成，还可以修复人际关系，使得谈判各方在现实利益冲突下也能作出更友善体谅的妥协让步。[1] 就此而言，在 20 世纪 80 年代兴起的愈疗法理学（Therapeutic Jurisprudence）已经展示出一种法律运作与精神健康相互作用的分析视角，主张改进法律的运作方式可以实现对人的身心、人际关系和社会问题的愈疗效果。[2] 也正是在这个意义上，尽管以往的谈判学通常会在竞争型谈判与合作型谈判、纠纷解决型谈判与达成交易型谈判之间作出"价值索取"和"价值创造"的区分，似乎前者只是此消彼长的零和博弈[3]，但下文将表明通过谈判各方主观

① See Gerald R. Williams，"Negotiation as a Healing Process"，*Journal of Dispute Resolution*，no. 1（1996），pp. 1 - 66.

② See Dennis P. Stolle，David B. Wexler，Bruce J. Winick & Edward A. Dauer，"Integrating Preventive Law and Therapeutic Jurisprudence：A Law and Psychology Based Approach to Lawyering"，*California Western Law Review*，vol. 34，no. 1（1997），pp. 18 - 51.

③ 参见［美］斯蒂芬·B. 戈尔德堡、弗兰克·A. 桑德、南茜·H. 罗杰斯、塞拉·伦道夫·科尔：《纠纷解决——谈判、调解和其他机制》，蔡彦敏、曾宇、刘晶晶译，北京：中国政法大学出版社 2004 年版，第 68 - 71 页；［美］罗伊·J. 列维奇、布鲁斯·巴里、戴维·M. 桑德斯：《列维奇谈判学》，郭旭力、鲜红霞、王圣臻译，北京：中国人民大学出版社 2008 年版，第 13 - 15 页。

态度的有效调适，各种类型法律谈判都具有价值创造的可能。

二、主观态度在法律谈判中的识别

既然谈判者的主观态度在法律谈判中如此重要，那么如何才能识别出来呢？您可能会立即想到前面提及的道德观念、文化观念等因素，毕竟它们和主观态度都属于观念范畴。本书的回答是，两者既有密切关联，也有明显区别。如何把握这种关系是在法律谈判中识别主观态度的关键。

一方面，法律谈判参与者，无论具有什么样的个性，都会受到道德、文化、信仰等共享观念的影响。

个体的自我认知、价值观、思维方式都是在其身处的社会群体或者社会关系中形成和发展的，其中的共享观念深刻地塑造着个体对何种利益分配、行为模式、关系格局是"正当"的认识，同时也会对人们在谈判中的方式选择、技术运用、行为举止等产生深刻影响。[①] 例如【事例 2】，在促成 C 使用英文来表达的各种考虑因素中，或许可以找寻到遵从惯例（规则）、与国际接轨等道德、文化观念的影子；而在促成 C 使用中文来表达的各种考虑因素中，则可能包含着挑战惯例（规则）、自我身份认同等共享观念对 C 的影响。

当然，如果谈判各方同属于某个特定的社会群体之中，这种共享观念的影响可能是谈判者"日用而不知"的，即如布迪厄所

---

① 参见俞可平：《社群主义》，北京：东方出版社 2015 年版，第 58 - 66 页。

提到的"每当惯习遭遇的客观条件就是产生它的那些客观条件，或者类似于那些客观条件时，惯习总能很好地'适应'那个场域而无需什么自觉地追求目标明确的调适"[①]。一旦谈判者跨越了共享观念所涉及的社群边界，共享观念对谈判者主观态度的深刻影响或许就会立马呈现。例如，有的国家或者地区可能更强调集体主义和团队合作，有些则强调个人主义和独立思考，对于道德、正义、成功等的理解也可能存在明显不同。这些差异不仅会反映在谈判者的议题界定、目标设定、结果评价等实质内容层面，还会具体深入到情感表达、语言使用、时机选择、沟通方式、时间观念、谈判者挑选等过程方面。例如，人类学家霍尔根据交流沟通中情绪和语言的表达是直接还是间接，分析了从高语境到低语境的 11 种文化及其影响。[②] 设想一下这种谈判常见场景：当您向对方介绍您的解决方案时，对方回答"还可以吧"。假如对方来自低语境文化，那么他很可能是真的认为"可以"；假如对方深受高语境文化熏陶，估计您马上会心领神会，对方的态度不一定就是真的可以，而需要结合具体语境予以判断。如果想了解这方面更多的内容，许多谈判学书籍就此已经有诸多概括，可供您进一步参考。[③]

[①] ［法］布迪厄、［美］华康德：《实践与反思——反思社会学导引》，李猛、李康译，北京：中央编译出版社 1998 年版，第 174 页。

[②] 参见［美］爱德华·霍尔：《超越文化》，何道宽译，北京：北京大学出版社 2010 年版，第 92-102 页。

[③] 参见［美］利·汤普森：《汤普森谈判学》，赵欣、陆华强译，北京：中国人民大学出版社 2009 年版，第 198-220 页；［美］米歇尔·J. 盖尔芬德、珍妮·M. 布雷特：《谈判与文化：心理过程、社会过程与具体情境》，张燕雪丹、柏堃、侯佳儒译，北京：中国政法大学出版社 2019 年版。

另一方面，法律谈判参与者的主观态度并不一定完全遵循共享观念。

究其原因，至少涉及以下三方面的因素。其一，共享观念是某些群体中为其大多数成员所接受、认可并实践的主流观念，但这些群体内也可能存在边缘文化群体或者异端亚文化群体，并非该群体中的所有个体都真的认同这些共享观念。例如，在前文提到的埃里克森所研究的夏斯塔县，尽管关系紧密的牧区民众往往不愿意诉诸法律等正式机制来解决纠纷，但同样也存在那些被他们视为"'烂苹果'、'怪人'或者其他不知道天然日常秩序的人"①。再如，法律从业人员应该属于那种心思缜密、表达严谨的群体，但估计您在日常生活中也遇到过"丢三落四""满嘴跑火车"的律师或者法学教授。其二，即便个体秉持其所在群体的共享观念，但由于前面提到的认知偏差和感知偏差的存在，人们有可能在接受和处理相关信息时出现差异，由此也可能在共享观念的指引下对谈判的进行及其合意空间作出不同的判断。其三，除了共享观念，人们在谈判中往往还会考虑到预期回报、成本效益、替代选择、现实条件等多种因素，谈判者在综合考虑这些因素的基础上可能会作出各种个性化的谈判决策和行动。或许您还记得我们在第一章提到的波斯纳所归纳的"法官如何思考"，除"态度理论"以外，还包括战略理论、社会学理论、心理学理论、经济学理论、组织理论、实用主义理论、现象学理论、法条主义

① ［美］罗伯特·C.埃里克森：《无需法律的秩序——邻人如何解决纠纷》，苏力译，北京：中国政法大学出版社 2003 年版，第 77 页。

理论等其他解释，从中足见偏离共享观念的可能性及其各种复杂的影响因素。

应当说，以上两个方面并不矛盾冲突。前者更多揭示的是共享观念如何塑造和影响谈判者的主观态度，后者则更多呈现出谈判者的主观态度对共享观念的偏离和修正，这实际上就是结构与能动者、主观与客观的互动机制在法律谈判的微观场景中的展示。因此，就法律谈判中的主观态度的识别而言，我们既要学会通过了解共享观念来把握谈判者的主观态度，特别是在您完全不了解对方的情况下，这可以在某种程度上减轻您的负担，避免您在进入谈判桌时感到手足无措或者无法把握对方表达的要点；同时也要避免简单地从共享观念中直接推导谈判者的主观态度，而是要综合考虑特定谈判情境下各种影响谈判对手的因素。看到这里，您或许会感觉到，这无非是又说了一项众所周知的常识。但是我们想提醒的是，不要轻视这个常识，也不要觉得这个常识性道理做起来很容易。这是因为，从谈判者所属群体的共享观念中直接推导其想法，本身就是前文提及的那种常见的"刻板印象"，反而需要对此予以格外警惕。

三、主观态度在法律谈判中的探知

由于谈判者的主观态度是有效的交流沟通所必须掌握的内容，尽管"人心难测，海水难量"，我们无法在法律谈判中做到完全洞悉各方的主观态度，但基于以上的讨论，我们还是可以就如何在法律谈判中探知主观态度提出以下三点建议。

（1）在谈判情境中运用客观标准和谈判技能，明确您自己的主观态度。《吕氏春秋》曰，"欲知人者，必先自知"。在法律谈判中，或许只有在清楚地了解自己的心态、情感、预期甚至偏见等主观态度的基础上，我们才能够以理性的方式看待谈判涉及的利益、立场和观点的分歧，以平和的心态来聆听对方的表达、观察其行为举止、了解其主观态度及其影响因素。就此而言，前文已经提到可以通过对照客观标准来反思自己在谈判中的主观态度。例如，我对谈判事项的判断是否有着充分的依据？对于谈判结果的预期是否存在过高或者过低的情形？这些判断或者预期是否受到某种情绪方面因素的影响？这些情绪是否影响了我的谈判目标的设定和行为举止……当然，个体的主观态度往往是在长期的生活中形成的，不能奢望仅仅通过客观标准的对照就能够予以发现或者改变，同时还需要谈判者在谈判情境下妥善地运用某些评估技术和谈判技能。这些内容将在接下来的两章中予以呈现，或许可以帮助您进一步反思自己的主观态度，避免陷入某些"情感陷阱"。例如，通过双重关注模型来调适谈判的主观期待，通过客观评估来锁定谈判的核心关切，通过"人—利益—选择—标准"的原则性谈判框架来避免过于强硬或者过于软弱的谈判风格，等等。

（2）在谈判情境中强化调查和评估，探知谈判对手的主观态度。如果说"认识您自己"的困难主要在于识别各种主观情绪或者偏差、更理性地看待自己的利益诉求及主张，那么，"认识您的对手"在此之外还将面临"信息不充分"或者"信息不对称"等更多难题，因此，在探知谈判对方的主观态度时，除要善于在谈判情境中运用客观标准和谈判技能进行评估以外，还需要强化谈判对方背景调查以及在此基础上展开利益评估。如果您是一位律师，对此或许有着深刻体会。在准备案件的过程中，除了一部分时间用于法律法规检索和案件事实调查，可能还会有相当一部分时间是花在这些方面：其一，背景调查。这种调查主要是了解对方的谈判"惯习"，既需要了解对方的学历背景、执业经历、社会关系、商业利益、现实需求等较为客观的内容，同时也需要努力了解对方的谈判风格和沟通方式，例如思维方式（直接还是间接）、语言表达（快还是慢）、性格特征（强硬还是宽和）以及价值观、情绪、任何正在或者可能关心的事情。这些信息有些可以通过新闻报道、公司公告、社交媒体、行业分析报告等公开渠道获取，有些则需要一些更细致的调查，甚至需要了解对方的衣食起居、爱好兴趣、着装打扮、日常习惯等。其二，评估利益需求。在掌握以上信息的基础上，往往需要暂时抛开自己的利益关切，站在对方的角度（前文提到的"异我"）深入分析其真正的利益和需求，区分他可能呈现出来的表面立场和深层利益，识别任何可能的共赢点或者突破点。在必要时，也可以进行"彩排"，专门安排人员扮演您的谈判对手，通过模拟谈判来探知对方可能的态度及其变化。

（3）在交流沟通中适时调整自己的态度，影响对方的态度。应当说，再充分的自我评估和探知对方都可能无法周全，而且往往存在不准确之处。同时，法律谈判进程往往瞬息万变，各方的立场、需求和策略可能会随着进程的展开而不断变化。在这种情况下，如果只是固守之前获得的信息和判断，那几乎无异于"刻舟求剑"或者"胶柱鼓瑟"。因此，法律谈判中的主观态度探知还要求在交流沟通中适时调整自己的态度，积极影响对方的态度，而这也离不开具体情境下谈判技术的使用。例如，通过合理的谈判战略和流程管理，引导谈判进程、控制各方分歧；通过精心设计的提问，把握对方的动机和担忧，引导对话交流的方向；通过妥当的聆听、观察以及合理使用各种语言和非语言的表达方式，了解双方的立场、需求和利益，建立一定的互信机制，聚焦谈判的实质主题，发现合意空间，等等。一些谈判书籍从改善沟通和人际关系的角度对此提供了很多建议[①]，本书也将在接下来的第三章和第四章中作出系统呈现。

扩展阅读

1. ［美］米歇尔·J. 盖尔芬德，珍妮·M. 布雷特. 谈判与文化：心理过程、社会过程与具体情境. 张燕雪丹，柏堃，侯佳儒，译. 北京：中国政法大学出版社，2019. 该书系文化与谈判的交叉研究成果，展示出文化与认知、情绪、动机、沟通、权力、正义等谈判要素之间的复杂关系。

2. 布莱恩·塔玛纳哈. 法律多元主义阐释：历史、理论与影响. 赵英男，译. 北京：商务印书馆，2023. 该书集中反映了作

[①] 参见［美］罗杰·费希尔、威廉·尤里、布鲁斯·巴顿：《谈判力》，王燕、罗昕译，北京：中信出版社2012年版，第145页；［美］罗伊·J. 列维奇、布鲁斯·巴里、戴维·M. 桑德斯：《列维奇谈判学》，郭旭力、鲜红霞、王圣臻译，北京：中国人民大学出版社2008年版，第115-118页；［美］威廉·尤里：《突破型谈判：如何搞定难缠的人》，袁品涵译，北京：中信出版社2023年版，第31-100页。

者数十年对法律多元的研究成果，从中可以进一步了解法律谈判中客观标准的多样性及其相互关系。

3. 劳伦斯·弗里德曼 . 碰撞：法律如何影响人的行为 . 邱遥堃，译 . 侯猛，校 . 北京：中国民主法制出版社，2021. 该书综合了作者数十年在法社会学研究中的成果和经验，为理解法律如何影响社会搭建了一个框架，对于法律谈判的展开具有启示意义。

第三章

法律谈判思维的
技术构成

当明确法律谈判所需的知识并就此做好准备之后，估计您很快就会发现仅此还不足以与对方展开有效的沟通：明明谈判对于双方都是最好的选择，可是对方踌躇不决，迟迟不肯迈向谈判桌；明明对方提出的主张站不住脚，却不知道为何如此"自信"、态度如此强硬；明明您提出的方案对于双方来说是合作共赢的，可是对方完全不予理会；明明双方都有合作的诚意，却始终在一些关键问题上争执不下，不断消磨您的信心和耐心……"工欲善其事，必先利其器"，再好的知识准备也需要依靠沟通技术才能得以施展，有些知识甚至还需要依靠特定的技术才能够获得。这些技术包括哪些内容、如何才能得到有效的运用，即为法律谈判思维技术构成所要探讨的问题。本章首先从"通过什么展开法律谈判"的整体性问题入手，解析技术构成中的"谈判战略"和"谈判技能"及其内在关系，然后再依次介绍其各自包含的内容、针对的问题及其使用的要点。

第一节　通过什么展开法律谈判

谈到通过什么展开法律谈判，您可能会对其进行专门讨论的必要性产生疑问：法律谈判需要注重交流沟通的技术不是一个常识吗？市面上那么多的谈判书籍不是已经提供了大量的谈判技术吗？大学课堂上的法律谈判课难道不就是教这个的吗？对于这些可能存在的疑问的一个简单回应是，以往的法律谈判研究教学虽然都非常重视谈判技术，但在系统化呈现方面仍有不足。为避免出现"只见树木，不见森林"的现象，我们还需要具备从技术层面全面把握法律谈判的能力。当然，这或许还不是全部的理由。本书接下来的讨论将向您展示，法律谈判技术远不只是言说的"工具"，同时也直接关系法律谈判的知识确定和情境营造，本身涉及诸多理论问题和制度问题。为了能够让您快速了解法律谈判思维的技术构成，我们不妨从一个简单的事例入手展开分析。

事例 3

    D购得一套已有20年房龄的二手房，该房屋位于六层中的第三层。经过全面装修后，D敞开窗户通风，计划半年后入住。可是，他半年之后再次来到该房屋，打开门就发现卫生间天花板漏水严重，已经将刷完漆的天花板浸泡了，并严重影响了日常生活以及家庭用电安全。D立即与四楼的住户E联系，要求E尽快对其卫生间进行防水层施工。E听说漏水事件很惊讶，带着D查看了他们家卫生间地板，发现非常干燥。E要求D找一个专业人士过来查看漏水原因。D立即在小区附近找了一个做防水的工人。通过现场查看，该工人认为应该是防水层损坏了，修复的话需要将四楼卫生间地面的瓷砖撬开，E家有一个星期左右不能使用该卫生间。此外，该工人提到，施工可能会损害E家卫生间内的洗漱台、坐便器等，施工人员不承担这种风险，相关风险及其费用请D和E先协商确定好。

    E认为，自己在该房屋居住十多年了，地面瓷砖没有任何损害，一直也没有过积水，这么多年也从未听过三楼住户反映存在漏水问题，应该是三楼装修时在墙壁上打钻或者在天花板上锚固件，造成四楼卫生间防水层破裂或者接缝出现空隙。D 听完之后很生气，说道"按照法律规定，只要出现卫生间漏水，责任通常都是由楼上来承担"，告诉 E 不要推脱责任。两人不欢而散。D 回到家之后，怎么想都觉得是 E 理亏，两天后再次来到四楼门口，想跟 E 再谈谈防水层维修的事情。没料到，E 把门打开后都没有让 D 进屋，而是甩出一纸事先准备好的合同，其中写明由 D 承担所有的维修费用，列明 D 应当承担施工可能产生的其他损害。E 跟 D 说，如果不同意合同内容就不用再谈了，如果同意的话就在合同上签字按这个办，自己也让一步，免除 D 对 E 家人无法使用卫生间的不便的补偿。D 完全不能接受，甚至忍不住指责 E "欺人太甚"。两人再度不欢而散。

一、为什么重视谈判技能

如果您是【事例 3】中的 D，或许已经"怒火中烧"，打算直接向法院提起诉讼。不过，还是请您"少安毋躁"，先考虑一下如何找 E 再好好谈谈，毕竟，漏水之类的琐事在生活中常常见到。由于本章讨论的是法律谈判思维的技术构成，我们不妨假定 D 已经就谈判所需的知识依据做了充分的准备，这样就可以聚焦于谈判技能来分析此前沟通不畅的原因。

1. 对方不愿意谈判怎么办？

看了【事例 3】，估计您会觉得 E 怎么这么不通人情。且不说漏水给楼下造成的损失很可能有自己这方的责任，D再次前来沟通竟然连门都不让人家进。即便D搬出了"法律规定"，E竟然也无动于衷。当然，造成人们不愿意谈判的原因是多方面的，既有可能是"有恃无恐"，觉得自己在谈判中占据优势，也可能是"瞻前顾后"，因为缺乏谈判经验而对此心生畏惧，还有可能是"目光短浅"，不知道通过谈判来解决纠纷自己可以获得什么好处……不管是哪种情形，如果您想继续展开谈判的话，无疑需要运用一些针锋相对的谈判技能，将对方拉入（或者拉回）谈判桌。

2. 谈判陷入僵局怎么办？

应当说，E的态度并不是从一开始就这么强硬的，在刚刚获知楼下天花板漏水时，还主动邀请D去他的卫生间查看。E也并非没有为谈判协商付出过努力，其至少在两天内起草了一个合同，甚至主动"免除"了D对E家一周无法使用卫生间的补偿。或许在E看来，自己已经非常"通情达理"，而且作出了重大让步，但D明显没有感觉到这些"善意"。相对而言，D的态度更为积极——两次登门商谈，还提出了所谓的"法律规定"等客观理由，但这些努力显然没有收到什么实质效果，甚至还激怒了E。由此可见，即便是双方在客观标准和主观态度等知识依据上已有充分准备，谈判也可能会陷入僵局。这些僵局出现的原因亦是多方面的，既有可能是认知偏差、感知偏差等导致双方对客观标准的理解产生分歧，也可能是双方各有"隐情"而存在信息不对称，或者双方缺乏对未来合作的潜在利益的认识，抑或此类纠纷就是一场"此消彼长"的零和博弈……估计您在以往的生活工作中也曾经遇到过谈判僵局，无论是何种成因，如果您想继续谈判，就需要找出谈判陷入僵局的原因，并运用相关的谈判技能来破除这些僵局。

3. 谈判地位不平等怎么办？

在【事例 3】中，D 似乎处在谈判劣势地位，E 则显得不慌不忙。对于这种地位差别其实也不难理解，毕竟正在承受漏水之苦、拖不起的是 D 而非 E。但是，D 在首次沟通时搬出"法律规定"等客观标准之后，好像也没有改变其谈判地位，E 依然"老神在在"，甚至在第二轮沟通时直接甩出了一个于己有利的合同，并声称签不签随便。如果您还记得我们在第一章里面提过的，几乎没有一项交易或者案件中的当事人是绝对平等的，相信现在您能够更加具体地感受到这一点。既然不存在绝对的地位平等的法律谈判，无论其具体场景如何，探究具体谈判情境下这种不平等究竟源自何处、抛出的客观标准为何不起作用、如何才能改变这种劣势处境等谈判技能，或许都是极为必要的。

以上只是就【事例 3】所采用的一些谈判技能的简要分析，人们在现实生活中需要用到谈判技术的场合还有很多。例如，谈判合意的执行往往取决于各方的自愿，如何保障最终的谈判协议能够得到有效的履行？有些谈判可能涉及的问题和因素非常多，往往是"拔出萝卜带出泥"或者"横生技节"，谈判双方又该如何有效地管控谈判进程？事实上，即便抛开这些略显复杂的问题，法律谈判本身也是一个各方协商的过程，任何交流都离不开基本的听、说、问、答等沟通技能。仅从这个角度来分析该事例，D 的沟通方式是否也存在一些需要反思的地方？例如，他是否真的聆听到 E 的"善意"或者"妥协"，并予以积极反馈？其语言风格是否有些过于直接？是否采用更委婉一些的表达方式更管用？是否先建立起一些信任或者连带关系，而不要在首次见面时就直接将责任归咎于 E？局限于法律等客观标准是否略显单薄，增加一些惯例、共享观念等客观标准是否更有力度也更通人情？……可以说，谈判技能对于法律谈判的影响是全方位的，而这也正是本书尝试对谈判技能予以系统化阐述的原因所在。

二、为什么重视谈判战略

细心的您可能已经发现了，我们在前面讨论时一直用的是"谈判技能"而非"谈判技术"。这并非笔误，也不是刻意地"标新立异"，而是试图在谈判技术中区分出一种以往没有受到足够重视的"谈判战略"①。相对于谈判技能更侧重于谈判者在交流沟通时使用的具体技艺或者方法，谈判战略是指围绕谈判目标的确定、推进和实现所形成的整体方案，包含谈判者对谈判事项的一系列思考、谋划和选择。为了清楚地展示区分谈判战略的必要性和意义，我们不妨还是先看看 D 在谈判中面临的战略选择问题。

---

① 也有少量谈判学书籍提到了谈判战略与谈判技巧的区分，参见蔡彦敏、祝聪、刘晶晶：《谈判学与谈判实务》，北京：清华大学出版社 2011 年版，第 162 页。

1. 是选择谈判还是选择其他？

在【事例 3】中，D 在发现漏水之后立即与 E 进行谈判，即便在沟通不畅的情况下仍然选择了第二轮谈判，但谈判并不是他唯一的选择。D 完全可以通过直接向法院起诉、找有关部门投诉、找第三方调解等方式来主张自己的权利。此外，诉诸各种资源或者关系迫使对方妥协，抛开价值判断，在现实生活中亦是极为常见的问题解决方式。当然，D 也可以选择忍气吞声，毕竟"忍一时风平浪静、退一步海阔天空"。由此可见，坐到谈判桌之前的人们常常会遇到"谈判或者不谈判"的哈姆雷特式问题。并非所有场合下谈判都是最佳的选择。当您完全看不到合意空间，或者对方一而再，再而三地无视您的善意时，执着于谈判已没什么意义；当您在权衡利弊之后发现不谈判可能对您更有利时，选择谈判也没有什么必要。如何在各种选择中作出明智的决策，本身就是法律谈判思维需要解决的首要战略问题。

2. 是竞争关系还是合作关系？

从 D 和 E 的两轮谈判来看，双方的争执焦点集中在防水层维修及其可能造成的损失等相关费用的承担上，各自的言谈举止呈现为一种针锋相对的谈判过程。我们不是 D 或者 E，无从知晓他们各自是将对方看成竞争者还是合作者，但这并不妨碍我们从理论上来说明为什么识别并辩证运用竞争/合作关系是所有法律谈判都需认真对待的战略问题。其一，竞争关系下的谈判的关键在于如何获得一个双方都能够接受的分配方案，而合作关系下的谈判的关键则在于如何找到共赢的机会和空间。如果 D 将谈判定位在竞争关系，前两轮的谈判虽未取得效果，但其言谈举止也还算是无可厚非，尽管在技术运用上还有诸多改进空间；而如果他更多的是将谈判定位在合作关系，估计您也发现他的一些言谈具有较强的指责性和攻击性，结果"事与愿违"也就不难理解。其二，现实中的法律谈判虽然在竞争性和合作性上有所偏重，但几乎都是两者的统一体。概言之，缺乏竞争性，双方之间没有分歧，无须进行谈判；缺乏合作性，双方的利益无法协调，也就不存在谈判空间。这种辩证关系的把握对于合理使用谈判技能、改善谈判地位、提升谈判效果等都具有重要价值。设想 D 就是在竞争关系上来定位这场谈判的，如果他以双方都能够接受的方式来阐述问题、更聚焦于问题的解决而非纠缠于暂时无法弄清楚的原因、强调楼上楼下"低头不见抬头见"的邻居关系，这些更具合作性的技术或许能够在一定程度上改变其在谈判中的劣势地位。

3. 是咄咄逼人还是屈己从人？

如果说竞争关系和合作关系更多涉及的是法律谈判的内容维度，那么在风格维度上是采用更为强势的态度还是柔和的态度则是另一个需要关注的战略问题。显而易见，谈判风格不同，采用的技术、各方的关系以及谈判最终的导向也会出现巨大的差异。或许有人会质疑从谈判战略层面来讨论谈判风格的必要性，难道采用什么样的风格不是由内容来决定的吗？相信您看了前面的讨论，已经发现谈判的内容和风格之间并不一一对应。即便 D 确定的是一场竞争型谈判，也不妨碍他以柔和的风格来展开交锋。当然，更重要的理由或许还在于我们在第二章提到的各种认知偏差和感知偏差，这些偏差容易导致人们在法律谈判过程中陷入各种可能的"情感陷阱"，从而会不自觉地形成咄咄逼人或者屈己从人的谈判风格。就此而言，罗伯特·芒金教授从"否定性陷阱"和"肯定性陷阱"两个方面作了系统的归纳总结。从表3-1可以看出，这两种陷阱都可能干扰法律谈判的顺利进行，在某些情况下还可能给谈判者的利益造成重大损害。否定性陷阱会让我们在应该谈判的时候往往选择拒绝谈判，即便参与谈判也可能导致不必要的剑拔弩张；肯定性陷阱则会让我们不应该谈判的时候选择谈判，进而可能在谈判过程中丧失掉一些基本原则和重大利益。有人或许会认为自己的性格是"折中调和"，没有必要理会这些所谓的"陷阱"。不过，心理学的研究告诉我们，这些否定性或者肯定性的陷阱是人们在谈判中的常见反应。在很多情况下，或许最好还是不要将"折中调和"当作一个既定事实，而是将其作为一个需要在战略层面进行系统谋划的目标，相关内容我们将在后文详述。

表3-1　罗伯特·芒金归纳的谈判常见"情感陷阱"①

否定性陷阱	肯定性陷阱
促成拒绝	促成谈判
族群主义	普适主义
妖魔化	情境合理化和谅解
非人化	改过和救赎

① ［美］罗伯特·芒金：《谈判致胜》，刘坤轮译，北京：中国人民大学出版社2011年版，第10-11页。

续表

否定性陷阱	肯定性陷阱
道德主义/自以为是	共同错误和责任
零和型谬误	双赢
斗争/逃离	息事宁人
诉之战争	追求和平/和平主义

以上只是从谈判选择、内容、风格等基本方面对谈判战略及其意义作了一些介绍。在现实谈判中，谈判战略还具有更丰富的层次和类型。例如，我们在前面介绍过的【事例 1】中的 A 是选择请求违约赔偿还是选择合同继续履行，格兰特教授所揭示的"谈判声誉"以及为实现整体利益最大化而主动放弃个别利益，等等。尽管如此，相信以上的讨论已经展示出法律谈判战略的独特性和重要性。

三、谈判战略与谈判技能的关系

通过以上讨论，估计您不仅明了了谈判战略与谈判技能的区别，或许也发现了两者之间存在密切的关联。接下来，我们将从两者的关系入手，简要地呈现法律谈判思维的技术构成，具体可以概括为以下三点。

第一，谈判战略在一定程度上决定了谈判技能的选择、组合和使用。例如，竞争型谈判战略往往会聚焦核心争议，合作型谈判战略则往往要求搁置或者"冷处理"双方的分歧；硬式风格的谈判往往会采取一切可能的方式来捍卫自己的利益，而软式风格的谈判则往往会努力寻求一切可能的共赢空间。在现实谈判中，同一个问题往往存在多种备选的谈判技能，往往是谈判者自己的战略选定（无论是有意识的还是无意识的）决定选择哪些技能、什么时候使用以及如何使用。因此，明确谈判战略可以使谈判者能够系统地审视已有的谈判决策和行动是否得当，并随着谈判情势的变化予以不断调整，灵活运用谈判技能来实现自己的目的。

第二，谈判技能在一定程度上决定了谈判战略能否实现以及实现的程度。再好的谈判战略，也需要依托恰当的谈判技能才能得到贯彻落实，否则不仅可能无法实现既定的谈判利益，甚至可能会使谈判者对自己的谈判选择、内容、风格等战略设定产生怀疑。就此而言，前面已经提到，不同的谈判战略匹配的谈判技能可能存在差异。除此以外，某些谈判技能或许是所有类型的法律谈判得以成功的必备要素，同样也值得高度重视。还是以【事例3】为例，无论D设定的是竞争型谈判还是合作型谈判，不注重建立相互连带关系，不以双方都能接受的方式来阐述问题而是简单援引所谓的"法律规定"，动辄指责对方"推脱责任""欺人太甚"，实际上不是解决而是激化了矛盾。在两轮谈判未果之后，如果您是D的话，是否也感觉到双方的谈判合作机会渺茫，甚至会因此采取谈判以外的其他选择？

第三，谈判战略和谈判技能都服务于法律谈判的目标设定。谈判者在准备或者实际进入谈判时总有其特定目标，尽管这种目标既可能是非常确切的，也可能只是一个大概的方向。正是在这种目标设定的框架内，谈判者才开始自觉或者不自觉地形成某些战略安排，通过具体的技能展开谈判。当然，随着谈判的进行，谈判的战略和技能的运用效果也会反过来促使谈判者反思自己的目标设定。或许正是在这个意义上，列维奇教授不仅强调"制定和实施谈判战略的第一步就是要确定目标"，还提到"如果没有有效的计划和确定的目标，即使实现了谈判目标，与其说是谈判者努力的结果，不如说是出于侥幸"①。当然，如何科学地设定谈判目标并在此基础上形成合理的谈判战略、妥当地运用谈判技能，需要谈判者在适应和建构谈判情境的过程中进行系统的情境评估和情境营造，相关内容留待下一章详细介绍。现在，我们先具体了解一下法律谈判战略的多重维度（类型）。

第二节　法律谈判战略的多重维度

法律谈判包含许多层次不一的战略问题，本书无力全部讨论，只能就一些最基本的战略予以分析，主要涉及系统（谈判与其他方式的关系）、内容（竞争型谈判与合作型谈判）、风格（硬式谈判、软式谈判和原则型谈判）等不同维度。

一、法律谈判战略的系统维度

法律谈判不是孤立展开的，而是置身在一个多种沟通方式或

---

① ［美］罗伊·J. 列维奇、布鲁斯·巴里、戴维·M. 桑德斯：《列维奇谈判学》，郭旭力、鲜红霞、王圣臻译，北京：中国人民大学出版社 2008 年版，第 69 - 70 页。

者纠纷解决方式相互关联的系统之中。如果您对第一章还有印象的话，我们实际上已经基于谈判与其他方式的相互嵌入关系对此作了说明。一方面，谈判不仅仅是一种有别于调解、仲裁或者审判的解纷方式，同时也深嵌在其他各种方式之中；另一方面，其他各种解纷方式、影响因素和社会条件本身也嵌在谈判之中，可以成为谈判可资利用的筹码和标准。这种相互嵌入的关系提醒我们，在谋划和推进法律谈判时最好是持有一种统筹考虑各种方式的系统思维。当然，即如绪论所强调的，法律实践就是在"谈判"，了解这种系统思维不仅对于谈判具有重要意义，同时也能改进其他各种法律实践活动。

虽然法律谈判广泛适用于法律运作的各个场景，但纠纷解决领域的经验研究在揭示这种系统维度方面有着更充分的积累，我们不妨还是以此为基础展开讨论。这些研究大体揭示出纠纷解决的三个阶段。（1）"不满"或者前冲突阶段。当人们感受到不公正的对待并产生抱怨时，既可能选择以忍受、回避等方式进行自我"处理"，也可能向对方提出问题、谴责或者主张而使冲突公开。在后一种情况下，纠纷解决就进入了下一个阶段。（2）冲突阶段。该阶段是一个纠纷双方当事人相互作用的过程，主要涉及两种可能的解决方式。一种是通过沟通交流来平和地解决，即我们通常所说的作为一种独立的解纷方式的谈判；另一种则是一方凭借其实力实现对另一方的压服。如果谈也谈不拢、压也压不服，那么当事人就有可能依靠或者求助于第三方介入，纠纷解决由此进入第三个阶段。（3）第三方介入阶段。第三方介入的类型多种多样，在第三方主体上包括法院、政府以及各类社会组织，在解纷方式上包括调解、仲裁、审判等类型，在正规化程度上包括从亲朋好友的劝说斡旋到法院司法审判的各类非正式、半正式和正式的机制，在运营上则涉及公益性、非营利性和营利性等模式。①

应当说明的是，并不是所有的纠纷解决都会按照这三个阶段依次递进，有的当事人可能在不满之后就直接向法院起诉，而且即便在谈判、仲裁、审判的过程中也常常出现当事人选择忍受或者回避的情形。但是，三个阶段的梳理不仅为理解丰富多样的纠纷解决方式提供了一个全景图，通过将纠纷解决各种关联因素植入其中，还有助于我们更全面地把握各种纠纷解决方式之间的关系。就此而言，范愉教授在综合已有研究的基础上，提供了一个纠纷解决社会系统的表格。

表3-2　纠纷解决社会系统②

纠纷形态	纠纷控制者	当事人行为	解决途径或机制	救济或处理方式及结果	规则或依据	影响因素	社会治理模式或性质
单向：不满	当事人本人	不满	忍受回避	自我处理	个人伦理及习惯等社会规范；实力对比	双方关系；纠纷性质、冲突激烈程度、时空因素、文化传统、道德宗教；社会结构、发展程度、纠纷的社会价值	自我控制＋自力(私力)救济＋社会控制
		提出主张和请求救济	对抗行动	进入冲突状态			

① See Laura Nader & Harry F. Todd，*The Disputing Process：Law in Ten Societies*，New York：Columbia University Press，1978，pp. 1-40.
② 参见范愉：《非诉讼程序（ADR）教程》（第4版），北京：中国人民大学出版社2020年版，第6页。

续表

纠纷形态	纠纷控制者	当事人行为	解决途径或机制	救济或处理方式及结果	规则或依据	影响因素	社会治理模式或性质
双向：冲突	双方当事人	冲突	谈判	和解	社会规范及合意	同上	私力救济
			压服	压服和强制	实力对比	同上	私力救济
三方：纠纷解决	中立第三方＋双方当事人	诉诸中立第三方、参与纠纷解决活动	民间机构或个人	调解	法律、社会规范、自治规范、实力对比	同上＋社会法制化程度	私力救济＋社会救济
			制度化程序	调解＋裁决			
			国家：行政机关、司法机关	调解＋裁决	法律、法规	同上＋行政权威或司法权威	公力救济

那么，了解这种纠纷解决社会系统，对于法律谈判的战略设定有什么意义呢？我们将从三个方面提出一些建议。

1. 综合考虑各种方案以作出理性的谈判选择决定

人们在试图达成某项交易或者解决某项纠纷时，往往会考虑许多因素，这些因素因人因时因事而异。无论是选择谈判还是选择不谈判，相对于完全依靠情绪式的直觉反应或者寄托于捉摸不定的运气，认真考虑各种可能的方案及其相互关系或许都是作出明智决策的必要前提。这不仅仅是因为如表3-2中的"规则或依据"和"影响因素"两栏所示，各种可能的方案都有其现实条件和社会根基，从中可以更准确地把握各种方案的适用可能及其优劣；更重要的是，从各种方案中可以挑选出一种谈判以外的最佳替代方案（Best Alternative to a Negotiated Agreement），通过两者比较可以让您在对是否谈判犹豫不决时作出更理性的选择。道理很简单，当最佳替代方案不如谈判时，有啥理由不选择谈判呢？当最佳替代方案更胜于谈判时，还有啥必要执着于谈判呢？应当说，强调最佳替代方案的使用在谈判学中已成为一个常识。[①]同样显而易见的是，如果不坚持系统思维，缺乏对各种可能的方案的了解和比较，我们怎么可能知道最佳替代方案从何而来，又如何确保找到的是"真正"的最佳替代方案！

当然，可能有人会对以上说法提出以下两点质疑。其一，本书在前面讲过，谈判者不可避免地会受到各种认知偏差和感知偏差的影响，那么，各种方案的了解和比较真的能起那么大的作用？其二，本书在前面提到过，谈判不仅是一种物质性的利益协商，还是一个精神交流的过程，人们在决定是否谈判时，可能考虑的不仅是不同方案的优劣，还可能会触及一些为人处世的基本原则。例如，有的人之所以选择谈判，并不是因为认为谈判就是最好的选择，而可能是因为秉持他所珍视的宽容、谦让、和谐等原则；相反，有的人选择诉讼，未必是不知道谈判可能更有利，也可能是与他不向任何被其视为非正义的现象低头的信念有关。应当说，这些质疑都具有合理性。事实上，曾专门针对谈判选择问题展开过研究的罗伯特·芒金教授就考虑到了这些因素，提出

---

① 以下几本谈判学著作对最佳替代方案及其用途有大量阐述，可供您参考阅读。[美] 罗杰·费希尔、威廉·尤里、布鲁斯·巴顿：《谈判力》，王燕、罗昕译，北京：中信出版社 2012 年版；[美] 迪帕克·马哈拉、马克斯·巴泽曼：《哈佛经典谈判术》，吴奕俊译，北京：中国人民大学出版社 2009 年版；[比] 阿兰·佩卡尔·朗珀勒、[法] 奥雷利安·科尔松：《谈判的艺术》，张怡、邢铁英译，北京：北京大学出版社 2012 年版。

一种"情感陷阱—成本效益评估—原则伦理"的分析框架,其中,各种方案的比较似乎只是"成本效益评估"(利益—替代方案—可能的谈判后果—成本—执行)中的一个考虑因素而已。[①]

对此,我们可以作出三点说明,从中或许可以进一步认识了解和比较各种方案对于谈判选择的重要性。第一,除了替代方案,利益、可能的谈判后果、成本、执行等成本效益评估内容在某种程度上都取决于了解和比较各种可能的方案。第二,各种知觉偏差、情绪、动机等因素本身往往无法被完全识别和控制,但系统了解和比较各种方案至少可以让我们稍微冷静下来,避免作出本能的直觉反应或者鲁莽的决策,甚至还能在某种程度上矫正我们的主观偏差。相关内容我们在第二章已有详细论述,在此不再重复。事实上,芒金教授也"坚持要你评估成本收益,至少把它作为第一步"。第三,了解并比较各种方案的优劣并不限于经济意义上的成本效益,而是如表3-2所示的那样,同时也需要考虑到各种方案的适用场景、条件和影响因素,其中也包含了个体对于伦理道德方面的考虑和抉择。在这个意义上,了解和比较各种可能方案的系统思维不限于芒金教授所说的成本效益评估,而是已经将情感陷阱、原则伦理等问题的解决都统摄在内。

2. 善于结合其他各种方案来推动法律谈判的进行

在您作出谈判的选择之后,系统层面的战略考虑还能够帮助

---

① 参见〔美〕罗伯特·芒金:《谈判致胜》,刘坤轮译,北京:中国人民大学出版社2011年版,第3-39页。

您更好地开展法律谈判。简要来说，妥善运用其他各种方案能够推进有效的交流沟通，实现法律谈判进程的有序性和创造性的结合。（1）为谈判达成合意提供参照。就此而言，前文提到的客观标准的稳定预期作用以及"法律阴影下的谈判"等内容已经从机制原理和经验研究方面作了相关说明。（2）为沟通交流提供更强理由。通过援引其他方案内含的规则和依据，谈判者可以在法律谈判中强化自己的理由，进而提升说服对方的力度。与此同时，综合比较各种可能方案所依附的条件、环境和关联因素，也能够使双方当事人更为理性、现实地对待谈判。（3）为谈判赢得自由空间。如果谈判者不在各种可能的方案中思考法律谈判，就很有可能意识不到存在那么多的其他选择，在谈判过程中容易处于非常被动的地位，往往只能"随人作计"，甚至被对方牵着鼻子走。相反，即便其他可能的方案都不如谈判的效果好，但至少也为自己的"进退裕如"提供了可能性，为与对方的议价创造了空间。当然，这种自由空间还不限于此，谈判本身也可以与诉讼、仲裁等其他可能的方案相互结合，从而形成某些更优化的问题解决方案。就此而言，建议您再回头看看伦伯特教授提到的法院解决纠纷的七种方案（第一章），其中很多就属于这种优化组合。（4）为探知对方态度提供可能。我们在第二章已经讲到谈判者主观态度对于法律谈判的重要性，而且建议您在具体的谈判情境中评估对方的主观态度，而这个过程实际上是建立在"异我"观察的基础上。各种可能的解决方案越多，您就越有可能在背景调查的基础上更好地站在对方的角度来分析其利益关切、评估可能的行动，由此尽可能地实现"知己知彼，百战不殆"。

3. 灵活采用其他各种方案来突破谈判的固有局限

如同其他各种问题解决方案，谈判本身也有其局限性。由于谈判重视当事人的合意，往往缺乏法律和程序的刚性保障，因而在实际运作中常常面临双方实力不对等、容易陷入僵局、谈判结果依赖当事人自觉履行等问题。通过前面的介绍，您或许已经发现谈判与其他方案的结合运用能够在一定程度上缓解双方实力不对等、容易陷入僵局等问题。对于谈判可能面临的当事人反悔、诚信风险等问题，人们在实践中往往也是依靠其他方案来固化谈判成果和提供保障，包括但不限于在谈判和解协议中设立违约责任条款，在和解协议上设定担保，将谈判协议转化为具有更高效力的调解书、公证文书、仲裁裁决等。

二、法律谈判战略的内容维度

我们在此前已经多次提到，法律谈判的具体事项在性质上可能不尽一致，有的事项注定是在固定的盘子里面分蛋糕，有的事项则具有在盘子之外做蛋糕的可能，还有的事项可能兼具分蛋糕和做蛋糕。在事项或者内容层面，我们大体上可以把法律谈判分为竞争型谈判（分配型谈判）和合作型谈判（双赢型谈判）两种类型，各自涉及的利益关系、谈判技能、操作要点等存在明显差别，因而需要在谈判战略上予以区别对待。

（一）竞争型谈判

在谈判学的研究中，竞争型谈判往往被理解为一种谈判者的目标存在根本或者直接的冲突、资源是固定且有限的、各方都想使自己占据的份额最大化的谈判类型。[①] 本书并不沿用这种理解，而仅限于在"资源是固定且有限的"内容层面来界定竞争型谈判。究其原因，谈判者在资源分配上可能是直接冲突的，但在协商解决问题的意义上存在一致性，其目标设定是各种主客观因素相互作用的结果。出于情绪、关系或者长远利益考虑，竞争型谈判的参与者并不必然无休止地追求自己份额最大化，有时也可能只为获得一个自认为是"公平"的分配结果。从这个角度来看，或许只有固定且有限的资源分配才是竞争型谈判最为核心的内容。为了简约形象地展示此类谈判，不妨请您先看看下面这则事例。

> 小赵今年大学毕业，找到了一份工作，需要就近租赁一套房子。经过考察，他看中了老钱名下的一套小两居。老钱开价 3 000 元/月，小赵听完之后没有吭声，跟老钱说附近老孙一套差不多的房子只要 2 400 元/月。老钱听完之后表示这个价格很为难，但没有立即拒绝，两人继续沟通。

---

① 参见［美］罗伊·J. 列维奇、布鲁斯·巴里、戴维·M. 桑德斯：《列维奇谈判学》，郭旭力、鲜红霞、王圣臻译，北京：中国人民大学出版社 2008 年版，第 23 页；［比］阿兰·佩卡尔·朗珀勒、［法］奥雷利安·科尔松：《谈判的艺术》，张怡、邢铁英译，北京：北京大学出版社 2012 年版；蔡彦敏、祝聪、刘晶晶：《谈判学与谈判实务》，北京：清华大学出版社 2011 年版，第 30 页。

这是一则最为普通的竞争型谈判事例。如果您愿意的话，可以将其中的房屋租赁替换为任何物品的买卖或者服务的提供等。从这则事例中，我们可以对竞争型谈判的情境作如下几点简要分析。

第一，各方利益存在此消彼长的关系。租金越高，老钱的获益越多而小赵的获益越少；租金越低，老钱的获益越少而小赵的获益越多。因此，与我们将要在后面提到的合作型谈判不同的是，此类谈判往往更具有对抗性。谈判各方往往会固守底线标准（底价），不遗余力地追求理想情形（目标点）。在这种情况下，如何在利益冲突的谈判各方之间寻找并扩展合作空间，或者说尽量实现并扩大各方的"底价—目标点"的重合度，是竞争型谈判能否成功的关键所在。

第二，各方的初始报价锁定了谈判的大致范围和着力方向。竞争型谈判各方通常都会在底价以上、目标点以下的范围内进行初始报价，以避免自己吃亏并为争取理想结果留下谈判空间。如果明确这一点，那么谈判者就可以根据对方的初始报价，推测对方的目标点和底价（主观态度），由此确定接下来的谈判重心。假如您是小赵，肯定知道老钱的目标点在 3 000 元以下，其底价很可能在自己提到的 2 400 元左右，因而可以确定谈判的范围大致在 2 400～3 000 元，2 400 元以下也不是没有可能，但可能会谈得比较艰难。

第三，信息不对称问题非常突出。为避免在谈判中陷入被动，竞争型谈判各方往往会非常注重信息保密，不会轻易将己方的真实情况提供给对方，甚至还可能采用红脸/白脸、虚报高价/

低价、虚晃一枪、占小便宜策略、懦夫策略、胁迫策略、迷惑策略等谈判计谋或者"硬式棒球法"来误导对方。因此，尽管结合常理和双方报价可以大体推测出各方的目标点和底价，但也只能获得一个大致范围。与此同时，为了使自己的份额最大化或者达到自己心目中的"公平"，谈判者往往还会"货比三家"，寻找、考虑和运用各种替代方案。例如，小赵就提到了老孙名下的房屋，而老钱也可以把房屋出租给其他人。在现实谈判中，这些替代性方案既可能像小赵所做的那样被明确提出来，也可能由谈判者自己掌握而未公开；它们既可能是真实的，也可能是谈判者为了向对方施加压力而杜撰的。

按照谈判学书籍的惯例，本书也以数轴形式整理一下小赵和老钱的谈判情境（见图 3-1）。从中可以看出，目标点、初始报价、替代性方案、底价是竞争型谈判的关键要点。接下来，我们将围绕这四个要点的意义及其操作来讨论其战略问题。

老钱的 底价 （推测）	小赵的 报价 （公开）	小赵的 目标点 （推测）	老钱的 目标点 （推测）	老钱的 初始报价 （公开）	小赵的 底价 （推测）
2 200元 替代	2 400元 替代	2 600元 替代	2 800元 替代	3 000元 替代	3 200元

图 3-1 竞争型谈判情境及其操作要点示意图

1. 谈判目标

谈判目标在竞争型谈判中的战略意义主要体现在三个方面。其一，各方的目标设定在很大程度上决定着谈判能否进行。通常来说，各方的目标差异越大，达成合意的契机和空间就越小。在这种情况下，如果您还是想先通过谈判来解决问题，一个关键的战略安排就是设法改变对方的目标设定，在必要的时候也需要客观地调整自己的目标设定。在这个事例中，如果老钱确实想把房子出租给小赵，那么他接下来就得通过列举这个房子的格局规整、家具齐备、环境安静、交通便利等优点来降低小赵的目标设定。对于小赵来说，需要采用的谈判战略亦是如此。其二，各方的目标设定决定了谈判的具体进行。前面已经提到可以通过各方的初始报价来推测其目标点，但从逻辑顺序来说，人们通常实际上是在对谈判事项作出目标设定之后，才会进一步确定其初始报价，尽管这种目标设定有时是清晰明确的，有时可能只是一个大体上的估计。此外，作为出租人的老钱实际上就是前文提及的格兰特所说的"重复性当事人"，他也可能在这场交易中作出较大的让步，换取小赵介绍朋友来承租他的其他房屋或者在未来承租他的这套房屋。显然，是否采用这种战略设计，也取决于老钱的谈判目标设定。其三，谈判目标设定影响各方对谈判结果的满意度及其未来的关系。如果谈判目标设定过高，除不易达成合意以外，即便最后通过谈判解决问题，谈判者也可能因为己方作出很大的"让步"而感到失望；谈判目标设定过低，当然很容易与对方达成合意，但这也会让谈判者感觉到自己"吃亏"了。在这个案例中，设想老钱的目标点是 2 800 元/月，初始报价 3 000 元/月是合理的。如果小赵一口就答应下来，尽管交易达成了，估计老钱回头会后悔自己的目标设定及初始报价太低了。类似的情形，想必您在以往的生活中也曾遇到过吧？

既然谈判目标在竞争型谈判中如此重要，那么如何才能做到科学合理地进行设定呢？这个问题显然也是因人因事而异的。不过，列维奇教授曾在一般意义上讨论过目标对于谈判的影响，包括愿望不是目标、目标通常与对方的目标相关联、目标是有界限的、目标应当可衡量等内容。[①] 结合这些讨论，我们建议您在设定谈判目标时注意三个要点。(1) 充分考虑现实可行性。资源的固定性和有限性容易刺激人们形成自我保护机制，过度聚焦自身需求及其满足，设置并执着于过高的谈判目标，可能导致谈判无法进行或者陷入僵局。因此，在竞争型谈判中应当格外注意避免将"愿望"当作"目标"，充分注重现实条件的把握，并在此基础上设定较为明确具体的目标。这不仅有助于明确己方的底线和初始报价，同时也能更清晰地向对方传递我们的主张和诉求，进而推动有效的沟通交流。(2) 考虑对方的合理诉求。由于利益相互冲突，谈判者往往强调谈判事项的竞争性而忽视其合作性的一面，容易无视或者贬低对方的利益。但是，如果不考虑对方的合理诉求，不仅会导致自己对谈判事项的评估和把握产生偏差，还难以发现谈判各方可能存在的合意契机、空间和方向。(3) 灵活调整谈判目标。谈判目标通常是在进入谈判桌之前形成的，往往需要随着谈判进程中更多信息的掌握和实际情况的变化而予以适度调整。此外，在存在长期利益和非零和博弈的场合，谈判者还需要对个别谈判的目标予以取舍判断和适度调整，以避免执着于短期利益或者采用零和博弈的方式，损害谈判的整体利益和目标

---

① 参见［美］罗伊·J. 列维奇、布鲁斯·巴里、戴维·M. 桑德斯：《列维奇谈判学》，郭旭力、鲜红霞、王圣臻译，北京：中国人民大学出版社 2008 年版，第 70－71 页。

实现。

2. 初始报价

我们在进行竞争型谈判时往往会对初始报价非常小心，这是因为它对于谈判的进行及其结果具有重大影响。当然，对于这种影响是正面的还是负面的，谈判学研究没有达成一致意见。通常来说，初始报价的正面影响主要涉及两个方面。其一，初始报价可能产生某种"首价效应"或者"锚定效应"。也就是说，一方谈判者给出一个初始报价，实际上给接下来的谈判定了一个基调（锚点）。当另一方缺乏足够的信息、不了解这一方的底价或者未聚焦于自己的谈判目标时，谈判往往会在该初始报价的附近展开。其二，初始报价可以提供谈判空间。人们在谈判中往往会提出一个较高的初始报价，不仅为接下来的讨价还价留下足够余地，还会在某种程度上影响对方的心理预期。只要确保最后的"让步"没有超过自己的底价，就可以确保自己的预期利益。与此同时，通过不断地"作出艰难的决定"，大幅度的"让步"还有可能让对方感受到足够的"善意"。

初始报价的负面影响也包括两个方面。其一，不合理的初始报价可能有损自己的利益。报价太高，很容易吓退对方，导致谈判直接破裂；报价太低，虽然很有可能达成合意，但自己的利益严重受损。即便谈判者将报价调回到一个更合理的区间，也容易被人认为是在讹诈或者缺乏诚信，由此导致在道德或者心理层面处于劣势。其二，初始报价给对方留下探知自己信息的机会。对方如果有经验的话，完全可以根据这个报价来推测您的目标点和底价，以便于接下来的讨价还价。如果对方谈判技术较为高超，还可以在讨价还价的同时模糊甚至隐瞒自己的真实想法。例如，小赵只是提了一嘴"老孙"家的房子，并没有明确提出自己的报价。在这种情况下，初始报价的一方在谈判中很容易陷入被动。

相信看了以上内容之后，您很可能陷入先开价还是等着对方先开价的犹豫之中。这很正常，谈判学研究在这方面的态度也是五花八门或者模棱两可的。[①] 不过，基于初始报价的利处和弊端的综合分析，我们建议您不要过于纠结谁先报价的问题，而要将注意力转移到对报价所需的信息或者知识依据的了解上。如果您对于谈判事项所涉及的法规政策、自治规范、市场行价、共享观念等客观标准有充分了解，明确了自己的替代方案，您完全可以基于此在合理区间大胆地先报价，而不用担心自己利益受损或者陷入被动地位。如果您还能了解到对方的现实处境甚至主观态度，那就更不用畏惧对方利用初始报价来探知您的信息。当然，如果您对这些知识依据的掌握还不够，或许等待对方先报价是一个好的选择。

3. 替代方案

在法律谈判战略的系统维度部分，我们已经介绍过替代方案在法律谈判中的重要性。具体到竞争型谈判，替代方案的意义包

---

① 参见 Adam D. Galinsky & Thomas Mussweiler，"First Offers as Anchors：The Role of Perspective-taking and Negotiator Focus"，*Journal of Personality and Social Psychology*，vol. 81，no. 4（2001），pp. 657 - 669；韩德云、袁飞主编：《法律谈判》，北京：法律出版社 2018 年版，第 160 - 163 页。

括但不限于为谈判与否提供决策参考、确定自己的目标点和底价、提供谈判筹码和空间等，具体内容不再赘述。

4. 底价

作为竞争型谈判的第四个关键点，底价的战略意义可以从己方和对方两个方面来介绍。一方面，捍卫自己的核心利益。由于竞争性谈判涉及利益直接冲突，往往会出现谈判各方的反复拉锯，如果不明确底价，容易出现两种截然相反的情形：一种情形是随着竞争形势的加剧而层层加码，遗忘了自己真正需要的或者想要的并没有那么多；另一种情形则是面对某些富有侵略性（下文提到的"硬式谈判"风格）的对手的步步紧逼，如果意志不够坚定，就可能一再退让。无论是哪种情形，都有损于己方的核心利益。如果明确了自己的底价，谈判者就可以不受对方策略行动的干扰，理性地决定谈判中的加码或者让步的尺度。另一方面，把握对方的真实意图。按照常理，人们总是在自己设定的底价和目标点之间作出初始报价，谈判各方的底价能否兼容决定着谈判能否进行。谈判者可以通过探知对方的底价，并将之与自己设定的底价相比较，决定是否存在谈判空间。例如，如果老钱愿意承受的最低租金高于小赵愿意支付的最高租金，两人谈判的空间就很小，即便能够继续谈判，估计也要付出更大的努力。不仅如此，探知对方的底价还有助于判断对方的报价、还价等言行举止是真实的，还是只是为了迷惑自己的判断而采取的虚开高价/低价等策略行为。

当然，竞争型谈判中的各方通常都会对己方的"底牌"严格保密，信息不对称的程度非常高，确定自己的底价尤其是探知对方的底价并不是一件容易的事情。就此，我们提供三条建议供您参考。第一，运用法律谈判的知识依据予以确定。即如我们在第二章有关客观标准和主观态度的关系讨论中所提到的，客观标准的妥善使用能够让您对己方和他方的底价有一个基本认识，对各方的现实处境和主观态度的了解则可以让您结合具体场景修正这个基本认识，由此接近更为准确的认识和推测。第二，从谈判目标、初始报价、替代性方案和底价的相互关联中来认识。前面的讨论已经表明这四个关键要点密切关联，甚至往往是在同一个过程中确定的。在现实谈判中，如果您已经掌握了其中的某个或者某几个要点，则可以基于这种相互关系来确定或者推测剩下的要点，然后再予以统筹考虑。第三，注意在法律谈判的微观互动中予以适时调整。随着谈判的展开，各方在交流沟通过程中会不断释放出一些信息，在很多时候会促使您修正对己方和对方的底价的认识。当然，这些信息可能有真有假，谈判情境也在不断变化中，这就需要借助一些嵌入具体情境中的情境评估、情境营造等技术予以判断。我们将在第四章向您呈现这些内容。

（二）合作型谈判

与竞争型谈判类似，以往的谈判学书籍也是侧重于从谈判的目标、事项和策略等角度来界定合作型谈判。即如前文在界定竞争型谈判时提到的，目标、事项与策略尽管存在一定的关联，但并不是一一对应的。故此，本书也不沿用这种常见的理解，而仅限于在"资源并非固定且有限的"内容层面来界定合作型谈判。

如果您还记得我们在第一章所述的兄妹"分橘子"的故事，"妹妹想吃橘子果肉、哥哥想得到橘子皮"的脚本设定就是合作型谈判的典型例子。相较于竞争型谈判，合作型谈判的情境具备以下几个特征。

第一，各方利益在客观上并非此消彼长。这或许是合作型谈判与竞争型谈判的最大区别。当然，现实中的法律谈判往往是竞争性和合作性的统一体，合作型谈判中各方亦存在竞争关系。只不过，此类谈判中各方当事人的利益存在"相辅相成"甚至"协同增效"等可能。换句话说，缺乏一方配合，另一方的利益无法得到实现；或者尽管可以实现，却没有办法得到更好的实现。

第二，达成双赢共识是合作型谈判的前提。正如"分橘子"故事中的兄妹本可以各取所需却陷入纷争，估计您在现实生活中也曾遇到过不少这样的情形：您发现和对方一块做某项业务可以获得更好的收益，坦率表达合作诚意，并详细分析了其中的利弊得失，可对方就是不予理会，您只能感叹"我本将心向明月，奈何明月照沟渠"；两家企业本来优势互补，存在互利共荣的极大空间，却一开始就在"细枝末微"的问题上展开"焦土作战"，最后二者的合作只能不了了之；某些纠纷通过谈判来解决，对当事人各方而言省钱省力又能维系关系，却在各种立场、情绪、观念等因素的影响下一步步地演变成法律大战，各方甚至从此"老死不相往来"……这些情形表明，即便谈判各方的利益存在兼容、互补或者相互赋能的空间，最终导向的不一定就是共赢结果。或许只有当谈判各方能够以宽容或者互惠的态度来看待对方时，才能够发现这些潜在的共赢空间，合作型谈判才有可能展开。

第三，寻找具体方案是合作型谈判的关键。只有合作共赢的共识，也不能确保一定能够实现合作型谈判。在已经存在某种竞争关系的情况下，受主观偏差、价值观念、沟通方式、信任关系等诸多因素的影响，谈判各方形成一致方案是一件不容易的事情。在某些情况下，合作共赢的机会可能并不在谈判桌上，而需要各方努力发掘谈判桌外的契机、关系和因素，因而达成合意的难度或者不确定性程度更高。估计您在现实生活中也见过许多谈判各方诚意满满却"欲济无舟楫"的情况，能否找到共赢的机会和空间、确定价值创造的有效方案是合作型谈判的重点和难点。

应当说，谈判学为如何形成合作共赢的结果提供了大量研究。[①] 在这些研究的基础上，综合以上特征分析，我们或许可以将合作型谈判的战略重心归纳为理解问题、建立联系、找到方案三个方面，在此向您提供9个操作要点建议（见表3-3）。

表3-3　合作型谈判的战略重心及操作要点

理解问题	（1）区分利益与立场 （2）以各方都能接受的方式来交流 （3）把问题当作导师
建立联系	（1）寻找目标共识 （2）建立关系网络 （3）构建信任关系
找到方案	（1）形成备选方案 （2）确立评价标准 （3）妥善进行评价

---

① 合作型谈判的详细步骤和操作要点，参见［美］罗伊·J. 列维奇、布鲁斯·巴里、戴维·M. 桑德斯：《列维奇谈判学》，郭旭力、鲜红霞、王圣臻译，北京：中国人民大学出版社2008年版，第47-66页。

1. 理解问题

身处谈判情境中的各方要发现潜在的共赢空间，首先就必须要准确地理解己方和他方各自的利益、需求和现实障碍。因此，理解问题便成为合作型谈判的关键，主要涉及3个操作要点。

（1）区分利益与立场。通常来说，利益是谈判者的实际需求，立场则是谈判者在各种因素的影响下所形成的对其利益的认知、看法和决定。在"分橘子"的故事脚本中，妹妹和哥哥的利益分别是吃橘子果肉和得到橘子皮，两人的立场则是拿到橘子。这种区分在抽象层面上似乎是显而易见的，但在谈判实践中很容易混淆。事实上，现实生活中的很多分歧、争论或者冲突往往并不是因为直接的利益冲突，而是源自谈判各方的立场分歧。对于各种利益本可兼容的合作型谈判来说，只有区分利益与立场，人们才能意识到同样的利益可以通过不同的立场得到表达和实现，不同的利益之间或许也还存在协调的空间，由此才有可能达成"你吃橘子肉我拿橘子皮"的共赢结果。当然，利益与立场的区分并不容易甚至不可能彻底，谈判学就此提供了大量研究和方案。特别是，后面将要提到的近几十年来风靡全球的"原则型谈判"在很大程度上就是建立在这个区分的基础之上的。[①] 本书建议您不妨抓住"为什么？"这个核心展开操作，思考为什么我要谈判、为什么对方要谈判、为什么我们会有分歧，这或许是剖析

---

① 参见［美］罗杰·费希尔、威廉·尤里、布鲁斯·巴顿：《谈判力》，王燕、罗昕译，北京：中信出版社2012年版，第35-50页。

各方实际需求的一个可靠而又便捷的方式。

（2）以各方都能接受的方式来交流。常言道，"良言一句三冬暖，恶语伤人六月寒"。相信您在现实生活中也有过这样的体验，明明知道别人给出的建议甚至批评是为您好，却难以接受，甚至因为主观排斥而对别人到底讲了什么实际上并不是很清楚。在【事例3】中，我们也看到，两轮谈判未果的一个很重要的原因就在于，D和E所使用的交流方式存在明显的问题。因此，在区分利益与立场之后，合作型谈判还要求以各方都能够接受的方式来说明事实、剖析问题和阐述观点，由此才能够更全面客观地揭示出谈判涉及的利益关系及其合作的可能。这种方式并不是要求您在沟通时"委曲求全"或者"刻意奉承"，而是建议您尽量减少谴责性或者归责性的语言；这也不是说一定要像"竹筒倒豆子"那样全面交代自己的信息，而是建议您尽量客观地陈述自己的利益关切、聆听并尊重对方的利益和态度。这种方式涉及很多具体的基本沟通技能，我们将在本章第三节再予以详细介绍。在战略层面建议您始终抓住"为什么不"这个核心展开工作，通过反思自己的表达对方"为什么不"接受、对方的表达自己"为什么不"接受，或许有助于调整自己甚至影响对方的沟通方式。

（3）把问题当作导师。当然，即便我们以各方都能接受的方式清楚地展示出各种利益关系，共赢的合作方案并不会自动跳出来。相反，现实中的谈判往往就卡在这个阶段。面对各种不同的利益或者需求，谈判者很容易陷入"无从下手"或者"锱铢必较"的境地。就此而言，本书建议您抓住"怎么办？"这个核心，不妨试试"把问题当作导师"。也就是说，在交流过程中将各自的利益需求、实现障碍等问题罗列出来，从中寻找核心问题。在某种程度上，合作型谈判并非谈判各方的攻伐交错，而更像是各方在"问题"的导引下发现共赢方案的"寻宝"之旅。"把问题当作导师"不仅有助于减少情绪因素的干扰，还可能培养出谈判各方的互信合作，增强谈判的韧劲以提升解决复杂问题的能力。为实现这个目标，一些谈判学书籍建议"将阐述问题与寻求解决方案区分开"①。从避免将事实与情绪、利益与立场相混淆的角度来看，这个建议无疑是合理的。但如果谈判各方能像下面所说的那样"建立联系"，或许也就不用教条式地恪守这种区分，有时候将问题与方案综合起来把握，可能更有助于提高谈判效率。

2. 建立联系

看到这儿，估计您对于"理解问题"的意义不会有太多的异议，但可能提出两个问题：其一，在存在竞争关系的场合下，我们怎么能够放心大胆地表露自己的利益，如何形成友善的谈判方式，又如何能够实现把问题当作导师？其二，即便以上内容都做到了，我们如何才能从各种利益中寻找到可能的合作方向。这些问题就涉及合作型谈判的第二个战略问题"建立联系"。我们也将从三个操作要点予以简要介绍。

（1）寻找目标共识。人们展开合作的一个重要前提在于能够在目标上达成某种共识，否则就容易"道不同不相为谋"。那么，

---

① ［美］罗伊·J. 列维奇、布鲁斯·巴里、戴维·M. 桑德斯：《列维奇谈判学》，郭旭力、鲜红霞、王圣臻译，北京：中国人民大学出版社 2008 年版，第 52 页。

如何才能找到这种共识性的目标呢？我们建议您从"求同""存异"两个角度展开思考。前者不难理解，毕竟共同的利益可以激发谈判各方的凝聚力和向心力，共同面对和解决当前的问题。因此，在以往的谈判实践中，人们都非常注意共同利益的发掘和利用。比如，在子女抚养权问题上以"儿童利益最大化"为导引，在市场环境中通过"做蛋糕"将竞争对手转化为合作伙伴，等等。相对来说，后者受到的重视程度远远不够。事实上，只要各方的利益不直接冲突，即便不能实现互利共荣，也至少存在各安其所的空间。在现实生活中，很多纠纷实际上恰恰是由各方利益的趋同导致的，"心往一处想、劲往一处使"可能带来的是在利益或者资源分配上的相互争夺，因此，高度重视"存异"不仅可以扩大合作型谈判的适用范围，还可以避免将原本可能的合作硬生生地变成竞争。对于利益、观念、关系日趋多元的现代社会来说，这一点尤其重要。

（2）建立关系网络。单纯的利益共识有时是极为脆弱的，无力防止面对更大利益时"自食其言"或者获得利益之后"过河拆桥"，因而不足以让人们安枕无忧地参与合作型谈判。我们在前面提到的法规政策、自治规范、共享观念等客观标准为此提供了一些保障，但这些保障并不必然会在谈判的微观场景中得到人们的严格遵守，因此，建立关系网络是抵御"背信弃义"、促进"齐心协力"的另一个重要的战略问题。在实践中，合作型谈判的参与者往往努力建立或者维系各方共同的社会连接点。一种常见的方式即是诉诸血缘、地域、组织、行业等社会关系纽带，例如，攀亲戚、论老乡、认校友等。社会学的研究也已经表明，这些关系纽带富含各种关系确认、资源扩展、解决集体行动困境的"互惠和信任的规范"或者"社会资本"。① 另一种方式则是在谈判桌以外，努力寻找能够影响对方情绪、决策和行动的第三方助手，包括但不限于与对方相关的控制者、信服者、强制者、连接者、联合者、指导者、爆料者等。② 显然，无论是哪种方式，这些关系网络都离不开一些确立、培养、修复关系的技能。③

（3）构建信任关系。当然，并不是所有的谈判都能够找到合适的社会连接点。特别是，由于信息不充分或者不对称是社会的常态，即便存在这些社会连接点，谈判各方也可能基于自己利益最大化的考虑而陷入所谓的"囚徒困境"，最后导致合作的破裂。为了走出"囚徒困境"，我们建议您从以下两个方面来构建谈判微观互动中的信任机制。一方面，努力地将当下的法律谈判与未来（可能的或者现实的）合作关联起来，通过展示重复博弈前景，以避免在"囚徒困境"中因一次性博弈所作出的短视行为。④ 另一方面，更注重谈判过程中的情绪、感情、观念等方面的交流，避免陷入"囚徒困境"之把个体视为利益最大化的理性人的预设，通过主观态度上的情感纽带来建立和维护谈判各方的信

---

① 参见［美］罗伯特·D. 帕特南：《使民主运转起来》，王列、赖海榕译，南昌：江西人民出版社 2001 年版，第 195－207 页；［美］菲利普·塞尔兹尼克：《社群主义的说服力》，李清伟、马洪译，上海：上海人民出版社 2009 年版，第 18 页。

② 参见［美］彼得·约翰斯顿：《劣势谈判：小人物的谈判策略》，吴婷、李建敏译，海口：南方出版社 2011 年版，第 17－20 页。

③ 这些具体技术，参见［比］阿兰·佩卡尔·朗珀勒、［法］奥雷利安·科尔松：《谈判的艺术》，张怡、邢铁英译，北京：北京大学出版社 2012 年版，第 58－62 页。

④ 参见［美］罗伯特·C. 埃里克森：《无需法律的秩序——邻人如何解决纠纷》，苏力译，北京：中国政法大学出版社 2003 年版，第 194－203 页。

任。这就要求合作型谈判者相信自己与他人的能力、不轻易否定对方的立场、建立和维护自己的声誉、对事不对人，等等。相关技术和运作原理，我们在第二章第三节"主观态度的意义、识别与探知"中已有详细论述，在此不再赘述。

3. 找到方案

现在，合作型谈判进入了最后一个战略问题——"找到方案"，我们还是从三个操作要点为您作具体介绍。

（1）形成备选方案。在充分理解谈判涉及的各种利益、已经形成了友善的关系之后，若您再回头看看迈入谈判桌时各方的分歧，或许就会惊讶地发现，原来各种看似"水火不容"的诉求并不必然如此，说不定还能像"分橘子"故事中的兄妹那样轻易地发现可以"各取所需"。当然，我们不能期待所有的合作型谈判都能够通过"回头看"就找到解决方案。在很多时候，由于谈判事项及其牵扯的因素的复杂性，潜在的利益共赢方案并不明朗，但这并不意味着前述理解问题、建立联系等战略问题没有意义。通过以上过程，谈判各方可以在梳理核心问题的基础上，通过展开"头脑风暴"来探寻可能的解决方案。这种"头脑风暴"既可以是在您自己这一方内部进行，也可以邀请对方一块进行，不设边框也暂不考虑评价，目的是充分发挥谈判者的创造力，尽量找出可能的解决方案。[①]

---

① 关于"头脑风暴"的操作流程和相关准则，参见［比］阿兰·佩卡尔·朗珀勒、［法］奥雷利安·科尔松：《谈判的艺术》，张怡、邢铁英译，北京：北京大学出版社2012年版，第42-47页。

（2）确立评价标准。诚然，即便经过了"回头看"和"头脑风暴"，我们也可能还是找不到谈判各方都满意的方案。毕竟，"世间安得两全法，不负如来不负卿"，在很多情况下可能并没有十全十美的方案。在这种情况下，谈判各方就各种方案的评价标准达成共识显得尤为重要。从时间上来说，这种评价标准既可以是在"理解问题""建立联系"的过程中基于核心问题和友善关系等考虑予以事先确定，也可以是在"形成方案"的过程中再达成共识；从范围来看，这种评价标准既可以是谈判整体意义上的，也可以是针对特殊的问题确立具体的标准；在内容上，其既可以是涉及谈判结果的实质标准，也可以是有关谈判过程的程序标准。即如我们在"分橘子"事例中所提到的学生们提出的数十种方案，无论是"实体正义"还是罗尔斯提到的"纯粹的程序正义""完善的程序正义""不完善的程序正义"，只要谈判各方能够达成共识，就有助于推进合作型谈判。

（3）妥善进行评价。走到这一步，接下来的事情或许就简单多了，基本上只需要谈判各方按照评价标准，对于各种可能的方案予以选择，尽管这个过程也会涉及各方的说理论证以及不同方案的拆装组合。不过，最后我们还是想提醒您注意两个方面的问题：其一，建议您在评估方式时不要独断专行，而是多听听您所信任的人的意见。这不仅仅是为了"集思广益"，更重要的是我们前面提到的，个体在认识和评价事物时往往存在"情感陷阱"或者各种主观偏差。通过不同意见的相互拉扯，可以做更好的平衡。其二，如果您是在为别人提供意见，请适度控制自己的道德直觉，避免以自己的主观喜好来压制实用性评估。毕竟，最终承担后果的不是您，而是您想要帮助的人。[①]

（三）法律谈判内容维度的战略选择

尽管前文已经花了很长的篇幅介绍了竞争型谈判与合作型谈判的战略问题及其操作要点，在结束该部分讨论之前，我们还是想就内容维度的战略选择问题提供如下三点建议。

第一，在内容上注意识别法律谈判情境。虽然现实中的法律谈判错综复杂、情况各异，但在内容维度上遇到的问题基本上都可以归结为竞争或者合作两种情境。为避免"南辕北辙"，在识别谈判情境的基础上采取合适战略步骤是有效沟通的基本前提。

第二，在运用中注重各种操作要点的综合运用。竞争型谈判与合作型谈判只是在内容层面上进行区分的理想类型，现实中的法律谈判往往不会表现得如此纯粹。事实上，即便是同一个法律谈判，在不同的层次和问题上往往也是竞争与合作相互交织，因此，"在竞争中寻求合作、在合作中解决竞争"是法律谈判的常态。这就要求谈判者熟悉这两种谈判战略，根据谈判议题和情势变化予以灵活运用。

第三，当难以在内容层面上判断谈判类型时，建议您不妨先采取合作的态度，再顺应谈判的展开和对方的反应予以调整。毕竟，这有助于缓和气氛，能够避免撕破脸之后"覆水难收"。当

---

① 参见［美］罗伯特·芒金：《谈判致胜》，刘坤轮译，北京：中国人民大学出版社 2011 年版，第 258－262 页。

然，如果您还记得第二章提到的"基本归因谬误"的话，或许更
有理由以一种合作的态度开始谈判。

三、法律谈判战略的风格维度

在讨论内容维度的谈判战略之后，本部分将讨论人或者风格
维度的谈判战略。在以往的交流沟通过程中，您肯定遇见过形形
色色的人。有的人果断硬朗甚至"寸土不让"，有的人则犹豫软
弱甚至"一再谦让"。在传统的谈判学研究中，这两种极端的谈
判风格通常被概括为"硬式谈判"（强硬型）和"软式谈判"（温
和型）。出于对这两种"立场式"谈判风格的不满，20 世纪 70 年
代的美国"哈佛谈判项目"提出一种"让你得到想要的东西又不
失风度……让你公平有理的同时又能保护自己不被对方利用"的
"原则型谈判"。借助这个分析框架（见表 3 - 4），我们可以就法
律谈判在风格维度的战略问题作出一些简要分析。

表 3 - 4　立场式谈判与原则型谈判的比较①

立场式谈判		原则型谈判
软式谈判（温和型）	硬式谈判（强硬型）	
对方是朋友	对方是对手	双方能解决问题
目标在于达成共识	目标在于胜利	目标在于有效、愉快地取得明智的结果

① ［美］罗杰·费希尔、［美］威廉·尤里、［美］布鲁斯·巴顿：《谈判力》，王燕、罗昕译，北京：中信出版社 2009 年版，第 10 - 12 页。

续表

立场式谈判		原则型谈判
软式谈判（温和型）	硬式谈判（强硬型）	
为了友谊做出让步	要求对方让步作为维持双方关系的条件	把人和事分开
对人和事采取温和态度	对人和事采取强硬态度	对人温和、对事强硬
信任对方	不信任对方	谈判与信任无关
容易改变立场	固守立场不动摇	着眼于利益，而不是立场
给予对方实惠	威胁对方	探讨共同利益
亮出底牌	掩饰自己的底线	避免谈底线
为了达成协议愿意承受单方面损失	把单方面优惠作为达成协议的条件	为共同利益创造选择方案
寻找对方可以接受的单方面解决方案	寻找自己可以接受的单方面解决方案	需求多种解决方案，以后再做决定
以达成共识为目的	以坚守自己的立场为目的	坚持使用客观标准
避免意志的较量	试图在意志的较量中取胜	争取给予客观标准而非主观意愿的结果
迫于压力而妥协	给对方施加压力	坚持并欢迎理性方法，只认道理，不屈服于压力

1. 硬式谈判

所谓硬式谈判，主要是指谈判者将谈判理解为一场意志比拼的战争，把谈判对手视为敌人，采取所有能够采用的方法来逼迫对方让步。用通俗一点的话来说，或许可以概括为"非我族类、

其心必异"。这种谈判风格的好处在于能够取得一些意想不到的
收获，至少不会丧失自己的核心利益。当谈判对手未能做好充分
准备，或者秉持软式谈判风格时，情况更是如此。不过，采用这
种风格也存在一些难以克服的弊端：不但容易导致谈判各方关系
紧张，即便赢得了特定谈判，其后也难以继续展开合作；而且当
对方已经做了充分准备，或者恰好也是硬式谈判风格时，这种风
格很容易导致谈判陷入僵局，直至破裂。

2. 软式谈判

所谓软式谈判，主要是指谈判者将谈判理解为一场控制斗争
的和平过程，把谈判对手视为朋友，不惜丧失自己的利益也要达
成共识。用通俗一点的话来说，或许可以概括为"人同此心、心
同此理"。这种谈判风格的好处在于能够始终以同理/同情之心来
对待对方及其主张，不断释放的善意有助于推进谈判各方达成共
识，而且即便最终谈判破裂也不至于严重损害各方的关系或影响
未来的合作。但是，这种谈判风格的弊端也是非常明显的，除往
往会丧失自己的核心利益以外，还可能遭遇的是"真心换绝情"，
一味地妥协让步换来的可能不是对等的善意，而是被当作且可能
继续被当作"软柿子"来捏。

3. 原则型谈判

原则型谈判拒绝在硬式谈判和软式谈判之间作出选择，而是
主张以"人—利益—选择—标准"为基点来构造一种更为明智、
和谐、有效率的谈判风格。简单来说，这种谈判风格就是通过把
人与事分开，避免因人际问题影响谈判的决策和行动；通过立场

与利益的区分，更好地聚焦于谈判各方的实际需求；通过探索各种可能的解决方案，以促进冲突的协调和共同利益的满足；坚持采用客观标准，以避免在武断和妥协、强硬与软弱之间徘徊，得到一个公正的解决。

总的来看，原则型谈判自被提出以来，在谈判、纠纷解决等领域产生很大影响。估计您在了解其内容之后，特别是在将之与其他两种风格进行对比后，也会在理念上认同这种风格，甚至会猜想本书肯定会建议采用这种谈判风格。别着急，我们接下来聊聊原则型谈判可能存在的两个方面的问题。

第一，能否适用于所有的法律谈判情境？结合前面有关竞争型谈判和合作型谈判的讨论，不难发现这种风格在前者中或许很难适用。在"资源是固定且有限"的情境下，怎么可能"避免谈底线"？在各方利益、观念和认知的分歧差异明显的情况下，又怎么能够期待真的把人与事、利益与立场完全区分得很清楚？即便谈判各方都能保持友善态度，在遇到"硬核"的实质利益分配时，或许也难以仅仅通过这些抽象的框架找到"两全其美"的方案。就此而言，一些学者明确提到，原则型谈判"尽管很有用，但常常是天真的，偶尔还有点自以为是"[1]。事实上，即便是在比较适用的合作型谈判情境中，原则型谈判的一些内容也值得商榷。例如，如果您也认同本书有关合作型谈判的操作要点的话，脱离信任关系，谈判者还能达成合作共识吗？

第二，能否"叫醒一个装睡的人"？法律谈判不是单方行为，

---

[1] James J. White, "The Pros and Cons of Getting to Yes", *Journal of Legal Education*, vol. 34, no. 1 (1984), p115.

而是涉及至少两方的交流沟通，因此，只有在谈判各方都秉持原则型谈判风格的情况下，才能取得这种风格试图实现的结果。可惜的是，这种风格包含了大量的道德、伦理和"原则"上的要求。我们无法期待更无力要求现实的人都能够遵守要求来展开交流。可以试想一下，如果在谈判中只有您采用这种风格，对方采用更为现实的强硬风格，估计最后的结果或是自己退回到"软式谈判"的窠臼之中，或是谈判直接破裂。事实上，我们不仅仅可能叫不醒"装睡"的谈判对手，可能连自己也"叫不醒"。对照一下表3-1和表3-4的"情感陷阱"，估计您已经发现一个人采用什么样的谈判风格，可能并不完全是理智或者理性选择的结果，大部分人（如果不是全部的话）或多或少都会在否定性陷阱和硬式谈判风格、肯定性陷阱和软式谈判风格中有所倾向。

以上两个方面的问题表明，我们或许不能对原则型谈判风格抱有太高的期待。当然，这并不意味着否定这种风格。实际上，从战略角度来看，硬式谈判和软式谈判更多的是一种谈判风格的现实描述，而原则型谈判则更多的是一种谈判风格的应然要求。通过展示更好的谈判应该怎么进行，原则型谈判对于我们反思自己和对方的态度与行为、提升沟通的有效性具有标杆性意义。细心的您或许早已经发现，无论是本书的讨论，还是本书援引的许多谈判学研究，都已经吸收了原则型谈判蕴含的许多智慧。

第三节　法律谈判技能的多重维度

正如在绪论中提到的，本书关注"道术结合"的法律谈判思维，不会将笔墨花在"红脸/白脸""声东击西""迷惑策略"等谈判计谋之上，故此，在法律谈判技能这部分，我们只会向您介绍一些基本的沟通技能，然后从谈判技能的角度讨论如何解决谈判障碍、谈判地位不平等等问题。

一、法律谈判的沟通技能

事实上，即便将内容限缩在法律的沟通技能方面，本书也不可能涉及其全部内容。好在，大量的人际沟通、说话表达甚至演讲口才之类的书籍对此已有介绍，提醒我们应当积极聆听、换位思考、清楚表达、提高提问和回答的能力，等等。本书在此不再"老生常谈"，只是想从微观互动如何实现这些要求的角度，讨论一下听、说、问、答等法律谈判的基本沟通技能。

（一）聆听技能

聆听的重要性已是人所共知的事情，但在法律谈判中做到认真聆听并不是一件容易的事情。至少有这么几个方面的因素会影响聆听的效果。第一，专注力。"普通人的讲话速度是每分钟120

个词左右，而通常来说听的速度是每分钟 500 词上下"①，人类大脑的运转速度远超倾听说话的速度，因而容易出现"走神"等现象。如果只是在日常生活中"开小差"，或许还无伤大雅或者来得及补救；而法律谈判充满大量有关事实、证据、法律、理由等关键信息，一旦有所遗漏则会直接影响谈判的决策和进行，因而专注力对谈判者而言是一个不小的挑战。第二，习惯性反应。与日常交流或者课堂学习中的聆听重在理解不同的是，法律谈判涉及大量主张、诉求及其理由的即时沟通。当听到对方的主张时，谈判者的习惯性反应是考虑怎么回应对方，由此容易忽略对方接下来可能谈到的更重要的事实、主张和理由。第三，专业性。法律谈判并不只是熟稔法律的专业人士的对话，还包括与当事人、对方当事人、证人等的交流沟通。他们往往不会使用法律的专门术语、概念和规则，更不能期待他们能够按照"法律人思维"的方式来表达。在这种情况下，谈判者往往还需要从不连贯、前后矛盾、支离破碎的叙述中整理出谈判事项的基本轮廓。这些无疑会影响其对信息的把握。

那么，如何才能解决这些问题呢？人们就此提出了保持耐心、识别中心思想与支撑材料、注意关键词或者起承转合词汇等实用技能。在此基础上，本书想重点向您介绍以下三种较为实用的技能。(1) 重复。相信您在初学外语的时候，也曾有过听不懂的阶段，还记得当时老师提示的万能妙招吗？对，就是"Par-

---

① ［美］拉里·L. 特普利：《法律谈判简论》，陈曦译，北京：中国政法大学出版社 2017 年版，第 160 页。

don"！请求对方就相关内容再说一遍，这既有助于对方在重新组织语言的过程中作出更严谨的表达，也为您弄清楚对方的真实意思提供了契机。（2）复述。在现实谈判或者影视剧中，您是否曾经听到过类似这样的表达："如果我没有理解错误的话，你刚才所说的情况是……所以，你提出了如下诉求……其理由包括……"这就是我们向您建议的"复述"。相对于要求对方"重复"来说，这是一种更为积极的聆听技能。通过对方的确认或者修正，这种技能可以帮助您更准确地把握对方的意思。说不定，通过增加或减少某些"信息"或者"复述"的语言结构组织，您还能够影响对方的认知、判断以及谈判的进程。（3）团队合作。既要听清楚对方的意思、又要做好记录，还要想着回应，面对这么多任务一个人往往"独木难支"，因此，现实中法律谈判往往并不是"一个人在战斗"，而是会有多位成员共同参加，在一线谈判、信息记录、资料查找、方案调整、节奏把控等方面各司其职。

（二）表达技能

相对于聆听而言，法律谈判中的表达是一项更具综合性的技能，包括内容、结构、方式等不同方面。其中，表达的内容主要是指说什么，涉及事实、依据、结论等实质要素，关于相关内容本书在第二章和第四章中有详细讨论。表达的方式则是指如何说，包含但不限于修辞、语气、速率、肢体语言运用等沟通技巧，这些技巧在既有的谈判学书籍中已有大量介绍。本书侧重于从正面/负面或者积极/消极语言的运用方面，谈谈法律谈判中的表达结构问题。

总体而言，本书强烈建议您使用正面或者积极的语言来进行沟通。一个显而易见的理由在于，这些语言更容易为人们所接受。当然，这并不是说人们都喜欢被奉承、听好话，主要是因为负面或者消极的语言往往会激发人们的本能性抵御甚至反抗。"闻过则喜"是值得赞颂的，但之所以说值得赞颂，恰恰是因为这并不是现实中的所有人都能够做到的。在很多情况下，即便很熟悉对方，而且知道其批评是真诚的，在遭受批评的当下估计很少有人能够做到"甘之如饴"。这些负面情绪就有可能影响各方的情感交流，甚至干扰谈判的顺利进行。另一个或许更为重要的原因在于，正面或者积极的语言更有建设性。您或许也听说过"皮格马利翁效应"（期待效应），如果我们能够把对某人的积极期待传递给对方，对方很可能朝着积极的方向改进。除能够避免前面提到的负面情绪以外，这种积极的期待可以增强信任感、强化其信心，促进其反思自己的决策和行为。因此，在法律谈判中，如果我们能够了解对方的观念和心理，找出其真正的需求和期待，通过积极的鼓励和反馈，而非直接对其行为进行批评或指责，往往可以激发他们的积极性和主动性，提高谈判效率并建立良好的关系。

当然，这并不是说在谈判中就不能表达否定性意见。事实上，在原则性问题或者根本利益上，谈判者应当坚决否定对方的无理要求或者主张。但在很多情况下，否定性意见不一定都要通过负面或者消极的语言来表达。一方面，许多负面意见也可以通过正面或者积极的语言来表达。假如您是一位班主任，期末考试全班只有一位学生因为不用功而没有及格，您是说"为什么这么不认真，就你一个人拖了全班的后腿"比较好，还是说"这次考得不好，估计你对自己也是不满意的吧"比较好？当您按照合同的约定，完成并交付了某项工程，可是对方却没有在约定时间内将尾款打给您，您是说"为什么不按合同办事，你这就是违约，应当承担法律责任"比较好，还是说"感谢您对我们的信任，而且一直按承诺支付了相关款项，但是很意外我们还没有收到尾款"比较好？两种表达方式实际上都包含了否定性意见，但相信您也看出了后面这种表达通过传递期望、信任以及对对方已做的和能做的事情的肯定，更容易获得对方的认可。另一方面，否定性意见也可以通过积极地说"不"来表达。美国哈佛大学的尤里教授在他的一本著作中系统地阐述了这种"是—不—是"的表达方式。[①] 以如何劝阻沉湎赌博的孩子的故事为例：首先告诉他，他在这个家庭中有多么重要（第一个"是"），然后告诉他必须停止赌博，否则将失去家庭的支持（不），最后提出协助他去赌徒住院治疗项目寻求帮助（第二个"是"）。也就是说，当面对对方的无理要求时，我们不需要迎合、攻击或者回避，而是可以通过明确自己的利益、否定对方的要求、寻求一个对方可能接受的方案予以回应。

（三）提问技能

在法律谈判中，提问技能不仅关系到能否获得自己想要的信

---

① 参见［美］威廉·尤里：《突破型谈判（进阶篇）：学会拒绝拿到更多》，刘语珊译，北京：中信出版集团 2023 年版。

息，对于控制谈判节奏、调整谈判进程、影响对方态度亦具有重要意义。总的来说，提问应当有准备、有依据、有条理。根据法律谈判的特殊情境，我们将主要向您介绍三个方面的主要提问技能。

首先，灵活运用开放式提问与封闭式提问。开放式提问主要是指提出的问题比较概括或者宽泛，对方可能给出各式各样的回答。例如，"你觉得我们怎么做才能达到要求""为什么你对这个条款还存有异议""你的诉求是什么"等。此类提问方式的优点在于可以促进双方充分交流，获得更多的信息和可能的解决方案。不过，通过这种提问方式获得的信息也可能是不确定的，有时难免存在漫无边际、缺乏效率等缺点。封闭式提问则是指在提出问题时给定了回答选项，对方只能从这些选项中作答。例如，"你是不是认为我们这么做没有达到要求""你有没有在约定时间内交付尾款""你要不要提出继续履行的诉求"。通过这类提问方式可以获得确切的答案，在某些时候还能够引导谈判朝着提问者预定的轨道进行。估计您在影视作品中也经常看到律师运用这种方式向当事人和证人提问吧。不过，通过这种提问方式获得的信息有限，缺乏一定的灵活性。两种提问方式各有其优缺点，在法律谈判中应当根据具体谈判情境予以使用。当我们想确认某种事实或者诉求，抑或尝试控制引导谈判进行的方向时，建议您可以多采用封闭式提问；但如果我们想进行情感交流，或者面对僵局需要创造性的方案，开放式提问的效果可能更好。

其次，巧妙运用选择性提问。在某种程度上，选择性提问与封闭式提问比较类似，也是在问题中预设了某种答案，但它没有完全限制对方的其他回答可能性。例如，针对前面提到的未交付尾款的例子，可以设计这种选择性提问："您看是方便今天就把款项给结清了，还是说今天不方便，我们约个时间过几天再结清？"相对于"你是不是打算结清尾款"这种更为封闭的提问而言，选择性提问既能够探知到较为确切的信息，同时也不至于把双方关系或者气氛弄得那么紧张。当然，您在现实生活中可能也听过不少此类的表达："您是更喜欢这款鞋子的蓝色还是黑色""明天的会议，您是希望安排在上午 9 点还是下午 2 点""您是更愿意您的孩子参加这个五天的滑雪训练营，还是那个两周的训练营"……虽然您对于是否购买鞋子、参加会议、给孩子报班都还没有作出决定，但有可能"不假思索"地回答了某种颜色、某个时间或者某类训练营。由此可见，选择性提问的另一个用途，即通过巧妙地在提问中塞入您希望的回答，悄无声息地引导对方的回应。

最后，高度重视引导性提问。在法律谈判中，引导性提问在捋顺事实、明确诉求等方面起着不可替代的作用。正如前文所提到的，法律实践具有很强的专业性，清晰地运用法律术语、规则和思维将事实和法律问题说清楚，这对于不从事法律实践的人来说，是一件很不容易做到的事情。无论是在与自己的当事人的交谈中，还是与对方的沟通中，谈判者常常需要运用引导性提问来把握谈判情势。例如，"你今天来我这里是有什么事情吗？""关于这个事情你的核心诉求是什么？""你为什么认为这笔钱是你必须获得的""除这个以外你还有什么依据吗？"，等等。此外，由于引导性提问常常会内置包括法律在内的诸多客观标准，谈判各方在此过程中还可以稳定情绪，纠正某些不切实际的"幻想"，或者找寻到一些合作共赢的空间，从而推动各方更为平和且有效地解决分歧。

（四）回答技能

在介绍完聆听、表达、提问等基本技能之后，我们最后来讨论一下回答技能。应当说，有效的回答方式肯定是建立在认真聆听（包括对方的提问）的基础之上的，也需要运用表达技能中的一些基本技术。除此以外，回答技能中还有如下三项内容供您参考。

第一，在涉及根本利益或者原则问题的事项上，应当作出坚定有力的回答。在面对对方的无理要求或者指责时，应当予以直接驳斥。这样做的好处至少有三个方面。其一，捍卫自己的核心利益，通过表明自己的底线和态度，有时甚至可以影响对方的谈判认知和决策行动。其二，提高谈判效率，让对方了解哪些问题没有商量余地，哪些问题则有进一步协商的空间，由此可以迅速明确谈判的可能性及其范围。即便因此导致谈判破裂，从快速结束没有意义的谈判的角度来看也是有效率的。其三，防止对方使用策略行为。我们在前面也提到过红脸/白脸、虚开高价/低价、占小便宜策略、懦夫策略、胁迫策略等常见的谈判计谋，这些计谋很大程度上都是在试探谈判对方的底线。在原则问题或者根本利益问题上的坚决回应，可以在一定程度上让这些计谋无法得逞。

第二，在必要时，建议您不妨多采用暂停的技巧。俗话说，"沉默是金"。在法律谈判中，常常会出现如下情况：对方提到一些您事先完全不知道的事实或者客观标准，您一时不知道怎么反应；有时候对于对方提出的一些方案，您需要更多的时间来思考这些方案的合理性和可行性；还有的时候，谈判陷入僵局，氛围非常紧张，但您又不想轻易放弃谈判……在这些情况下，适当地采用暂停技能有助于您获得思考应对的宝贵时间，给胶着的谈判"降降温"，促使谈判各方更冷静地反思自己的决策和行为。您既可以直接提出暂停，也可以提出"先喝点水""出去透透风""需要跟团队商量一下"等其他理由。不过，为了避免谈判变得支离破碎，或者让对方误以为您没有谈判诚意，对暂停的时间和频次也需要适当控制。

第三，当对方基于某些笃信不疑的理由或者判断提问时，估计不管怎么回答效果都不好，建议您不妨试试苏格拉底辩证法。也就是说，先不直接驳斥对方提问预设的依据，而是顺着这个依据往下推导，最后得出一个连对方都无法接受的荒谬结论。这种方式不仅可以起到"釜底抽薪"的效果，还能在保持友好氛围的前提下促使对方重新反思自己的理由和主张。

二、法律谈判的障碍突破

法律谈判并不只是具备相关的知识和技术就可以顺利展开的。正如我们在本章开始的时候提到的，有可能谈判只是您的"一厢情愿"，对方迟迟不愿意迈向谈判桌；即便进入谈判桌后，双方都展示出了极大的诚意并付出了巨大的努力，但在一些问题上无法实现突破，迟迟达不成谈判合意。在这种情况下，法律谈判的推进无疑需要一些特殊的障碍突破技能。当然，要对这些技能展开详细讨论，我们首先需要明确人们为什么会拒绝合作以及为什么谈判会陷入僵局。就此而言，尤里教授和芒金教授分别做了富有启示性的研究，我们不妨先看看他们是怎么说的。

在《突破型谈判：如何搞定难缠的人》这本书中，尤里教授总结了人们拒绝合作的四个方面的原因。(1) 对于谈判感到害怕、不安和疑虑，认为这个世界就是"人吃人"的冷酷炼狱；(2) 对于谈判存在不全面的认识，认为谈判就是围绕利益此消彼长施展权谋诡计的过程，不搞这些，唯一的选择就是让步；(3) 不了解谈判，尤其是合作型谈判能够给自己带来什么好处；(4) 将谈判等同于零和博弈，认为自己一定能够获胜，因而无须谈判。为此，他提出了一种包含五个步骤的突破型谈判模式：其一，不要针尖对麦芒，冷静下来，认清对方战术，弄清楚自己的利益诉求和最佳替代方案，为后续可能的谈判做好准备。其二，换位思考，消除对方的疑虑和恐惧，倾听、认可对方及其能力，创造有利于谈判的氛围。其三，不要贸然拒绝，而是主动重构，将对方注意力集中到满足各方利益诉求的本质问题上。其四，如果对方还是处在迟疑不决的状态，把自己当作调解员，为双方的利益鸿沟搭建桥梁。其五，如果对方依然抗拒谈判，认为不通过谈判也能"赢者通吃"，可以提出一些现实问题对其予以警示，必要时说出您的最佳替代方案，让对方恢复理智。[1]

芒金教授则在一篇题为《谈判为什么会失败：冲突解决障碍探析》的论文中，归纳了导致谈判陷入僵局的四种主要障碍：(1) 战

---

① 参见［美］威廉·尤里：《突破型谈判：如何搞定难缠的人》，袁品涵译，北京：中信出版集团 2023 年版，第 Ⅹ-Ⅻ、178-182 页。

略性障碍，即谈判本身就有一定的竞争性，各方利益存在一定冲突，潜在共同利益通常是不明显的。（2）委托人/代理人问题，即当事人与其委托人/代理人的利益也存在不一致的地方。（3）认知性障碍，例如"厌恶风险"会导致大多数人选择那些风险较小、结果较为确定的选项，由此可能导致合作型谈判的动力和创造力有所不足，而"厌恶损失"则会使大多数人不顾一切地避免一项确定的损失，由此可能导致竞争型谈判中的对立更趋严重。（4）对妥协让步的"反射性贬值"。针对这些障碍，芒金教授建议引入中立第三方作为调解人，通过其采取促进信息交流、创造友善、提供解决方案等措施，推动纠纷的高效解决。①

　　您在阅读以上研究的时候，可能会既感到有所启发，又会产生这样的疑问：这就是人们拒绝合作、谈判陷入僵局的所有障碍吗？毫无疑问，您的质疑是成立的。至少从本书前面的讨论来看，还有很多认知偏差和感知偏差都没有被列进去。此外，如果您还记得我们在第一章提到的三大"幻象"，信息不充分、地位不平等、理由多样性等问题都极有可能造成法律谈判中的障碍。再如，人们之所以不愿意坐到谈判桌边，有时也不仅仅是出于对谈判的错误认知，也可能是因为对这种方式不熟悉，或者片面执着于诉讼机制，等等。

　　应当说，尤里教授和芒金教授的研究确实不够周全，但已经发现了一些常见的障碍及其解决机制。事实上，由于人际交往的

---

① See Robert H. Mnookin, "Why Negotiations Fail: An Exploration of Barriers to the Resolution of Conflict", *Ohio State Journal on Dispute Resolution*, vol. 8, no. 2 (1993), pp. 238-249.

复杂性，或许任何一项研究都不可能全面揭示出法律谈判中的所有障碍及其克服技能，本书亦不例外。这尽管有些遗憾，但或许也从另一个角度说明了法律谈判思维的重要性。换句话说，面对不可能穷尽的法律谈判障碍，更有效的应对方式应该是从法律谈判的基本构成要素入手，在整体上考虑各种因素的关系，进而形成一种体系化的诊断治疗模式。唯此才能应对错综复杂、形态多变的法律谈判障碍。基于此考虑，在综合前文有关讨论和相关研究的基础上，我们尝试提供一种法律谈判障碍突破技能模型（见图 3-2），主要包括三个步骤。

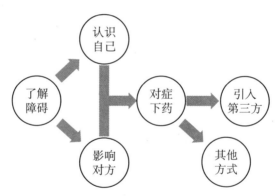

图 3-2　法律谈判障碍突破技能模型

（1）在了解法律谈判障碍的过程中重新认识自己、影响对方。当遇到不合作或者谈判陷入僵局时，建议您先不要慌张或者做出情绪性反应，而是要冷静下来，了解和分析这些障碍的成因，并从这些成因中反思自己对谈判事项、谈判对手和谈判情境的把握是否准确。在此基础上，有针对性地与对方进行沟通，影响其主观态度。例如，如果谈判陷入僵局的原因是委托人/代理人的问题，那就需要找到真正的"谈判者"，展开更直接的沟通交流。

（2）在谈判各方有效沟通的基础上，针对谈判障碍成因"对症下药"。在法律谈判中，尽管经过谈判各方的有效沟通，但常常还是会存在问题而找不到现成的解决方案。在这种情况下，就需要充分运用我们在前面提到的各种知识依据和谈判技术，有针对性地推进问题的解决。例如，如果是因为对方不了解潜在的共同利益，那么就可以通过"求同"或者"存异"的方法来分析当前谈判涉及的各种利益。如果存在认知障碍，就需要强化客观标准的矫正作用，等等。

（3）如果谈判各方还是没有办法突破障碍，这个时候或许可以考虑引入第三方。这种第三方既可以是官方的也可以是民间的，既可以是作为调解员出现也可以只是作为谈判辅助人来参与。通过第三方所具备的提供沟通渠道、明确各方主张、厘清争点、发现合意、提出可能的方案等多种"中介功能""评价功能"甚至某种程度的"强制功能"[①]，推进谈判的进程。

当然，即便经过这些处理，可能谈判最终还是没有达成合意。这个时候，选择终止谈判或者诉诸其他处理方式，也是一个明智的选择。需要再次说明的是，以上提供的只是一个障碍突破技能的整体模型，其应用有赖于谈判情境下的具体把握，其中涉及的知识依据和谈判技术，请参见本书相关部分的讨论。至于如何在谈判情境中运用这些知识和技术，本书第四章将为您作进一步的介绍。

---

① 关于第三方介入的功能，参见范愉：《非诉讼程序（ADR）教程》（第4版），北京：中国人民大学出版社2020年版，第97-98页。

三、法律谈判的平衡技能

现在，我们将进入本章的最后一个问题，即从谈判技能的角度出发，有没有可能在某种程度上纠正注定是不平等的谈判地位。应当说，这个问题也是许多谈判学研究重点关注的问题，它们提出了一些让弱势者"变强变大"、让强势者"变弱变小"的技术（见表 3-5）。

表 3-5　法律谈判的平衡技能示例①

目标	《哈佛经典谈判术》	《劣势谈判》
让强势者"变弱变小"	（1）不要示弱； （2）利用对方的弱点来克服你的弱点； （3）找出并利用你独有的价值提议； （4）如果你处于弱势，请放弃手中仅剩的那一点谈判力； （5）在你所掌握的谈判资源的基础上制定策略	（1）找出规则手册； （2）改变游戏规则； （3）设法影响规则的制定者； （4）损害巨人的能力，使巨人无法施展
让弱势者"变强变大"	（1）通过与其他弱势的各方合作来增强你的实力； （2）利用你最大弱点的谈判力，对方也许需要你"活"下去； （3）了解并攻击对方实力的根源	（1）将交易彻底地排序； （2）壮大团队的规模； （3）拒绝巨人； （4）通过语言文字和图像放大你的影响； （5）利用自己的弱点和对方的实力

---

① 参见［美］迪帕克·马哈拉、马克斯·巴泽曼：《哈佛经典谈判术》，吴弈俊译，北京：中国人民大学出版社 2009 年版，第 185-199 页；［美］彼得·约翰斯顿：《劣势谈判：小人物的谈判策略》，吴婷、李建敏译，海口：南方出版社 2011 年版，第 71-179 页。

　　这些平衡技能都是在长期的谈判实践和理论研究中提炼出来的，一些技能（例如，突显自己的价值、利用对方的弱点、形成团队联盟等）已成共识，值得我们在法律谈判中好好借鉴。不过，这种技能的罗列略显零碎化，而且主要是在一般性谈判的意义上展开，没有具体结合法律谈判的特定场景。鉴于谈判是法律实践或者法律运作的基本展开方式，从法律运作中地位不平等的根源和表征入手，或许能够对法律谈判的平衡技能作出更为系统的呈现。就此而言，第一章提到过的格兰特教授撰写的《为什么"强势者"优先：探析法律推动社会变革的限度》一文为我们提供了一个很好的讨论基础。[①] 表 3-6 深色部分总结了他的主要发现。

表 3-6　法律谈判的平衡技能

要素	强势者的优势	制度改革的困境	法律谈判中的平衡技术
当事人	型构交易的能力；专业技能，规模经济；长远策略；运作规则的能力；谈判信用	劣势者难以组织（成本、流动性、缺乏共同利益或者共识等）	影响对方的主观态度 ——找到能够影响对方的人 ——彰显自己的独特性 ——通过联盟来壮大自己 ——利用对方的意图
服务	技能、专业、持续性	经济激励欠缺；律师职业文化限制；	削弱对方在法律上的优势 ——改变对方的法律意识 ——把将对方拉入关系中 ——替代方案的运用
机构	被动性；费用；迟延；	资源有限；被动性和中立性等意识形态限制	

---

　　① See Marc Galanter, "Why the 'Haves' Come out Ahead: Speculations on the Limits of Legal Change", *Law & Society Review*, vol. 9, no. 1 (1974), pp. 98-103.

续表

要素	强势者的优势	制度改革的困境	法律谈判中的平衡技术
规则	有利的规则;正当程序的障碍	改革成本较高立法或者行政决策途径多为强势者占据诉讼在改变规则方面存在限制,且难以将之渗透至社会	在客观标准上展开对话——法律的解释论证——找到法律外更合适的客观标准——灵活运用各种客观标准之间的关系

　　简要来说,格兰特教授首先将法律(制度)运作分解为规则、机构、服务、当事人等四个基本要素,然后以参与诉讼的多寡为标准对当事人进行了两种类型的划分,即一次性当事人(OS)和重复性当事人(RP)。从表3-6可以看出,在法律运作的各个要素中,占据优势的都是重复性当事人。当然,针对这一结论,您可能会提出两个方面的质疑。其一,仅根据参与诉讼的数量多寡,就能够准确衡量法律运作中的地位吗?对此,格兰特教授专门作了说明:"RP并不等同于'强势者',OS也不等同于'劣势者'……两种分类存在重合,但亦有一些明显例外。RP可能是'劣势者'(如酗酒的流浪汉)或者充当'劣势者'的支持者(政府时常这样);诸如刑事被告之类的OS也可能是富人……对当事人所作出的RP/OS的划分,其目的在于界定在竞争各方的配置中占据优势地位的情况,并指出具备其他优势的人们如何占据这种优势地位,以及其他优势如何因此得到巩固和增强。"其二,难道不能够通过改进法律的规则、机构、服务等方式来纠

正这种不平等地位吗？这正是格兰特教授这篇文章的一个重要发现。综合相关实证研究，他发现规则、机构、服务等方面的多种改革方案，都难以实质性地触动这种不平等地位。相对而言，他对当事人层面的改革寄予厚望。

看到这儿，估计您都会有点绝望了吧？由于本书讨论的主题是法律谈判思维，对于格兰特教授的宏观判断及其理论问题无法详细展开。但是，至少从法律谈判场景来看，我们不必那么悲观，理由主要分为两个方面：其一，格兰特教授尽管也提到了某些替代性纠纷解决机制，但其分析主要聚焦于法律规则和诉讼规则。如果您还记得我们有关法律谈判的"整合模式"（见本书第一章）、知识依据（见本书第二章）以及本章有关系统维度的谈判战略，通过利用法律与其他社会要素的互动关系，谈判者具有平衡不平等地位的空间。其二，格兰特教授的讨论更多是宏观层面的，处于微观互动的当事人，完全有可能利用某些特殊的社会资本重新塑造局部的支配关系。也就是说，即便在所有的谈判场合下当事人的地位不可能是绝对平等的，即便是法律本身在矫正这种不平等方面也可能力不从心，但是通过在法律谈判中灵活运用客观标准与主观态度、宏观结构与微观互动的作用机制，我们还是有通过谈判技能改善谈判地位的可能。请您再看看表3-6中最后一列，是不是发现表3-5所列的各种平衡技能都包含在内，在此之外甚至还可以探索出更多的平衡技能？

扩展阅读

1. 范愉. 非诉讼纠纷解决机制. 北京：中国人民大学出版

社，2000.该书系我国当代首部纠纷解决专著，系统介绍了诉讼与非诉讼等多种纠纷解决机制的原理、制度及其运作，有助于我们从系统维度来审视谈判的战略和技术。

2. 卡尔·拉伦茨.法学方法论.6版.黄家镇，译.北京：商务印书馆，2020.一本久负盛名的法学方法论的专著型教科书，广泛涉及法律方法和法律思维等若干重大问题，如果结合托马斯·M.J.默勒斯的《法学方法论（第4版）》（杜志浩，译.北京：北京大学出版社，2022）阅读，效果更好。

3. 史蒂文·瓦戈，史蒂文·巴坎.法律与社会.12版.邢朝国，梁坤，译.北京：中国人民大学出版社，2023.该书是法律社会学领域中的一本经典教科书，简明精要地展示出法律运作的多个社会领域和社会维度，可以帮助我们更好地把握法律谈判技术及其运用。

第四章

法律谈判思维的情境构造

当已经了解到法律谈判的知识架构和技术构成，开始迈入一场真正的法律谈判时，您可能还是会感到一些迷茫：不同的谈判涉及的知识依据可能完全不同，其组合形态更是千变万化，怎样才能在谈判中运用好这些知识而不至于沦为"纸上谈兵"？谈判战略的确定和谈判技能的使用都具有高度的灵活性，有没有可能做到既避免毫无章法又不至于"刻舟求剑"？如何在纷繁复杂的法律谈判中将知识和技术融为一体，推进交流沟通的有效展开……《韩非子》载："事异则备变"，在具体的谈判情境中准确地把握这些知识和技术，同时又通过知识和技术的运用来改造谈判情境，即为法律谈判情境构造所要探讨的问题。本章首先从"在什么条件下展开法律谈判"入手，分析法律谈判的社会过程，由此解析情境构造中的"情境评估"和"情境营造"及其内在关系，然后再依次介绍其各自的内容、框架和操作要点。

第一节　在什么条件下展开法律谈判

如果您也觉得传统法律方法或者法律思维研究对"社会"关注得不够，在信息不对称、当事人地位不平等以及不"理性"等问题上深有感触，可能也会认为情境构造是法律谈判思维最为关键也是最为复杂的一个构成要素。无论是为了达成交易还是为了解决纠纷，任何一场谈判都只有在具体情境中才能识别出何种利益是重要的，哪些利益存在共赢空间以及这些利益得以实现的依据、技术、条件及其困难。可能也有人认为，这无非是一些"洞悉世事、体察人心"的常识性要求。且不说许多常识性要求并不容易做到，即便是深谙"人为理性"的法学专家也不一定能够成为优秀的实务工作者，本节还将向您展示法律谈判本身是一个不同层次社会关系的适应和建构的过程，包含各种有关冲突的主客观评估、谈判情境的把握与营造等复杂要素。为了清楚地展示这些内容，我们还是以一部大家可能非常熟悉的电影《秋菊打官司》为例展开讨论。[①]

事例 4

秋菊家打算在承包地里盖辣子楼，村长根据相关文件规定不予批准。由于村长认为没必要把文件拿出来看，秋菊家怀疑村长是在故意阻挠他们盖楼。争吵中，秋菊的丈夫讽刺村长没有儿子。一怒之下，村长踢了一下秋菊的丈夫的下身。秋菊找村长要个"说法"，村长不予理会。于是，在整个冬天，秋菊怀着身孕踏上了一条从乡里面的李公安的调解、县公安局的裁决、市公安局的行政复议到行政诉讼的漫长"告状"之路。尽管各种救济渠道都确认村长打人是不对的，而且村长愿意支付相应的赔偿，但秋菊始终觉得自己没有讨到一个"说法"，一直强调自己"不要钱"，"他是村长，打两下也没啥，他不能随便往那要命的地方踢"，坚决要求村长赔礼道歉。提起上诉之后，秋菊回到家。随后，市中院派人来到秋菊家了解情况，得知秋菊丈夫还是感到胸闷，要他去拍个片子。除夕之夜，秋菊难产，得亏村长召集村民

---

① 《秋菊打官司》，编剧：刘恒；导演：张艺谋；主演：巩俐等，1992 年。

连夜冒着风雪送秋菊去了医院。秋菊顺利产下一名男婴，对村长非常感激，不再提官司的事情了。可是，正当秋菊家庆贺孩子满月时，李公安告诉秋菊，案情性质变化了，她丈夫拍的片子显示是肋骨骨折，村长刚被县公安局抓走了。秋菊听了之后完全不理解，"我就是要个说法嘛，我就没让他抓人，他怎么把人抓走了？"望着警车远去的烟尘，秋菊感到深深的茫然。

一、法律谈判是一种适应和建构社会关系的过程

近几十年来，或许很少有其他电影像《秋菊打官司》这样被法学界反复咀嚼，人们从法治与本土资源、法律多元、批判理论、法律与文学等角度作出了各种解读。作为一本法律谈判思维的著作，本书无意介入这些宏观讨论，只是聚焦于秋菊、村长等人物的微观互动，说明法律谈判究竟是怎样的一种社会过程。当然，如果您对这些宏观讨论有一定了解，肯定更有助于理解微观互动，说不定还能对宏观讨论产生一些新的想法。概括起来，我们主要想讲以下三点。

第一，谈判是一个谈判者把握各方社会关系的过程。在《秋菊打官司》这部电影中，秋菊、村长、秋菊的丈夫等人的沟通谈判都充分体现出他们对社会关系的把握。影片中的村长虽然声称"我不怕你们告"，但他并不是一个蛮横不讲理的人，反而处处显示出通"人情"讲"是非"的淳朴品质。他不计前嫌地送秋菊去医院，并在事后跟秋菊的丈夫强调："我给咱村抬大肚子上医院，也不是头一回了，这跟打官司可没关系。等秋菊养好了，她想

告，让她告去。告下来算我的，告不下来算你的。"他之所以坚持宁愿赔钱也不道歉的沟通策略，并不是因为他认为作为村长就可以"随便"打人，而是基于对该事件牵扯的社会关系的深刻体认。简要说，他连生四个女儿，又做了计划生育手术，而秋菊的丈夫骂他"下辈子断子绝孙……抱一窝母鸡"，狠狠地戳中了他的痛处，往"要命的地方"踢一脚就是为了让秋菊的丈夫（也可能包括其他的人）"不胡说"。秋菊虽然并不认同村长的行为，甚至一而再，再而三地通过各种途径寻求"说法"，但其各种言行举止也反映出她对社会关系的认知。例如，她一直都认为"他是村长，打两下也没啥，他也不能随便往那要命的地方踢"，并在带着丈夫看医生回来的路上提道，"村长这一脚要是把你踢出个毛病，那计划生育就提前把咱计划了"，出于对"咱肚子里的娃，还不知是男是女"的担忧，才决定"我回村还得去找他"。若抛开对这些社会关系的把握，把秋菊想象成法治的孤胆英雄，或是把村长看作愚昧封建的土霸，都难以准确理解其言语举止和沟通过程。

第二，谈判各方对社会关系的理解决定了谈判的进行及其结果。显然，秋菊和村长对于社会关系的把握存在差异。这种差异不仅体现在能不能往"要命的地方"踢，由此引发一场跨越整个冬天（甚至可能更长时间）的冲突，还体现在此后派出所调解、行政裁决、行政复议、诉讼中各方的态度和沟通过程中。对于秋菊来说，除派出所调解以外，其他途径是她之前不了解的，但也不断地给她以新的"客观标准"。秋菊并不迷信这些新的知识和途径，一直在问能否给她"一个说法"。遗憾的是，由于信息不对称，对方的回答让她误以为在这些新的知识、途径等构筑的社会关系中，一定能够给她预期的"说法"，故此坚定了她的主观态度，从而采取了更为强硬的沟通方式，直到最后陷入"困惑"。村长亦不例外。他的"不道歉"在很大程度源于对社会关系的某种误判——"我是公家人，一年到头辛辛苦苦，上面都知道，他不给我撑腰，给谁撑腰！"在这种情况下，村长丧失了多次与秋菊达成合意的机会，最后陷入牢狱之灾。由此可见，谈判各方对社会关系的把握直接影响其主观态度、对客观标准的理解和沟通技术的运用，在很大程度上决定着法律谈判的行进方向和结果。

第三，谈判的展开同时也在重新塑造着谈判各方的社会关系。一方面，随着谈判的进行，谈判者对于客观标准、信息、对方态度等的了解也在不断加深，由此可能重新调整自己的态度和行为，谈判各方相互间的社会关系由此也出现了一些变化。除态度调整最早、关系最快得到缓和的秋菊的丈夫以外，村长在收到市公安局行政复议书之后，也没有再像之前那样把钱撒到地上，让对方"拾一张给我低一回头"，而是对秋菊的丈夫以及事后赶来还钱的秋菊好言相劝。当然，影片最后的秋菊也在努力修补与村长的关系。另一方面，无论谈判最后是达成合意还是走向破裂，实际上各方的关系都会因此被重新界定。在秋菊从市公安局提起行政复议回家后，她的丈夫的一席话就说得很明白："他是村长，就是上面逼他认个错，反过来，他不定怎么整治咱呢。好坏咱经济上不吃亏……争那闲气有啥意思呢？再这么闹，旁人都觉得咱不好处人了。"从影片最后秋菊迷茫的眼神中，除看到她对最终获得的"说法"表示不解之外，您是否也在猜想秋菊后续的故事：村长被带走后，秋菊在村里面的社会关系会如何？在村长回来之后，他们之间又会怎么相处？

　　当然，有人会认为《秋菊打官司》不过是一部改编自小说的电影而不是现实，也有人会认为"秋菊的困惑"具有明显的时代印记，在法治已成普遍共识的今天不会再存在这种"困惑"了。不过，以上三点并非局限于某个特定时期、特定地点的"故事"，其反映的是人们如何在特定情境中展开沟通、又如何通过这种沟通重新塑造其相互关系的一般机制。如果您还记得我们在绪论中引用的谈判的基本界定——"一种旨在相互说服的交流或者对话过程"，那么就可以理解谈判本身就是一种人们相互之间展开的理由的给定与接收的过程。从社会学的角度来看，这就是一个各方适应和建构社会关系的过程。美国的社会学家、政治学家查尔斯·蒂利就聚焦于"理由"，作出了如下描述：

　　　　不管给定理由的同时在做什么其他事情，人们显然是在协商自己的社会生活。他们在讲述自己和理由倾听者之间的关系。给予者和接收者在确认、协商或修复他们之间的恰当关系……最不为人注意的职能只是简单地确认给予者和接受者之间的关系。例如，一个忏悔者接受牧师对其罪过的诠释，以及如何向人和神作出恰当补偿的训示……更常见的情况是，理由的给定建立起关系。例如，一个采访者在做关于食品、电视或政治偏好的调查前，先向受访者解释访谈的目的……最后，人们经常以理由修复关系。例如，一个人对另一个人造成了伤害，之后试图讲述一个故事，以表明这种伤害不是故意的，或是不可避免的；因此，尽管看上去很糟糕，这并不意味着给予者和接收者的关系已经破裂。①

二、社会关系的性质与层次

经过以上分析，您有可能立即想知道：在法律谈判中如何才能恰当地了解和适应社会关系，又如何通过谈判来塑造自己意图实现的社会关系？先别着急，在展开这些讨论之前，还得要了解一下法律谈判涉及的社会关系是什么。以往谈判学的教学研究往往根据谈判涉及社会关系的差异，将之区分为法律谈判、经济谈判、科技谈判、政治谈判、军事谈判等。不同社会领域中的谈判，所涉及的知识、技术和情境确实存在一定的差异，这种区分当然是必要的。本书不重复这种分类，主要是因为我们关注的是法律谈判，而在第一章已就其特性作了许多讨论。事实上，从思维的角度来看，各种类别的谈判之间的差异其实并没有那么大。接下来，我们将侧重于从一般层面来讨论谈判涉及的社会关系的性质与层次，不妨还是以《秋菊打官司》为例展开以下两点分析。

其一，社会关系的性质。我们在法律谈判战略问题的讨论中已经提到（见本书第三章），根据谈判事项是否存在共赢空间可将法律谈判区分为竞争型谈判和合作型谈判，从谈判者的风格差异的角度又可将之区分为硬式谈判和软式谈判。这些谈判战略区

---

① ［美］查尔斯·蒂利：《为什么》，李钧鹏译，北京：北京时代华文书局2014年版，第14－19页。

分虽然角度不一，其实共同指向的是"分蛋糕"和"做蛋糕"两种可能的社会关系。在影片中，秋菊和村长之间之所以产生持久的争执，实际上是因为双方将关系锁定在"道歉"与否的"分蛋糕"层面。秋菊坚持的是村长"往那要命的地方踢"就是错了："我就是不明白，村长怎么就不能给我认个错呢"。对于村长而言，赔钱没关系，但不能道歉是底线，"我大小是个干部，以后我在村里没法工作"。与此不同的是，派出所调解、行政裁决、行政复议和行政诉讼一审看到的则是"做蛋糕"层面，既要分清责任、各做自我批评，更重要的是关系的维系，即如秋菊的丈夫提到的"日后都得在一个村子里过，没完没了的没啥意思"。

其二，社会关系的层次。法律谈判中的社会关系不仅有性质之分，还有层次之分。以往的谈判学研究通常关注的是谈判各方在谈判桌内的交流沟通，例如《秋菊打官司》所展示的秋菊与村长的第一次谈判，以及在其后调解、裁决、复议、诉讼、上诉等五次救济过程中双方的"你来我往"。故事很精彩，但精彩的故事并不仅仅发生在谈判桌内，离开了谈判桌外各方的行动，或许这个故事也就没有那么值得反复咀嚼了。且不说秋菊通过一次次地"上告"，不断地接引谈判桌外的知识、制度、权威来影响谈判桌内的活动，同时村长也考虑到了"撑腰"等外部资源，并强调不能给"面子"道歉的另一个重要原因在于"有啥事乡里解决不了，凭啥到县里臭我的名声"。在这个意义上，谈判桌外的社会关系实际上也嵌入到谈判桌内的交流沟通中，法律谈判思维也需要关注谈判桌外的更广阔的社会关系。如果仅仅盯着谈判桌内的活动，既无法充分理解谈判桌内所发生的事情，又可能失去寻找"分蛋糕"或者"做蛋糕"更好方案的契机。

公允地说，以往的谈判学研究并没有完全忽视"谈判桌外"，例如，我们在前面介绍的"替代方案"实际上已然包含了超越谈判各方的社会关系的考虑。不过，在拉克斯、西贝利厄斯看来，以往的谈判思维更多重视的是谈判桌内的胜负或者双赢的"一维"，为此提出了一种包含技术（Tactics）、方案（Deal Design）、布局（Setup）"三维"在内的 3 - D 谈判术（见表 4 - 1）。（1）谈判技术。这主要是指各方在谈判桌内的正面交锋和相互说服中使用的策略和技巧。（2）谈判方案。当一项谈判没有为各方提供充分价值，或者凭借原有方案无法实现谈判目的时，就必须想办法修改原有方案，直面谈判的实质和价值，设计出新的方案。（3）谈判布局。为了能够在坐到谈判桌边之前就获得有利的局面，谈判者往往需要在谈判桌外采取行动，尽量优化谈判的范围、次序和可选方案。由此可见，3 - D 谈判术尝试整合"分蛋糕"与"做蛋糕"以及"谈判桌内"与"谈判桌外"，要求谈判者应当是"有创造力的布局架构者、有洞察力的方案设计者、有说服力的技术战略家"，提供了"一张地图而非一条路"[①]，为更好地理解法律谈判涉及的社会关系提供了一个有用的思维框架。

---

① David A. Lax and James K. Sebenius，*3 - D Negotiation*：*Powerful Tools to Change the Game in Your Most Important Deals*，Boston：Harvard Business School Press，2006，pp. 9 - 18，253.

表 4 - 1   3 - D 谈判术的构成维度①

维度	简称	场所	焦点	行为示例
第一	技术	谈判桌内	人员、过程	改善沟通，建立信任，应对硬式棒球法、搭建跨越文化分歧的桥梁
第二	方案	方案绘制	价值、实质、结果	创造和构建谈判，使之能够创造更多价值、更好地实现目标、更具可持续性
第三	布局	谈判桌外	架构	确保最有利的谈判范围（适当的谈判者、利益、替代方案）、次序以及基本的程序选择

　　不过，从本书有关法律谈判技术构成的讨论来看（见本书第三章），谈判技能与谈判战略关系密切，所谓的"技术"与"方案"本身就是融合在一起的；谈判桌外的"布局"不但嵌入在方案的确定和技术的使用中，而且也并非仅在谈判开始之前"摆好谈判桌"，也需要随着谈判的进行不断地调整"谈判桌"。因此，尽管 3 - D 谈判术也强调"这三个维度几乎自始至终都是在同时发挥着作用"，但它们实际上并不相互排斥，更不是三个独立的维度。相对于"三维"可能引发的人为割裂和机械操作，对于法律谈判的情境（社会关系）的适应和建构而言，可能更关键的问题在于如何识别法律谈判涉及的社会关系的性质，统筹考虑"谈判桌内"与"谈判桌外"各种层次的社会关系，形成恰当的"分蛋糕"或者"做蛋糕"的方案和技术。至于具体如何操作，则主要涉及接下来要讲到的"谈判情境评估"和"谈判情境营造"。

① See David A. Lax and James K. Sebenius，*3 - D Negotiation：Powerful Tools to Change the Game in Your Most Important Deals*，Boston：Harvard Business School Press，2006，p. 19.

三、谈判情境评估与谈判情境营造

当您计划展开一项交易或者解决一起纠纷时，首先会做什么？估计您很有可能会努力去了解交易或者纠纷所涉及的各种要素。例如，计划中的交易或者已经发生的冲突究竟涉及哪些利益，这些利益对您的重要程度如何，对方如何看待他或者她的利益，各方的利益是否有共赢的空间，您和对方的关系如何……这些工作就属于谈判情境评估的内容。换句话说，谈判情境评估是指通过具体把握谈判置身的社会关系，分析谈判的必要性、可能性以及操作方案、沟通技术及其重点难点。由于谈判不仅包括纯粹的利益计算，还包括谈判各方的情感交流，因而情境评估主要涉及两个方面的内容。其一是对利益关系的客观评估，涉及对谈判事项（交易或者纠纷）的性质、要素及其影响等因素的分析；其二是对谈判者的态度的主观评估，涉及对谈判各方的心理、情绪、预期、倾向等因素的探知。当然，正如我们一直强调的，主观与客观因素是相互交融的，区分两者只是为了操作方便，在此基础上还有必要融合成一个整体的评估框架。

所谓谈判情境营造，主要是指谈判者通过谈判方案的确定和谈判技术的运用，推动谈判朝着有利的方向发展的具体操作。在谈判情境营造中，首先要明确的是哪些因素会影响谈判的决策、展开和结果，既可能涉及谈判桌内的"分蛋糕"与"做蛋糕"的各种主客观因素，又会涉及超出谈判桌的更为宏观的各种社会关系；因此，情境营造因素与情境评估因素存在一定的关联，但并不完全重合，前者还涉及运用更多的资源来"因势利导"或者

"借力打力"。其次，谈判情境营造离不开一些具体方法。即如本书在前文提到的，法律谈判是一个结构与能动者、主观与客观、宏观与微观相互交融的过程。在微观互动的谈判情境中，谈判者往往需要也有可能通过一些操作来改变自己的谈判地位、影响对方的态度，从而营造出一种更有利的谈判情境。

从以上的讨论来看，或许情境评估更侧重于谈判者对社会关系的适应，而情境营造则旨在对这些社会关系的建构，两者广泛适用于"分蛋糕"和"做蛋糕"等谈判事项，统筹考虑了谈判技术、方案和布局等不同层面，没有将之当作不同的"三个维度"。当然，细心的您肯定发现了，情境评估与情境营造也不是截然两分的。一方面，要想对谈判情境作出较为全面的评估，必然需要考虑到与谈判相关的情境因素，实际上是将各种宏观或者微观的因素放在具体的交易或者纠纷解决的微观互动场景中进行把握；另一方面，要想作出恰当的情景营造，必然需要以情境评估为基础，对谈判各方利益及其倾向的综合把握能够明确情境营造的重心和方向，实际上是通过微观互动来推动超出个案的社会关系的变化。在现实谈判中，人们往往就是在"评估—营造—再评估—再营造……"的过程中统筹考虑谈判情境的性质和层次，适应和建构相互之间的社会关系。

第二节　法律谈判的情境评估

正如前文所提到的，法律谈判的情境评估需要综合考虑影响

交易或者纠纷的主客观因素。本节首先将依次讨论客观评估和主
观评估，然后在此基础上提出一个融贯性的思维框架。

一、谈判情境的客观评估

应当说，作为法律实践或者法律运作的基本展开方式，谈判
既可能发生在纠纷产生之后的处理阶段，也可能发生于达成交易
或者合作的初始阶段，以及与当事人、律师、法官、调解员、仲
裁员等不同主体交流沟通的中间环节，但基本上都是围绕着"冲
突"而展开的。当然，这种冲突既包括现实的纠纷也包括未来可
能发生的纠纷，既可以是当事人之间的纠纷也可能是在解决纠纷
过程中与其他相关主体沟通时存在的分歧。就此而言，谈判学研
究已经为客观评估提供了许多参考因素，包括但不限于问题的本
质、利害大小、实质利益、关系利益、关系结构、交往持续性、
第三方介入、各方立场和方案等。[①] 这些研究为法律谈判的情境
评估提供了很好的基础，但也存在两个方面的问题。其一，主要
停留在一般性的谈判情境中，未能反映法律谈判的特殊性；其
二，主客观因素杂糅在一块，未能形成评估操作的一般机制。虽
然法律谈判本来就是各种主客观因素相互作用的结果，但对这些

[①]　参见［美］利·汤普森：《汤普森谈判学》，赵欣、陆华强译，北京：中国人
民大学出版社 2009 年版，第 11 - 31 页；［美］罗杰·费希尔、威廉·尤里、布鲁斯·
巴顿：《谈判力》，王燕、罗昕译，北京：中信出版社 2012 年版，第 148 - 151 页；
［美］罗伊·J. 列维奇、布鲁斯·巴里、戴维·M. 桑德斯：《列维奇谈判学》，郭旭
力、鲜红霞、王圣臻译，北京：中国人民大学出版社 2008 年版，第 18 页。

因素不予适当的区分，会给评估带来严重的"内生性问题"。为避免过早掺入谈判者的认识和立场，尽量减少主观上的偏差和情感陷阱，通过剔除谈判者主观态度方面的因素，加入涉及的法律规范类型、法律理由强度、成本收益状况等因素，我们制作了一个法律谈判情境客观评估的表格（见表4-2）。

表4-2 法律谈判情境客观评估表

评估内容	谈判空间小	谈判空间大
利害关系的性质	原则性	非原则性
利害关系的程度	大	小
双方关系	零和博弈、单次博弈	非零和博弈、重复博弈
社会结构	个体化	连接性
法律规则的类型	强制性规则＋规范性规则	任意性规则、标准性规则
法律理由的强度	不平衡	平衡
成本收益状况	谈判成本更高	谈判收益更高

1. 利害关系的性质

不同的法律谈判涉及的利害关系不尽一致，但或许可以分为两种理想类型。一类利害关系涉及根本性利益、根深蒂固的道德观或者价值观，往往很难通过谈判达成合意。有时即便妥协让步可以获得更大的现实利益，谈判者往往也不会在这些原则性问题上让步。另一类利害关系则不涉及这些原则性问题，虽然有时候涉及的利益很重要，但可以分解或者转化为其他一些容易达成共识的问题，因而谈判空间往往较大。因此，在进行评估的时候，首先需要识别利害关系的性质。在遇到原则性事项时，应当坚持不妥协的态度；而在遇到非原则性事项时，则应当朝着如何分解或者转化的方向努力寻求谈判合意的契机和方案。当然，这也并不是说在谈判中只要碰到有人主张这是原则性问题，就一概放弃谈判的努力。一方面，人们对于"原则性问题"的认知也可能存在偏差，例如【事例4】中的村长将"不道歉"作为自己的原则。在这种情况下，如果想通过谈判来解决问题，关键在于影响和转变对方的认知。另一方面，一项法律谈判可能包含许多原则性和非原则性的利害关系。正如我们在本书第一章介绍的纠纷解决实证研究，人们往往会通过审判、仲裁或者其他途径解决完原则性问题，再继续展开谈判。

2. 利害关系的程度

一般来说，谈判涉及的利害关系越大，谈判者也就越会严守自己的底线；对于那些影响不大、后果相对不那么重要的事项，为了尽快达成合意或者不损害双方之间的关系，人们往往可能会在必要的情况下予以必要的妥协让步。当然，谈判各方在谈判事项上的利害关系程度也可能不尽相同。如果谈判各方所涉及的利益都不是很重大，谈判空间往往较大。但是，当谈判事项对于各方来说都涉及重大利害关系时，或因为各自"孤注一掷"而谈判空间较小，或因为不敢承受损失的风险而"投鼠忌器"，各方会通过更为和平的谈判来解决问题。此外，在实践中还往往存在另一种情况：谈判涉及的利害关系对于一方来说"事关重大"，对另一方而言则"无足轻重"。这实际上也是我们此前说过的谈判地位不平等的一种情形。如果您是觉得"无足轻重"的一方，谈判或者不谈判都是明智的选择，关键取决于成本效益等因素的考量。但如果您是"事关重大"的一方，建议您可以参考本书第三章提到的法律谈判的平衡技能，以及我们将在本书第五章向您介绍的谋求更平等地位的系统思维。

3. 双方关系

如果说以上两个因素更多涉及的是谈判的"事"的话，双方关系则更多聚焦于谈判的"人"。双方关系至少会在两个层面影响谈判空间。其一，零和博弈与非零和博弈。即如前文所谈到的，法律谈判总是竞争性与合作性的结合。如果各方在利益实现上不存在相互依赖关系，即一方可以单独实现利益或者获取更大的利益，谈判空间就非常小；相反，如果存在相互依赖关系，那么谈判的空间就比较大。进一步而言，谈判各方的相互依赖的程度也会决定谈判空间的大小。更多讨论可以参见本书第三章有关竞争型谈判与合作型谈判的讨论。其二，单次博弈与重复博弈。相对于前者，后者的谈判空间往往更大。这不仅是因为重复博弈意味着各方需要维持长期性关系，往往会基于长期利益或者情感方面的考虑予以适当的妥协让步，同时也是因为各方在每一次谈判之后都拥有予以"针锋相对"回应的武器，因而往往也不至于像"一锤子买卖"那样"各不相让"或者"尔虞我诈"。

4. 社会结构

谈判各方是否身处在某些共同的组织或者群体中，对于通过谈判解决问题也有重大影响。通常来说，一个组织或者群体之中的交易或者纠纷往往更容易通过谈判来解决。这不仅仅是因为其成员可能共享着某些观念、规范、习惯和生活方式，更容易在谈判事项和谈判风格上达成一致；同时也是因为各种组织或者群体内部能够为人们的谈判提供动力、信任和服从机制。[1] 相比之下，

---

[1]　See Tehila Sagy，"What's So Private about Private Ordering?"，*Law & Society Review*，vol. 45，no. 4（2011），pp. 923 - 952.

当谈判各方不存在这些结构性联系时，以上促成谈判及其合意达成的条件也就不存在。当然，这种共同的组织或者群体既可以是基于血缘、地域等形成的传统共同体，也可能是基于兴趣爱好、公共事务、休闲社交等形成的新的共同体。我们在前面已经提及帕特南教授基于"互惠和信任的规范和公众参与"提出的群体性"社会资本"理论（第三章），他在后续研究中从各种共同体中进一步解析出"黏合性社会资本"和"连接性社会资本"，尽管这两类社会资本对于法治和国家治理的意义不尽相同[①]，但在微观意义上都是法律谈判可资利用的结构性因素。

5. 法律规则的类型

与其他领域的谈判不同的是，法律谈判的情境深受法律规则的影响，不同类型的法律规则对于谈判空间的影响很大。其中，有两种类型的区分值得高度重视。一类是所谓的强制性规则与任意性规则的区分。前者如《民法典》第 670 条关于"借款的利息不得预先在本金中扣除。利息预先在本金中扣除的，应当按照实际借款数额返还借款并计算利息"的规定。由于此类规则是人们必须遵守的，通常来说其谈判空间较小。这不仅是因为在法律效力上，违反该规定所达成的谈判合意是无效的，还因为在事实层面上，谈判者如果能够获得强制性规范支持的话，基本上也不会妥协让步。后者如《民法典》第 712 条关于"出租人应当履行租赁物的维修义务，但是当事人另有约定的除外"的规定。由于任

---

① 参见［美］罗伯特·帕特南：《独自打保龄：美国社区的衰落与复兴》，刘波等译，北京：北京大学出版社 2011 年版，第 11 页。

意性规则在规定主体的权利和义务的同时，也允许当事人在法律许可的范围内通过谈判协商确定彼此的权利义务，因而通常来说谈判空间较大。另一类是规范性规则和标准性规则的区分。前者指向的内容明确、肯定和具体，例如前面所举的两个法条的规定；后者则是指法律规则的全部或者部分内容（行为模式、权利、义务、后果）具有一定的解释空间。例如《中华人民共和国民法典》第 10 条规定："处理民事纠纷，应当依照法律；法律没有规定的，可以适用习惯，但是不得违背公序良俗。"何为"公序良俗"，实际上就存在谈判协商的空间。那么，这是不是说前者的谈判空间一定小呢？那也不一定，其原因在于规范性规则与任意性规则是可以兼容的，例如，我们刚才所举的《民法典》第712 条的规定，在这种情况下，谈判各方仍有较大的空间，可以通过谈判突破"出租人应当履行租赁物的维系义务"的明确规定，约定由承租人来承担该义务。

6. 法律理由的强度

法律谈判是一个在法律框架下说理劝服的过程，往往是一个法律理由的给定与接收的过程，谈判各方的法律理由强度是否均衡，往往会左右谈判空间的大小。具体来说，法律理由强度的均衡与否主要表现在三个方面：其一，法律依据上是否均衡。谈判如果一方拥有更充分的法律依据，或者能够得到法律更有力的支持，常常会在谈判中具有更为优势的地位，同时也可能会采取直接诉诸法律机制的替代方案。其二，证据材料是否均衡。法律理由的给定不仅取决于法律依据，同时还有赖于是否能够获得足够的证据材料的支持。同样，证据材料收集得越充分、运用得越合理，当事人就越具有谈判的优势地位，越有可能找到替代方案。其三，法律理由与其他规范理由的关系。即如我们在第二章有关客观标准的讨论中提到的，法律只是人们作出谈判决策和行动的依据之一。在一些情况下，尽管一方拥有很充分的法律理由，但另一方会运用适合于特定谈判场景中的更强的其他规范性理由来支持自己的诉求，由此对谈判的空间及其走向产生影响。毕竟，"人们对特定规范的正当性、义务来源等认知往往是多种社会事实及其规范性形成机制叠加互动的结果，包括文化传统、意识形态、社会分层、规范正当性阐述、个人教育和精力，规范动员的可接近性和经验等。在具体语境中，这些社会事实和规范性要素的融合往往会增强人们依据特定规范而行动的理由，其冲突或竞争则可能导致人们权衡各种行动理由的分量，从而背离特定规范或依语境而行动"[1]。

7. 成本—收益状况

从理性经济人的角度来看，成本—收益状况显然是影响谈判空间的一个主要因素。当谈判成本高于收益时，许多人往往会选择果断地放弃谈判；情况相反时，即便谈判很艰难，也要付出更多的努力去谈判。例如，【事例1】中的B选择违约并不完全是因为对法律的无知，很可能是基于"双倍返还定金"比按合同售房更有利的计算结果。这种现象普遍存在于法律实践和日常生活当中。估计您在现实生活中也发现一些大型商场宁愿自己打折也不让人还价的现象。从谈判学的角度来看，这就是成本收益计算的

---

[1] 彭小龙：《规范多元的法治协同：基于构成性视角的观察》，《中国法学》2021年第5期。

结果。尽管允许还价可能会促成更多的单件商品的出售，但会产生更多的讨价还价事件，影响客流量，商家还得在培训、激励、监督销售员等方面投入更大的成本。[①] 当然，在做成本收益状况分析时，我们建议您还是要注意两个关键点。其一，不能突破法律的强制性规定，特别是有关禁止性规定和义务性规定。其二，对成本收益要有更为系统的考虑，包括显性与隐性、长期与短期、物质性与精神性等不同维度，特别是要注意往往容易被忽视的机会成本、沉没成本、边际成本和声誉成本。

当然，由于法律谈判涉及不同情形下各种复杂的人际交流沟通，因而各种因素之间的关系处理有赖于您在具体谈判情境中予以权衡。此外，我们也不可能穷尽客观评估涉及的所有要素，而只是择其要者而言之。如果您愿意的话，也可以在表4-2上增加新的考虑因素。在完成客观评估之后，我们接下来将向您展示谈判情境的主观评估。

二、谈判情境的主观评估

相对于客观评估存在的因素众多且难以权衡，主观评估或许更加变幻莫测。本书第二章已经就"主观态度的意义、识别与探知"做了较为详细的讨论，相关内容在此不再重复。总体而言，谈判情境的主观评估需要探知谈判各方对于利益关系的理解，涉

[①] 参见［美］罗伯特·芒金：《谈判致胜》，刘坤轮译，北京：中国人民大学出版社2011年版，第22页。

及对己方利益（结果）的态度和对他方利益（结果）的态度两个方面。就此而言，谈判学研究常常提及一种"双重关注模型"。下面，我们将介绍这种模型的基本内容，然后再就谈判情境的主观评估提出三点建议。

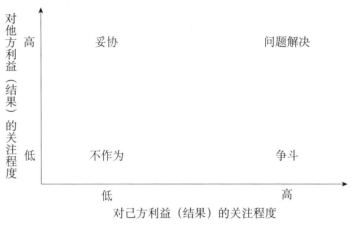

图4-1 谈判情境评估的"双重关注模型"

如图4-1所示，"双重关注模型"的横轴表征着谈判者对己方所获结果的关注程度，越是靠近横轴右端，意味着谈判者对己方所获结果的关注程度越高，越倾向于采取位于图表右侧的策略。纵轴则表征着谈判者对他方所获结果的关注程度，越是处于纵轴上方，谈判者对他方所获结果的关注程度越高，越倾向于采取位于图表上方的策略。结合纵、横两个维度，可以排列组合出四种可能的谈判者的主观态度及其可能采取的策略。（1）不作为。谈判者如果对己方结果和他方结果的关注程度都不高，那么很可能在谈判中采取一种不作为的态度，有可能对问题的解决漠不关心，也有可能直接采取退出的策略。（2）问题解决。如果谈判者对己方结果和他方结果都予以高度重视，往往会在谈判中采取积极行动来寻求双方共赢的结果（合作型谈判），或者谋求一个在他看来是"公平"的分配方案（竞争型谈判）。(3) 妥协。如果谈判者对于己方结果不甚关心，却把他方结果看得更重要，就很可能会采取让步、屈服等委曲求全的行为。这种情形似乎不合常理，在日常生活中却不少见。谈判者采取妥协策略的可能原因多样，既可能是基于情感等因素，也可能是着眼于某些工具性目的的考虑。(4) 争斗。这种情境与"妥协"相反。如果谈判者极为看重己方结果，漠不关心他方结果，就很可能在谈判中采取强硬的措施，以逼迫对方让步。

应当说，"双重关注模型"不仅是一种抽象的理论模型，在一些实证研究或者实验室实验中也得到了验证。[1] 不过，以往的谈判学研究往往侧重于使用该模型来预测单方谈判者可能的决策和行为，且片面强调"问题解决"的优先性。[2] 然而，法律谈判至少涉及两方以上的交流沟通。如果将这种模型带入谈判的微观互动的场景，或许更有助于全面地进行法律谈判情境的主观评估。

第一，理性认识自己的谈判态度。在谈判情境客观评估的基础上，通过"双重关注模型"的操作，谈判者可以追问如下问题：是否忽略了对自己的利益的关切？如果忽略了，忽略的利益

---

[1] 参见［美］狄恩·普鲁特、金盛熙：《社会冲突——升级、僵局及解决》，王凡妹译，北京：人民邮电出版社 2013 年版，第 48－51、56－57 页。

[2] 参见［美］罗伊·J. 列维奇、布鲁斯·巴里、戴维·M. 桑德斯：《列维奇谈判学》，郭旭力、鲜红霞、王圣臻译，北京：中国人民大学出版社 2008 年版，第 18－20 页。

是什么？为什么会忽略？对方的利益诉求有没有合理性？如果有的话，是否给予起码的尊重？是否过于关注对方的利益？如果是的话，为什么会这么关注对方的利益？……在回答这些问题之后，谈判者可以对自己的利益关切形成更为清楚的认识，避免盲动和情绪性反应。如果觉得谈判涉及的利益及其结果对自己非常重要，那么就要积极采取相应的谈判战略和技能推动解决问题，在涉及自己核心利益的情况下即便谈判破裂也在所不惜。经过认真审视，如果确认从情感、关系或者工具性角度对他方利益的高度关注是合理的，那么在特定谈判中作出一定的妥协让步甚至退出回避，也是一个明智的选择。当然，如果觉得谈判结果对于自己真的没有太大的影响，避免耗费时间和精力，听之任之也是一种有效率的策略。

第二，准确评估谈判形势。结合对谈判情境的客观评估和本书第二章提到的主观态度探知的方法，"双重关注模型"同样也可以用来分析对方的谈判态度。在此基础上，谈判者就可以基于对己方态度的明确和对他方的预测，形成对法律谈判情境的基本主观判断，表4-3整理了各种可能的情形。从中可以看出，当己方的态度和预测的对方态度都是"不作为"时，谈判可能无从开始或者很容易达成合意；当一方的态度是"争斗"时，谈判都有可能导向破裂。在这两种较为极端的态度之间，随着两方态度（确定的和预测的）的变化，谈判都有可能达成合意，只是合意方案的内容有所差异，涉及从己方方案、倾向于己方"公平"方案、双方协商的"公平"方案，到倾向于他方"公平"方案、他方方案等不同情形。

表4-3　法律谈判情境主观评估预测表

己方	他方			
	不作为 （预测）	妥协 （预测）	问题解决 （预测）	争斗 （预测）
不作为	不作为	他方的妥协方案	他方"公平"方案	他方的方案
妥协	己方的妥协方案	相互妥协的方案	倾向他方"公平"方案	他方的方案
解决问题	己方"公平"方案	倾向己方"公平"方案	双方协商的"公平"方案	谈判可能破裂
争斗	己方的方案	己方的方案	谈判可能破裂	谈判极可能破裂

第三，有针对性地调整谈判策略。通过对己方和他方运用"双重关注模型"，谈判者可能会发现谈判无法达成合意，或者达成的合意更有利于他方。当然，这并不意味着谈判者就一定会或者需要调整自己的态度和立场。心理学、谈判学等研究不仅发现了许多影响关注己方利益的条件，还揭示出许多影响关注他方利益的条件。前者有如利益是否至关重要、是否存在机会成本、是否害怕对抗、是否更重视群体价值（如果谈判各方在同一群体之内）等，后者则包括友谊、爱情、群体性认同等人际纽带和相互依赖等。此外，信任、风险、文化、时间压力等条件也可能影响人们在谈判中的选择和行动。[①] 因此，即便谈判形势看起来于己不利，但基于对以上因素的考虑而坚持立场不变的"求仁得仁"也是可以理解的常见

---

① 参见［美］狄恩·普鲁特、金盛熙：《社会冲突——升级、僵局及解决》，王凡妹译，北京：人民邮电出版社2013年版，第51-56页。

现象。总的来说，经过这种双方的主观态度及谈判形势的预测，谈判者可以更好地反思自己的立场，在必要时予以再调整，并利用相关机制影响对方的主观态度。

三、谈判情境的主客观评估

通过前文的介绍，相信您已经发现法律谈判情境的客观评估和主观评估相互关联。一方面，谈判学和心理学所揭示的影响己方利益关注和他方利益关注的诸多条件，大部分实际上就是我们在客观评估中提到的那些条件。在这个意义上，主观评估所依据的材料大部分是由客观评估提供的。另一方面，人们总是基于特定的观念或者立场来对谈判事项进行利益关系的分析判断。因此，谈判情境的主观评估实际上也内含客观评估的形成和调整过程。通过这种相互影响、不断调整的过程，人们在谈判过程中不断适应并建构着社会关系。

为了更好地展示谈判情境主客观评估的交融过程，我们还可以结合第三章有关竞争型谈判与合作型谈判、硬式谈判与软式谈判等的内容，对谈判情境的相关要素予以更加细致的明确化。一方面，谈判的客观评估主要涉及谈判事项或者各方利益的竞争与合作关系，其结果大致形成一条从"没有谈判的需求（缺乏竞争性）"，到合作与竞争不同程度的交融，再到"没有谈判的可能"（缺乏合作性）的竖轴。另一方面，谈判的主观评估主要涉及各方的倾向性态度，按照由软弱到强硬大致形成一条"不作为—妥协—问题解决—争斗"的横轴。考虑到主客观评估的相互关系，整合这两条数轴就可以形成一个法律谈判情境评估示意图（见图 4-2）。其中，阴影部分是可能通过谈判解决问题的大致范围，具体包含四个象限。(1) 合作（事项）＋软式（风格）。谈判各方既有可能找到"做蛋糕"的契机，实现各方利益的增效，又可能因为缺乏动力或者创造力，只是平和地"分蛋糕"。(2) 合作（事项)＋硬式（风格）。虽然谈判涉及的利益存在兼容甚至增效的空间，但由于谈判各方往往将对方视为竞争对手，缺乏足够的合作意识和信任机制，很可能只是进行"分蛋糕"的操作，在某些情境下甚至因为缺乏足够的"善意"而导致谈判破裂。(3) 竞争（事项）＋软式（风格）。尽管谈判涉及的利益存在此消彼长的关系，但由于谈判各方能够秉持妥协或者解决问题的态度，因而可能会"谦让"地"分蛋糕"，甚至有可能在原有方案或者谈判桌外寻找协力"做蛋糕"的机会。(4) 竞争（事项）＋硬式（风格）。这种情境下的法律谈判通常会陷入利益分配的"焦土作战"，甚至出现谈判破裂的结果。

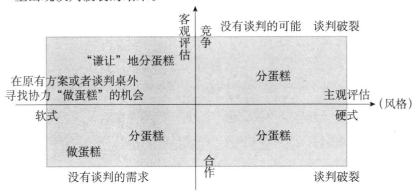

图 4-2 法律谈判情境评估示意图

综合以上分析，我们或许可以针对法律谈判情境评估概括提出以下五点建议。

（1）在谈判范围上，将主要精力放在谈判事项或者利益关系的竞争与合作的分析上。如果谈判事项缺乏竞争性，各方的利益不存在冲突，也就没有谈判的需求；如果谈判事项缺乏合作性，各方的利益不存在协商调和的空间，也就没有谈判的可能。这种判断有助于作出是否谈判的决策，同时也可以通过分析谈判事项中竞争与合作的融合程度，决定接下来要采取什么样的谈判战略和谈判技能，因而从整体上提升谈判的效率和质量。

（2）在谈判事项上，更关注寻找各方利益的兼容空间。如图4-2所示，只要存在这种空间，除非谈判者抱着不作为的态度，谈判总是有可能达成合意的。但如果不存在利益兼容的空间，即便谈判各方能够以妥协或者解决问题的态度来看待对方，为避免谈判破裂也需要付出更多努力，且存在高度的不确定性。当然，这种兼容空间不限于进入谈判桌之前的方案，在原有方案甚至谈判桌外寻找"做蛋糕"的机会虽然需要观察力和创造力，但对于谈判合意的达成是有用的。

（3）在谈判风格上，在一开始采用软式态度。如图4-2所示，只要不是各方利益完全不兼容，这种谈判风格往往有更多的机会达成合意。即便是在竞争型谈判的场合，谈判各方也能基于相互间的友善和体谅寻求到更多的共识。相对而言，即便是各方利益存在兼容甚至增效的空间，硬式谈判风格往往导致谈判变成"锱铢必较"的胶着过程，甚至使谈判破裂。

（4）在谈判操作上，优先注重谈判事项的分析，进行谈判情境的客观评估。这有助于矫正谈判者难免存在的主观偏差，避免过早掺入主观因素难以区分立场与利益，而且事实上竞争型谈判并不一定会采用硬式风格，合作型谈判也不一定就是软式谈判。相对于谈判事项或者利益关系通常不易改变，谈判者的态度、风格或者策略更具有调整空间。先明确前者，有助于谈判者在适应社会关系的过程中更灵活地确定自己的谈判目标、战略和技能。当谈判者作出"无论如何也要达成合意"的决策时，还可以通过主观方面的调整，在原有方案或者谈判桌外寻找各方利益共存共荣的机会，将原本的"竞争型谈判"转化为"合作型谈判"。看到这儿，估计您也能够进一步了解本书为何不沿用传统的界定，而是坚持从谈判的"事"和"人"的角度来界定"竞争型谈判与合作型谈判""硬式谈判与软式谈判"（参见本书第三章）。

（5）最后需要再次强调的是，以上四点建议并不是说一定始终坚持谈判，更不是要坚持软式风格的谈判。相反，本书建议您根据谈判情境的变化予以灵活调整。就此而言，本书提供的法律谈判情境的主客观评估方案能够为这种调整提供一个框架，对各种利益、情绪、关系或者原则、道德、公正性等的考虑都可以在其中进行。在这个意义上，法律谈判情境评估不仅有助于您更好地认识自己、了解对方，还有助于在接下来的情景营造中创造更好的氛围，实现自己的谈判目标。

第三节　法律谈判的情境营造

作为本章的最后一节，我们将介绍如何营造有利的法律谈判情境。具体来说，我们将首先讨论一下法律谈判情境营造的考虑要素，然后再从三个方面介绍情境营造的一些方法。

一、谈判情境营造的要素

在法律谈判情境评估中，我们实际上已经提到许多情境构成要素，例如客观评估中提到的利害关系、双方关系、社会结构、法律规则类型等，以及主观评估涉及的各种价值观念、文化理念、人际纽带、信任机制等。作为法律谈判情境的构成要素，它们本身也是情境营造的要素。不过，这些构成要素主要着眼于法律谈判中具体的"人"和"事"，它们本身受到超越微观互动场景的更宏观因素的影响。此外，正如我们在法律谈判涉及的社会关系的性质和层次中提到的，在谈判桌外还有更多的主体、关系、制度、资源等可能会影响到法律谈判的微观互动情境。这些因素众多且关系复杂，不可能一一枚举，我们将依据解纷方式选择解释理论和法律运作社会学观察等宏观理论，重点剖析一些主要的情境营造因素。考虑到"信息不充分"或者"信息不对称"是社会常态，这种处理方式虽不周延，但或许能够让您在收集整理相关信息时有所侧重，以避免"眉毛胡子一把抓"或者"舍本求末"。

到目前为止，学术界围绕人们的解纷方式选择已经提供了许多解释理论。抛开那些与法律谈判微观互动情境相距甚远的理论（例如，现代化、社会发展程度），影响较大的理论主要包括功能理论、文化理论、关系理论和制度理论四种。[①] 从这些理论中，我们可以具体解析影响法律谈判情境营造的一些因素。

1. 功能理论

作为社会理论的一个主要传统，功能理论可以追溯至涂尔干、韦伯等人的学说[②]，其后各种版本在观念、结构、系统、制度等要素上各有侧重。抛开其中的具体分歧不论，这种理论结合社会变迁和制度演进，对纠纷的产生及当事人的纠纷解决方式选择作出了如下基本解释：随着社会的分化或者复杂化，各种非法律的社会机制的权威不断衰落，难以应对流动性和多元性日趋加剧的社会治理需要，越来越依靠法律来确保人们的交往及其预期的稳定化，人们在达成交易或者解决纠纷时也会越来越倚重法律机制。应当说，这种理论准确地把握了法律谈判在现代社会中的重要性，同时也强调了法律在客观标准中的支配性地位。从这个角度出发，在营造法律谈判情境时，谈判者首先就应高度关注相关的法律规范内容、法律制度供给和谈判各方的法律观念。不过，对于法律谈判的微观互动而言，这种理论还是过于宏观，特别是无法就法律机制与其他机制的关系作出充分讨论，难以解释身处同样的宏观社会背景下的谈判各方为什么会在谈判中采取不同的立场和策略，因而需要其他的理论予以补充或者验证。

---

① 更详细的讨论，参见朱景文：《现代西方法社会学》，北京：法律出版社 1994 年版，第 184－203 页；冉井富：《当代中国民事诉讼率变迁研究——一个比较法社会学的视角》，北京：中国人民大学出版社 2005 年版，第 38－90 页。

② 参见［法］涂尔干：《社会分工论》，渠敬东译，北京：商务印书馆 2020 年版，第 110－282 页；［德］马克斯·韦伯：《经济与社会》（第 1 卷），阎克文译，上海：上海世纪出版集团 2010 年版，第 322－356 页。

2. 文化理论

针对功能理论的不足，文化理论或许提供了一种有力的解释。我们常常能够发现，各种大大小小的社会群体可能具有不同的文化观念，在如何看待谈判事项、如何选择解纷方式上确实存在一些差异。估计您也听过不同国家甚至同一个国家不同地域的人们"厌讼""好讼"之类的比较。不过，在看到文化差异对谈判情境的影响的同时，也要看到这种影响在宏观层面上无法捕捉到历时性下的社会变迁和共时性下的地区差异[①]，在微观层面也无法照顾到谈判者的个体差异。因此，即如本书第二章有关客观标准以及谈判者主观态度的识别探知所介绍的，在营造法律谈判情境时，既要将包括文化在内的共享观念作为客观标准予以高度重视，同时又要避免陷入"刻板印象"，需要深入谈判各方关系中予以具体分析。

3. 关系理论

相对来说，关系理论或许更贴近于法律谈判的互动场景。就此而言，美国学者格鲁克曼提出了所谓的简单关系和复杂关系的区分。前者是指人们出于非常有限的特殊目的而建立的那种关系，其特点是目的单纯、接触片面、存续时间短，例如消费者和超市收银员、用餐者与餐馆服务员之间的关系。后者则是人们出于多方面的目的、经过广泛接触所建立起来的关系，其特点是目的复杂、接触面广、存续时间长，例如，您的一位朋友既是您的邻居，又是您的生意伙伴，同时还可能是您的房屋租客。[②] 简单

---

① 参见范愉：《"诉讼社会"与"无讼社会"的辨析和启示——纠纷解决机制中的国家与社会》，《法学家》2013 年第 1 期。

② 参见朱景文：《比较法社会学的框架和方法——法制化、本土化和全球化》，北京：中国人民大学出版社 2001 年版，第 434－435 页。

关系中由于人们之间的联系、纽带和控制手段较为单一，谈判的空间和资源较少，人们倾向于通过诉讼等法律方式来解决其中的问题。与之相反，复杂关系中人们的权利义务往往互相交错，通过谈判来解决问题的空间更大，资源也更为丰富。与此类似的是，美国加州大学洛杉矶分校的费斯蒂纳尔教授根据人们在地理、经济、亲属或者其他关系上的差异，提炼出所谓的"技术上复杂的富裕社会"（TCRS）与"技术上简单的简单社会"（TSPS）两种关系原型，对于裁决、调解、回避等方式的使用作了较为全面的分析。① 一些学者则从关系涉及的利益的重要性（核心关系与边缘关系）、关系的类型及其转化（情感性关系、工具性关系及两者的混合）等角度丰富和发展了关系理论。②

4. 制度理论

如果说前几种理论更侧重于人们的需求或者选择的角度，另外一些学者则更倾向于从制度供给的角度展开分析。制度理论也包含许多版本，或许可以归纳为两种类型。第一种类型聚焦于特定方式的可操作性。也就是说，人们之所以不选择某种方式来解决问题，有时候并不只是因为主观意愿的问题，而很有可能是因为这种方式的制度供给或者运作出了问题，用起来不便利或者不经济。例如，人们可能不是真的"厌讼"而只是因为司法渠道不

---

① See William L. F. Felstiner, "Influences of Social Organization on Dispute Processing", *Law & Society Review*, vol. 9, no. 1 (1974), pp. 63 - 94.

② 参见冉井富：《当代中国民事诉讼率变迁研究——一个比较法社会学的视角》，北京：中国人民大学出版社 2005 年版，第 74 - 77 页。

易接近①，可能不是真的信"访"不信"法"而只是因为对于诉讼途径不甚了解②，可能不是真的不愿接受谈判调解而只是因为它们在实践中运作不畅。③ 第二种类型则聚焦于各种方式之间的比较。在第三章有关法律谈判战略的系统维度中，我们已经了解到纠纷解决方式的多样性，回避、退出、压服、调解、仲裁、投诉、诉讼等其他方式都可能成为谈判的最佳替代方案，由此对谈判情境产生深刻影响。当然，这种方式或者制度的比较也不限于事后的纠纷解决，在达成交易、实现预防、早期干预等环节也广泛存在。例如，美国加州大学伯克利分校的卡根教授在 1984 年的一项实证研究中就发现，法律理性化（legal rationalization）和系统稳定化（systemic stabilization）是导致债务纠纷案件数量逐年下降的主要原因。前者在很大程度上指的就是作为客观标准的法律的明确化和广泛使用，后者则是指许多经济和社会制度的发展改善了导致个人冲突的情形，提供了更多的救济方式。④

如果说以上理论主要还是聚焦于纠纷解决，或者说卡根教授的研究主要还是局限于债务纠纷，布莱克教授的"法律几何学"则为理解法律谈判情境营造的因素提供了更为广阔的视角。就此

---

① See John O. Haley, "The Myth of the Reluctant Litigant", *The Journal of Japanese Studies*, vol. 4, no. 2 (1978), pp. 378 – 390.

② 参见张泰苏：《中国人在行政纠纷中为何偏好信访?》，《社会学研究》2009 年第 3 期。

③ 参见彭小龙：《"枫桥经验"与当代中国纠纷解决机制结构变迁》，《中国法学》2023 年第 6 期。

④ See Robert A. Kagan, "The Routinization of Debt Collection: An Essay on Social Change and Conflict in the Courts", *Law & Social Review*, vol. 18, no. 3 (1984), pp. 323 – 369.

而言，第一章已经简要提到他对法律运作与社会的分层、形态、文化、组织性、社会控制等维度的关系概括。如果您想全面了解谈判及其各种替代方案的情境性因素的话，建议您可以参考他的研究。关于谈判的情境性因素，他具体列出了以下五个重要因素。（1）平等性，谈判不太可能发生在不平等的当事人之间；（2）交叉联系，即谈判各方可以通过其他社会主体形成间接联系，由此可以增加谈判的可能性；（3）组织性，谈判在群体之间比个人之间更广泛；（4）同质性，各方之间的文化相近易于促进谈判；（5）可接近性，各方如果缺乏有效的沟通渠道，谈判的可能性也不大。[①]

相信通过以上介绍，您可能已经发现，解纷方式选择解释理论和法律运作社会学观察在许多要点上是重合的，而且这些要点与法律谈判情境客观评估因素在很多内容上也能相互对照。在此基础上，我们可以将法律谈判情境营造的考虑因素概括为文化观念、规则制度、社会关系三大类别。当您在法律谈判中试图营造有利的情境时，建议您可以思考表4-4中列举的问题。实际上，这些问题就是法规政策、自治规范、共享观念等客观标准以及各种社会关系要素在谈判微观场景中的具体化。在回答这些问题之后，相信您大致能够明了当前的法律谈判情境为何如此，准确地把握接下来情境营造的重点和方向。最后需要说明的是，即便如此，我们也未能就特定法律谈判的情境营造提供一个详尽的因素清单和操作指南。事实上，这种任务几乎是不可能完成的，需要

[①] 参见［美］唐纳德·布莱克：《正义的纯粹社会学》，徐昕、田璐译，杭州：浙江人民出版社2009年版，第84-87页。

谈判者在具体情境中系统运用法律谈判思维予以识别和补充。

表 4-4　法律谈判情境营造考虑因素

文化观念类	规则制度类	社会关系类
对于谈判的看法如何？是否存在诉讼偏好？存在什么样的情感陷阱？是否存在共享的价值观或者文化观？是否对特定的"人"或者"事"的认识存在偏差？…………	诉讼等其他方式的可接近性和成本如何？有没有法规、政策、自治规范、习惯等客观标准？法律的确定性如何？是否存在其他的风险承担机制？…………	简单关系还是复杂关系？核心关系还是边缘关系？情感性关系还是工具性关系？各方的社会阶层距离如何？有没有各方都信任的第三方？…………

二、谈判情境营造的方法

对于如何系统地运用法律谈判思维来营造谈判情境，第五章将会有详细介绍，在此我们仅从方法上向您提供三点建议。

1. 充分运用主客观情境评估进行逆向操作

法律谈判的主客观情境评估既是一个把握谈判形势的过程，也为锁定谈判情境不佳的原因、分析可能的改进方向提供了契机。当您不满当前的谈判情境时，可以就此展开"对症下药"的逆向操作。例如，当您发现谈判之所以很难推进，是因为对方认为不需要您的合作也能实现其利益时，您就应当尽量凸显自己的独特价值，表明合作可以让对方更容易地实现利益或者能够实现更大的利益；当对方觉得你们之间的交易或者纠纷解决只是"一锤子买卖"而倾向于采用单次博弈时，您最好的应对方式或许应该是尽量展示出未来可能的合作前景……我们在谈判情境评估时实际上已经提到了许多这样的"逆向"操作方法。如果这些讨论还显得有些抽象的话，不妨请您看看《劣势谈判》举出的这则事例：

《老友记》电视系列片中的六个主要演员在 20 世纪 90 年代中期拍摄了第 3 季节目，他们每个人都面临与巨人谈判的挑战：他们的表演很成功，他们希望增加收入，尽管现实是最初的合同期还剩下 3 年。

他们决定以前所未有的方式团结起来，就相同的条件为每个演员进行谈判，而不是让华纳兄弟公司控制谈判进程。组成小联盟后，他们降低了公司用来开除威胁每个演员的能力，他们使公司很难肯定一个演员的价值而否定另一个演员的价值，他们维持荧幕之外的牢固关系，不让薪水问题分裂他们。

联合的杠杆作用使他们的薪水增加了 4 倍，每集达到 10 万美元。这激励他们作为一个整体为此后几年的薪水的增加继续谈判。这个电视片放映了 10 年，到 2004 年结束的时候，每个演员每集挣到了 100 万美元。

这个成功联盟的主意来自戴维·修蒙（罗斯的扮演者）和科特妮·考克斯（莫妮卡的扮演者）……他们意识到六个人作为一个整体共同谈判对他们的长期利益效果最好……考克斯从一开始就定出了集体调子……尽管华纳公司想方设法

地扰乱他们的共同立场，这个联盟仍然很牢固。①

可能您也看过《老友记》，但估计并不知道在精彩的表演后面还有这段故事。在现实生活中，向雇主或者上司提出涨薪的要求往往是一场非常艰难而且不易成功的谈判。这则故事中的双方在法律理由的强度方面呈现极不平衡的状况，毕竟合同期还剩下3年；而且华纳兄弟公司无疑是影视行业的巨人，好莱坞的演员则多的是，双方的社会距离或者地位不平等也非常明显。不过，正如我们看影视剧时的一个通常感受，一部成功的影视剧拍续集，换掉其中一两名演员或许还没有多大的影响，但如果将主要演员都换掉，那就几乎是一部新的电视剧，原有电视剧积累的口碑和影响力也就不复存在。这六位演员从一开始就对谈判情境作出了准确的评估，通过形成牢固的联盟不仅缩减了谈判各方的地位差距，而且充分利用了华纳兄弟公司对市场盈利的关注，改变了谈判中法律理由严重不均衡的状况。

2. 巧妙运用环境因素影响谈判的微观互动

在谈判过程中，谈判地点、时间、座次、人员安排等环境因素在很大程度上也在影响着人们的微观互动，因而也受到谈判学研究和实践的高度重视。在关注谈判的"人"与"事"的同时，我们也需要把握谈判进行的环境，学会巧妙利用环境因素来影响谈判情境。

---

① ［美］彼得·约翰斯顿：《劣势谈判：小人物的谈判策略》，吴婷、李建敏译，海口：南方出版社2011年版，第137－138页。

　　就谈判地点而言，无非有己方场地、他方场地和第三方场地几种方案。这些方案都各有利弊，例如，己方场地的"主场作战"优势、他方场地的"善意释放"、第三方场地的"公平中立"等。总体而言，我们给出的建议是结合自己的谈判目标和实际情况确定。例如，为了让谈判氛围更加缓和，让对方更加放松，我们可以在他方场所进行谈判；为了让我们的立场显得更加坚定，也可以坚持在自己的主场进行谈判。当然，我们在现实中常常也会遇到无法选择谈判场地的情形。在这种情况下，了解不同谈判地点的利弊也有助于您充分评估谈判形势，并做出一些积极准备。例如，当不得不去他方场地谈判时，就应当更加明确自己的谈判目标和底线，在主张和理由等方面做更为充分的准备。

　　谈判的时间安排对于谈判情境营造来说也相当重要，具体包括开始时间和谈判时长。合适的见面时间常常取决于谈判各方的习惯或文化。例如，有些文化背景下的人们的时间观念很强，但有些则在时间把握上较为灵活，谈判者每天的精力充沛时段也有差异。在谈判开始后，如果一段时间都没有进展，可以考虑第三章提到的"暂停"技巧，除能够为缓和氛围、思考应对措施创造一些机会以外，在设有谈判截止时间的情况下，还能够借助这种时间压力来降低对方的要求，毕竟有时谈判超过某些时限可能会令人们遭受损失。

　　座次安排也是影响谈判情境的一个重要变量。想一想法庭上的座次设定和市场中讨价还价时的各方位置，估计您就能立即感受到交流沟通情境的差异。通常来说，如果每位谈判参与者都拥有大致相同的位置与角度，这样的座次安排就是中立的，而对中立安排的任何改变都可能对谈判造成微妙的影响。据说，面对面的座次安排可能更容易导致对抗行为，并排而坐则可能有利于形成合作关系和促进信息共享，圆桌则可能比方桌更容易让人感受到缓和的氛围……①当然，这些并不是固定不变的规律，具体谈判座次如何安排还取决于当时当地的文化和谈判者的目标设定。

参与谈判的人员安排也相当重要。在很多日常谈判中，我们可能都习惯"一对一"的谈判，但有时候我们也需要其他人的协助。特别是在法律谈判中，委托代理关系以及团队合作的存在使谈判中的一方或双方经常由多人组成，不同的人可能还有各自不同的利益。这就会对我们的谈判产生影响，使谈判情境的复杂程度显著增加。从谈判学已有的研究来看，通过合理的成员选定、规模控制、内部沟通、信息处理、凝聚力培植、时间把控等工作，可以明显提升谈判的集成效应和谈判情境。②

3. 积极运用宏观因素来改变谈判的微观情境

在现实生活中，我们难免会遇到这样的情形：在您积极运用谈判情境评估进行逆向操作，甚至苦心经营谈判环境之后，可能还是没有办法改善谈判情境。在这种情况下，建议您有针对性地运用宏观因素来改善谈判的微观互动。我们不妨以本书提到的几个事例，对应表4-4中的三种类别作一些说明。需要提前说明的

---

① 参见［美］拉里·L. 特普利：《法律谈判简论》，陈曦译，北京：中国政法大学出版社2017年版，第128-131页。

② 参见［美］利·汤普森：《汤普森谈判学》，赵欣、陆华强译，北京：中国人民大学出版社2009年版，第188-191页。

是，这种对应说明只是为了论述方便。事实上，谈判情境不利的成因往往是综合性的，而且有时候即便成因是单一的，也需要综合运用文化观念、规范制度、社会关系等各个方面的宏观因素予以改善。

当谈判情境不利是由文化观念类的因素引发时，与对方的直接沟通往往很难转变其认知，通过引入某些更具权威性的资源（例如，客观标准、各方都信服的第三方）或许能够起到很好的效果。以【事例4】"秋菊打官司"为例，这起事件的持续发酵在某种程度上是因为秋菊误以为裁决、复议、诉讼都能给她想要的"说法"。设想一下：如果在秋菊的维权路上，有人能够清楚明白地告诉她，法律不仅给不了她想要的"说法"，给出的"说法"还有可能是将村长抓起来，她是否还会如此执着？应当说，现实中很多纠纷无法通过谈判得到妥善解决，并不是因为人们在基本事实、规范依据或者利益关系上存在冲突，而是因为文化观念上的差异。在这种情况下，妥善运用超越具体事件中谈判各方认知的宏观因素，或许能够有效地改善谈判的微观互动格局。

规则制度不仅是人们产生诉求、主张、理由的依据，还深刻地决定着谈判的可能性以及谈判地位，如果因此在谈判中处于不利地位，需要善意提醒您的是，诉诸情感交流或者谈判技巧在现实的利益面前可能都是无力的。在【事例1】中，A就遭遇了这样的境地，尽管他明确地告知了"定金双倍返还"的规则，强调做人要诚信不能坐地起价，甚至还痛陈自己会因为B的违约而蒙受巨大损失，但显然都无法打动B。设想一下：如果A在与B沟通时，除搬出法律规则以外，能够找出一些于己有利的法院判决，强调诉讼不仅会给 B 带来经济和时间上的损失，还令人信服地说明此事可能会对 B 的名誉造成影响，进而会使其在其他社会交往或者关系中蒙受损失，会不会起到更好的效果？即如本书在第二章中提到的，谈判所依据的知识可能是多样的，相互之间存在着竞争、并行、合作、补充等关系形态，而各方对这些知识的了解、认同及赋予的权重往往不尽相同。灵活运用各种规则或者制度之间的关系，往往能够有效地帮助谈判者营造出有利的谈判情境。

当然，您之所以在法律谈判中处于不利地位，也可能是因为和对方的社会距离相差太大，或者要谈判的事项涉及您的核心利益而只是对方的边缘利益，抑或与对方缺乏沟通或者互信的渠道。【事例 3】中的 D 就遇到这种情形。他不仅承受漏水之苦，而且作为一个外来者缺乏与 E 以及邻居必要的社会联系。在这种情况下，E 的"强势"态度或许也并非个案中的特例。设想一下，如果 D 同样能够找到一些现实的相关案例而不只是空洞地说"按照法律规定，只要出现卫生间漏水，责任通常都是由楼上来承担"，或者能够找到小区的物业、业主委员会或任何能够影响 E 的人来参与沟通，或许他面临的境遇会所有不同。回想一下我们刚才提到的《老友记》的主演们的谈判行动，相信您早已深刻感受到妥善使用宏观因素对于改善谈判情境的巨大作用。

扩展阅读

1. 苏力，等 . 秋菊的困惑：一部电影与中国法学三十年 . 陈欣，强世功，编.北京：生活·读书·新知三联书店，2023.该书汇聚了二十多年以来中国学者围绕《秋菊打官司》这部电影所做的多重维度解读，有助于我们更好地了解这个故事文本及其中的谈判实践。

2.科特威尔.法律社会学导论：第 2 版.彭小龙，译.北京：中国政法大学出版社，2015.法社会学领域最为经典的著作之一，可以帮助您系统了解法律运作和法律谈判置身的环境。

3.帕特丽夏·尤伊克，苏珊·S.西尔贝.日常生活与法律.陆益龙，译.北京：商务印书馆，2015.该书讲述了一个人们在现实中如何敬畏法律、利用法律、对抗法律及其态度转变的故事，从中可以看出人们是如何在交流沟通中实现对社会关系的适应与建构的，其中提炼的"图式与资源"等理论框架对于法律谈判亦有解释力和借鉴意义。

第五章

法律谈判思维的结构、运用与养成

到目前为止，我们已经向您介绍了法律谈判思维的基本构成要素。进入本书最后一章，我们将从这些基本构成要素的相互关系中探析法律谈判思维"道术结合"的结构，解析这种"知行合一"的法律谈判思维如何在注定是信息"不充分"、当事人"不理性"、地位"不平等"的现实中推进有效的交流沟通。最后，我们将向您介绍如何在超越"屠龙术""守法主义""本本主义"的过程中养成这种法律谈判思维。

第一节 "道术结合"的法律谈判思维结构

尽管第二章到第四章注重于知识架构、技术构成、情境构造等法律谈判思维基本要素的分别讨论，但相信您已经从中发现三者存在某些关联。本节将分别从静态的关系结构和动态的阶段运用两个层面，揭示法律谈判思维的结构，回答它为何能够形成一个"三位一体"的整体以及如何实现"道术结合"。按照本书的"惯例"，本节还是从一则调解事例说起。[①] 按照学术引用的通常要求，我们隐去了该起事例的发生地点，其他内容都来自调解员（F）的讲述。

---

① 该事例选自徐汇区司法局"老娘舅讲故事"专栏第三期"尽心担当善调处 基层矛盾及时解"，载澎湃网：https://m.thepaper.cn/baijiahao_5177136，2019-12-06，最后访问时间：2024-03-17。

事例 5

某小区的楼道与一家实业公司（G）仅一墙之隔，该公司把紧贴围墙的一排仓库改建成招待所，安装的几十只空调外机和食堂油烟机排风全都冲着该楼道，环境污染、气味难闻。为此，楼道居民群起抗议，并和公司工作人员发生冲突，还扬言要上访投诉。

看到此情景，我想到首先应制止冲突、安抚好居民的情绪，让居民给我一点时间处理。可如何见到公司负责人让我为难了，几次前去这家公司要求见他们的负责人，不是铁将军把门，就是被保安、门卫拦在外面，无法进入。几次的失利，没有让我气馁，反而更激发了我作为一名人民调解员的韧劲，我想了个主意，把自己打扮一番，装扮成消费者，请居民开车送我进去。

到了公司，我巧妙打听，好不容易找到负责人，把我的来意和居民提出的要求陈述一遍，没想到这位负责人（H）态度强硬、气势汹汹，直截了当地回绝了我。对方蛮横无理的态度没有让我退却，我晓之以理、动之以情，耐心解释："经理啊，我们将心比心、换位思考，如果你住在该楼道，周边的污染和噪音影响到你的生活，你还会像现在这样事不关己高高挂起吗？第二，根据《某某市社会生活噪声污染防治办法》等法律法规的规定，你们现在的情况属实违规！第三，居民和公司之前已经有过冲突，如果事态继续发展肯定会影响到你们的正常营业，得不偿失啊。"听了我的一番话，这位负责人态度有所缓和，表示愿意协商解决问题，最后公司方面陆续做到居民提出的合理整改意见，一场群体纠纷也随之而解。

一、法律谈判思维的关系结构

看似一场无从下手的谈判，【事例 5】中的 F 调解员为何能够成功说服 G 公司的负责人 H 呢？我们不妨先分析一下 F 调解员在交流沟通时运用的法律谈判思维的构成要素。（1）知识。F 调解员运用了法规政策类的客观标准，同时也非常注重对 G 公司及H 经理的主观态度的探知，并在把握 H 经理的核心利益关切的基础上，运用客观标准来影响 H 经理的主观态度。（2）技术。在该事例中，F 调解员在谈判战略上很好地运用了替代方案，采用原则型风格来推进合作型谈判的进行，在谈判技能上即便面对 H经理的"态度强硬、气势汹汹"，也没有使用直接否定的语言，而是"晓之以理、动之以情"，将对方拉入谈判桌，使对方认识到真正的利益所在，进而调整其谈判立场和态度。（3）情境。在小区居民已经跟 G 公司发生激烈冲突，自己几次前去该公司却被阻拦在外的被动局面下，F 调解员首先做了冷静的谈判情境评估，"首先应制止冲突、安抚好居民的情绪""想了个主意"，展示出较好的谈判情境评估的能力。在谈判过程中，F 调解员主动营造和谐的谈判氛围，通过展示客观标准、突显己方独特优势、阐明合作共赢前景等方式矫正了谈判地位不平等的局面，促使 H 经理换位思考、关注核心利益，进而改变其主观偏差，为接下来进一步的交流沟通奠定了良好的基础。

从以上简要分析中不难看出，一场成功的法律谈判需要综合考虑和妥善运用知识、技术、情境等方面的要素，而这些要素形成了某种互为条件、相互制约的关系结构。具体来说，这种"三位一体"的关系结构表现为以下三个方面。

（一）谈判知识对谈判技术、谈判情境的影响

法律谈判思维的知识架构主要包括"客观标准"和"主观态度"两个部分。前者具有脱离谈判个体的性质，包括法规政策、自治自律规范、共享观念等类别；后者则内在于谈判者的个体特征之中，涉及其心态、情感、预期、偏见等因素。总体来说，只有在综合运用这些知识依据的前提下，我们才能准确地把握谈判主题以及各方的利益关系，在适应和建构谈判情境的过程中妥善运用谈判战略和谈判技能来实现有效的交流沟通。

1. 谈判知识的掌握是谈判技术选择及运用的决定性因素

之所以说谈判知识是决定性的因素，并不仅仅是因为法律谈判的技术承载的就是这些知识，更重要的是，或许只有对谈判事项涉及的各种客观标准和主观态度有比较综合系统的把握，我们才能够合理地确定谈判技术及其使用方式。一方面，当面对一场真实的法律谈判时，谈判选择的作出、谈判空间的确定以及谈判固有局限的克服，都有赖于您对谈判与退出、忍让、调解、仲裁、诉讼等其他方式的系统把握；当您在计划是以竞争型还是合作型的方式展开谈判时，往往需要依靠客观标准来分析谈判事项究竟有没有"做蛋糕"的主客观条件；当您在决心以"原则型"风格来与对方展开交流时，也还是需要努力地探知自己以及谈判对手的"主观态度"，了解到各自是否存在"硬式"或者"软式"

的倾向，由此才能够明确调整的可能性及其方向。在这个意义上，您所了解或者探知到的谈判知识决定了您的谈判战略。另一方面，当谈判对手迟迟不肯进入谈判桌，或者谈判桌内各方固执已见而僵持不下时，我们建议您或许可以使用第四章提到的各种沟通、平衡和障碍突破技能。但同样很明显的是，或许只有在了解谈判形势和对方态度的情况下，使用这些技术才能做到"有的放矢"而不至于"病急乱投医"。因此，知识的掌握实际上也在很大程度上决定着谈判技能的选择及其运用。以【事例5】为例，F调解员之所以能够以一种大致算是"原则型"的风格来展开谈判，通过有理有利有节的沟通方式将一场竞争型谈判转变为合作型谈判，在很大程度上是因为他对法规政策、各方主观态度以及潜在利益有着准确的把握。

2. 谈判知识是准确掌控谈判情境的前提

毫无疑问，法律谈判的情境是规范与事实相互作用的产物。本书旨在讨论法律谈判思维，事实调查、法律适用、证据规则运用等问题不在讨论范围之内，接下来重点向您展示谈判知识在适应和建构谈判情境中的基础性意义。通过第四章的介绍，相信您已经发现了法律谈判情境的主客观评估，以及谈判桌内与桌外、微观互动与宏观因素相互结合的情境营造，实际上都取决于谈判过程中对客观标准和主观态度的把握。特别是，在不同的法律谈判中，影响谈判情境的因素不尽相同，而且这些因素总是复杂多样的。如果在谈判知识上缺乏准备，谈判者很容易陷入一团乱麻，甚至只能"跟着感觉走"。【事例5】中的F调解员在进入谈判之前除了掌握事情的来龙去脉，还对污染噪音防治等法律法规、G 公司及其经理 H 的主观态度有充分的把握，由此才能准确地判断谈判形势，进而重新塑造了与 H 经理之间的谈判情境。设想一下：该小区居民与 G 公司已经发生了激烈冲突，如果 F 调解员在客观标准或者 H 经理主观态度的了解上准备不足，或许难以发现双方合作共赢的空间。在这种情况下，采用较为软弱的谈判姿态基本上不可能打动对方，而采取较为强硬的态度更无异于火上浇油，都难以适应也更谈不上建构谈判情境。

（二）谈判技术对谈判知识、谈判情境的影响

谈判技术包括谈判战略和谈判技能。前者是指谈判者围绕谈判目标的确定、推进和实现所形成的整体方案，包括对谈判事项的一系列思考、谋划和选择，后者则是谈判者在交流沟通时使用的具体技艺或者方法。谈判技术一头连接着谈判知识，再充分的知识依据也需要依靠战略技能才能施展；另一头则连接着谈判情境，谈判者通过具体的谈判技术不断地适应和建构其身处的现实环境。

1. 谈判技术是获取和应用谈判知识的手段

如果缺乏有效的谈判技术，即使知道再多的法律法规、民间规范、共享观念等客观标准，或者针对谈判对手进行再多的充分调查，也很难将它们真正运用到实践中。事实上，谈判技术的意义还不限于应用。通过本书的介绍，估计您也发现了在注定是"信息不充分"的现实谈判中，谈判技术还是获取谈判者主观态

度、发现或者创造"客观标准"的重要手段。在法律谈判中，知识水平及其准备状况并不能完全决定谈判效果。拥有相同的知识和信息储备，技术高超的谈判者可以将之充分甚至超常发挥，而缺乏一定谈判技能的谈判者则往往会把"一副好牌给打烂了"。在【事例5】中，该小区的居民不能说全部，至少也有部分人了解相关的法律法规，即便他们都不知道，按照常理或者所谓的"法感"也能感觉到 G 公司的做法是违法违规的，但为什么他们跟 G 公司的谈判会陷入破裂甚至发生激烈对抗，而 F 调解员能够成功说服对方？究其原因，可能关键还在于 F 调解员在谈判技术上远胜一筹，知道怎么去接近合适的谈判对手、如何发现合作空间，并通过区分人与事、立场与利益，在明确替代方案的基础上促使对方换位思考、关注核心利益。

2. 谈判技术是适应和建构谈判情境的依托

正如本书一直强调的，人们对现实世界的认知不是像摄像机那样的全景式的客观复刻，而总是存在各种前见、先见或者偏差。如果缺乏妥当的谈判技术，谈判者就难以准确地把握谈判情境，也不可能通过谈判活动重新塑造谈判情境。因此，即便我们从第四章中了解到谈判情境评估和营造的各种因素和条件，但如果缺乏对谈判的战略认识，不具备起码的沟通、平衡和障碍突破技能，谈判者可能遭遇的也只能是"格格不入"或者"手足无措"。即如我们在生活中常见到的，同样的道理以不同的方式说出来，效果可能是天差地别的。在这方面，F 调解员也为我们提供了一个较好的示范。同样面对强势甚至有些不讲"道理"的 G

公司，F 调解员通过积极地说"不"或者"是—不—是"的方式改变了谈判情境：首先，明确污染噪音防治是原则性问题，不能让步，这是对自己的利益说"是"；其次，运用客观标准、强调换位思考等方式针对 H 经理的蛮横态度说"不"。最后，阐明整改之后对 G 公司的好处，将原有谈判桌之外的更大的"利益"拉入微观互动之中，提出了一个不损害自己利益而对方也可能乐意接受的方案，此即第三个"是"。

（三）谈判情境对于谈判知识、谈判技术的影响

谈判情境是围绕谈判事项或者利益关系的各种主客观条件，情境构造主要包括情境评估和情境营造两个方面的工作。前者是指通过具体把握谈判置身的社会关系，分析谈判必要性、可能性以及操作方案、沟通技术及其重点难点；后者则是谈判者通过谈判方案的确定和谈判技术的运用，推动谈判朝着有利的方向发展的具体操作。由于谈判知识和谈判技术都是在特定的谈判情境中得到确定和运用的，因此谈判情境的评估和营造往往是法律谈判的关键所在。

1. 谈判情境是明确谈判知识的根据

在看完本书有关法律谈判的"知识架构"或者"知识依据"之后，您对于法律法规、习惯习俗、自治规范、共享观念等各种知识的重要性估计不会有太多的疑问，但可能会产生如下问题：我们怎么知道在一个特定的谈判中使用哪些知识？如果这些知识

之间相互冲突，我们该如何组合？在具体谈判过程中我们又应当如何抛出这些知识？解决这些问题当然需要依靠各种技术，但最根本的还在于谈判情境的把握。换句话说，尽管谈判知识是掌握谈判情境的依据，但各种客观标准实际上是在与谈判情境的相互观照中具体化的，谈判者的主观态度更需要在谈判情境中予以探知。回到【事例5】，F调解员与H经理的沟通充分体现出了谈判情境的重要性。首先，F调解员在一开始没有立即"祭出"法律法规的硬性规定，而是强调换位思考，从常识常情常理来与对方展开交流。这显然是因为他在了解小区居民与G公司前期冲突的情况下，对谈判情境做了评估和准备。其次，F调解员的这种开场显然缓和了紧张的谈判氛围，进而才有可能在情绪不那么对立抵触的情况下，顺利地抛出于己有利的法律规范。最后，在谈判形势看起来于己有利的情况下，F调解员表达了对G公司长远利益的关切，使H经理能够更加平和地接受未来可能的双赢方案。应当说，最终双方合意的达成是多种知识运用的结果，但谈判情境的适应和建构显然是确定和运用这些知识的根据。试想一下：如果调换一下这些顺序，F调解员是否还能够如此有效地说服对方？假如他一上来就强调法律法规，会不会遭遇此前小区居民受到的同样对待？或者一开始就论及对方的长远利益，会不会让对方感觉到是"多管闲事"或者"惺惺作态"？

2. 谈判情境是选择谈判技术的参数

相对于谈判知识而言，谈判技术的选择和运用更依赖对谈判情境的把握。俗话，"到什么山上唱什么歌"，讲的就是这个道理。我们在第四章有关法律谈判情境构造中，其实已经就此做了许多讨论。例如，当您发现谈判涉及的都是双方的核心利益，在"资源固定且有限"的情况下或许就只有打消"共赢"的念头，下定决心进行一场竞争型谈判，甚至做好谈判破裂的心理准备。在这种情况下，如果还是一味地"求和"，很有可能会被对方所拿捏。如果您发现尽管"资源固定且有限"，但谈判涉及的不是原则性的不可妥协的问题，那么您或许就要多使用一些能够影响对方态度、在谈判桌外寻找"做蛋糕"机会的技术。就此而言，表 4-2"法律谈判情况客观评估表"、表 4-3"法律谈判情境主观评估预测表"、表 4-4"法律谈判情境营造考虑因素"、图 4-2"法律谈判情境评估示意图"，以及图 3-2"法律谈判障碍突破技能模型"、表 3-6"法律谈判的平衡技能"等已有详细的展示，在此不再多言。

正如我们在绪论中介绍的，本书分别从知识架构、技术构成、情境构造等三方面对法律谈判思维的构成要素予以讨论，只是基于分析的便利。实际上，这些要素之间互为条件、相互影响，由此形成一种"三位一体"的法律谈判思维。在某种程度上甚至可以说，几乎所有法律谈判知识的确定和组合、谈判技术的选择和运用、谈判情境的适应和建构都是相互交融的。鉴于这种思维力图实现具体情境下知识与技术的融贯，注重法律谈判的"道术结合"，我们强烈建议您将之当作一个整体来看待，在具体谈判中灵活把握它们之间的关系。

二、法律谈判思维的阶段运用

当然，"三位一体"的法律谈判思维要想实现"以道驭术""以术载道"的"道术结合"，还不能只停留在静态的关系结构分析上，而是要贯穿于准备、开局、进行、结尾的谈判全周期。这并不是说这四个环节在每一次法律谈判中都存在。在实践中，人们有可能在谈判准备阶段就作出了放弃谈判的选择，也可能是在开局或者进行中陷入僵局，谈判最后不了了之。这四个环节只是谈判的一般流程或者过程。综合本书前文的讨论，我们或许可以就法律谈判思维在各个环节的运用作出一些类型化的概括，而这也就是我们在绪论中向您提到的法律谈判思维要素框架中的流程管理（见表5-1）。

表 5-1　法律谈判思维的流程管理

准备	开局	进行	结尾
（1）资料收集整理； （2）谈判情境评估； （3）谈判战略初拟	（1）谈判情境营造； （2）谈判议程拟定； （3）谈判规则商议	（1）谈判合意探索； （2）谈判僵局突破； （3）谈判情境再造	（1）谈判成果固定； （2）谈判复盘总结； （3）未来合作展望

1. 谈判准备

谈判准备阶段涉及从感知谈判需求到作出谈判选择的过程。在这个阶段，优秀的谈判者往往针对可能的谈判所涉及的利益关系以及谈判的必要性、可行性等问题展开许多工作。[①] 其中，以下三个操作要点或许尤为重要。

（1）资料收集整理。"知己知彼，百战不殆"，这项工作主要事关法律谈判必要的知识准备。通常来说，谈判者不仅要收集案件事实、法律规定、自治规范、共享观念、证据材料等客观材料，还要收集谈判各方的主观材料，包括个人信息、兴趣爱好、谈判经历等。

（2）谈判情境评估。这项工作往往与前一项工作交替甚至同步进行。谈判者往往只有在掌握必要信息的基础上才能展开情境评估，而在情境评估的过程中又能发现哪些资料信息需要补充或者细化。当然，谈判情境评估是客观评估与主观评估相互交融的过程，我们建议您先进行客观评估，然后再进行主观评估，通过两者的相互验证，最终对整体形势、合意空间、谈判重点难点等问题形成基本判断。如此操作，不仅可以避免过早掺入主观因素而导致出现误判，还有助于发挥客观标准对谈判者难免存在的主观偏差的矫正作用。

（3）谈判战略初拟。在经过谈判情境评估之后，如果觉得谈判对您是一个不错（至少是不坏）的选择，我们建议您初步制定谈判战略，主要涉及系统维度上替代方案的准备和比较、内容维度上竞争型关系与合作型关系的确定以及风格维度上的硬式、软式倾向的反思，评估一下是否有可能展开一场原则型谈判及其可

---

① 参见［美］利·汤普森：《汤普森谈判学》，赵欣、陆华强译，北京：中国人民大学出版社 2009 年版，第 11-32 页；［比］阿兰·佩卡尔·朗珀勒、［法］奥雷利安·科尔松：《谈判的艺术》，张怡、邢铁英译，北京：北京大学出版社 2012 年版，第 32-53 页。

能存在的障碍。当您无法确定这些内容时，我们建议您不妨先以一种合作的态度尝试进行谈判，这既是为了克服"基本归因谬误"的需要，也是为了给后续可能的合作留下余地。正如本书多次向您介绍的，即便一开始是竞争性更强的谈判，也可能通过谈判桌内与谈判桌外的联动实现向合作型谈判的转化。

2. 谈判开局

当您作出谈判决定并与对方开始接触时，您就已经进入谈判开局阶段。谈判者通常会围绕谈判事项、基本诉求、理由或者资料信息等方面展开交流沟通，尝试明确谈判主题，并为接下来的谈判营造合适的氛围。[①] 在这个阶段，我们建议您注意以下三个方面的操作要点。

（1）谈判情境营造。想必经过前面的介绍，您早已明了合适的谈判情境对于谈判是多么重要。我们建议您不要等谈判已经进行一段时间之后再来考虑这件事情，而是在开局阶段谈判各方沟通交流、信息交换时便着手准备。需要提醒的是，谈判情境营造不仅包括谈判的地点、时间、座次等环境氛围，同时也涉及根据获得的信息调整自己的战略设计、通过谈判技术来影响对方的主观态度，在谈判主题、谈判空间、谈判方向等问题上积极作为。

（2）谈判议程拟定。如果您是在进行一场利益重大或者各方胶着的谈判，建议您不妨在谈判开局时就与对方商定一个有关谈

---

① 参见蔡彦敏、祝聪、刘晶晶：《谈判学与谈判实务》，北京：清华大学出版社2011年版，第125-135页；韩德云、袁飞主编：《法律谈判》，北京：法律出版社2018年版，第129-155页。

判议题和时间管理的具体议程。其中，议题议程既可以是"由易入难"的渐次增强，也可以是"由难入易"的渐次减弱。[①] 这样做的好处至少有这么几点：其一，可以明确各方利益关系、聚焦谈判重点并锚定可能的合意空间；其二，可以维系各方的信心和关系，防止"东一榔头西一棒子"消磨谈判者的耐心和决心；其三，可以提高谈判效率，避免在一些事项上反复纠缠或者横生枝节，将谈判时间用在刀刃上，重点去解决大家共同关心、对谈判结果也很重要的问题。当然，即便是在一些不那么重大或者胶着的谈判中，估计您也见识过人们在不同议题上反复横跳、对不同问题相互拉扯等现象，这个时候拟定一个谈判议程或许也是明智的选择。

（3）谈判规则商议。如果可能，我们还建议您与对方制定一个谈判规则。这个规则主要涉及谈判者在交流沟通时应遵循的原则、纪律和行为操作，以避免我们在现实谈判中常常见到的自顾自说、七嘴八舌或者随意打断别人讲话、抢话说等现象。这样做不仅有利于提升谈判效率，还有助于保障对谈判各方起码的尊重、维持谈判整体局势。当然，如果您还有印象的话，我们在第三章也提到谈判规则还可以是一些解决疑难复杂问题的程序，甚至包括一些用以评价利益关系、评估解决方案的实质性或者程序性标准。

3. 谈判进行

谈判进行阶段是谈判学研究最为关注的环节，涉及谈判各方

---

① 参见 ［比］阿兰·佩卡尔·朗珀勒、［法］奥雷利安·科尔松：《谈判的艺术》，张怡、邢铁英译，北京：北京大学出版社 2012 年版，第 47－48 页。

在立场、态度、诉求、信息等诸多方面的攻防交错或者交流沟通，本书就此也花费了许多笔墨进行讨论。尽管如此，我们还是再次建议您注意其中的三个要点。

（1）谈判合意形成。进入谈判的人们要达成合意，往往不是一件容易的事情。以往谈判学研究常常强调"齐心协力"，但我们想提醒您的是孔子早就提到的"和而不同"。如果能够找到各方相互赋能的谈判空间，那当然是最幸运不过的了。但我们同样也要注意，实际上很多纠纷或者冲突的产生恰恰是因为目标或者利益高度重合而"资源固定且有限"。在"求同"的同时，我们建议您一定要留意"存异"，通过目标或者利益的差异来寻求和扩大谈判的合意空间。

（2）谈判僵局突破。在现实生活中，一直顺风顺水的谈判几乎不存在。受利益关系、主观偏差、人际关系等多种因素的影响，谈判常常会陷入僵局。在这种情况下，我们建议您保持耐心，在了解僵局的过程中重新认识自己和影响对方，通过双方有效沟通而就僵局成因"对症下药"，在仍不奏效时引入第三方介入或者干脆放弃谈判。这就是本书第三章提到的"法律谈判障碍突破技能模型"。当然，针对信息"不充分"、当事人"不理性"、地位"不平等"等更具结构性的僵局成因，本章第二节将会继续向您介绍更为系统的解决方案。

（3）谈判情境再造。最后，我们还想继续提醒您的是，别忘了所有的知识和技术都是在特定的情境中展开和运用的，因而在谈判进行中，还需要根据交流沟通的状况和新获得的信息，对谈判进行主客观的评估，并充分运用这种评估进行逆向操作，通过改变环境因素影响各方的微观互动，并在必要时积极运用谈判桌外的因素来改变您在谈判中的微观处境。

4. 谈判结尾

到了这个阶段，经过谈判各方充分的交流沟通，谈判已经进入尾声。无论谈判最后是达成合意还是走向破裂，仍有三个要点值得充分注意。

（1）谈判成果固定。在谈判达成合意的情况下，不要认为已经万事大吉了。由于谈判主要依赖于各方的自愿，事后反悔、说了不算的情况在实践中并不少见，因此，建议您一定要在谈判结束时签订好谈判协议，最好以书面的形式将谈判成果固定下来。如有可能，尽量选择一些便于履行的方式，包括但不限于即时履行、在协议中设立违约责任条款或者担保，或者将谈判协议转化为具有更高效力的调解书、公证文书、仲裁裁决等。如果谈判最终没有达成合意，在必要时也可以与对方就达成共识的内容签订备忘录，以便于未来的交易或者纠纷解决。

（2）谈判复盘总结。正如人们常提到的，在围棋中"长棋"最厉害且有效的方式之一就是"复盘"，法律谈判亦是如此。通过重新回顾和分析整个谈判过程，我们可以进一步反思自己对谈判情境的评估和营造是否到位、谈判战略是否确立合理和执行有力、谈判技能的使用是否妥当、谈判知识依据是否有疏漏、对方有哪些优点和不足值得自己认真对待……如果您想成为一位法律谈判专家，避免重蹈覆辙、巩固自己长处、博采他人之长或许是每次谈判结束后的必修课。

（3）未来合作展望。特定的法律谈判总有结束之时，但未来可能有无限的合作机会。即便是此消彼长的竞争型谈判或者剑拔弩张的硬式谈判，我们也建议您不要和对方把关系搞得那么僵。谈判各方在谈判过程中有着自己的利益，但这并不意味着在任何方面他们都将是对手。请记得我们一直重复的"人"与"事"、"立场"与"利益"的区分，尽管这很难，但有经验的谈判者通常都会将争议、冲突、分歧转化为互相深入了解的机会，为寻找值得信任的合作伙伴、开辟未来合作打开方便之门。

需要再次强调的是，"准备、开局、进行、结尾"只是法律谈判的全周期或者全流程的展示，并不是每场法律谈判都以此为序按部就班地进行，更不是说各个环节中的操作要点只有这么一些。实际上，以上要点只是对本书相关内容的部分总结。更准确地说，四个环节十二个要点是我们向您呈现的法律谈判的流程框架或者基本骨架，借此说明"三位一体"法律谈判思维在不同阶段的运用。这种框架或者骨架为您提供一个可以在谈判流程中用来定位的坐标，或者是事后分析总结中可资利用的抓手，而不是一套必须加以适用的模板。

第二节 "知行合一"的法律谈判思维运用

如果您还有印象的话，我们在绪论中曾提到法律实践或者法律运作就是"在谈判"，而法律实践的"知行合一"不仅要求法律知识的"知"与其应用技能的"行"的结合，而且强调法律的"知"与其社会实践的"行"的结合。我们在第一章也向您介绍了，传统的法律思维和法律方法等研究往往更侧重于第一个层面的结合，尽管当代的发展强调运用法律专门知识技能来勾连法律与社会，但仍存在产生思维定式或者只看到法律的"守法主义"的危险，甚至可能出现误读社会实践的"信息充分""地位平等""法律理性"等幻象。综合全书讨论，本节将对这些问题予以系统的回应，尝试运用"三位一体"的法律谈判思维框架来探究，如何在信息注定不充分的环境中展开畅通的交流沟通，在不存在绝对平等的条件下为您或者您的当事人谋得一个尽量公平的地位，在每个人都有自己的脾气的情况下进行真诚的说理说服。

一、人们为什么能够在信息不充分的情况下合作

相信通过前文的介绍，您已经深刻地理解了信息不充分为什么是社会的常态。在法律谈判中，信息不充分既表现为谈判各方对谈判事项或者纠纷事实的信息掌握必然存在差别，即便是司法程序也难以做到把相关事实信息都弄清楚；同时也体现在谈判者总是基于自己的预期、信念、情感等主观态度来看待己方和他方的利益诉求，而这个过程往往也是不透明的。遗憾的是，以往的法律方法和法律思维研究对信息不充分的现象关注较少。在案例教学、模拟法庭甚至法律谈判教学中，常见的也只是在给定案件事实的情况下，训练学生在法律规范与案件事实之间"目光来回返还流转"。这些训练当然很有意义，但对于解决法律实践中

"能说实话吗"的诚实困境、"相信对方吗"的信任困境等问题显然是无力的。

当然，这并不是说以往的研究就没有关注到信息不充分或者不对称。事实上，经济学、社会学、政治学、管理学等许多学科就此已有大量研究。即便是在法学内部，也有我们在前文向您介绍的涂尔干、富勒、卢曼、布迪厄等人的理论以及一些经验研究。概括本书的讨论，至少有法律机制、社会机制、谈判技术等三种机制使得人们可以在信息不充分的情况下展开合作。前两种机制常常为理论界所重视，我们在第二章有关"预期稳定化"的部分已有详细介绍，在此仅作补充讨论。相对来说，谈判技术尽管是以往谈判学研究的重心，它在解决信息不充分问题上的独特价值却未受到足够的重视。

1. 法律机制

虽然法律谈判中各方为了自己的现实利益，都有隐瞒关键信息的动机和理由，但是法律本身为解决信息不充分已经提供了多种机制。例如，我们常常去一些完全陌生的商店里面购置商品，却基本不担心店家会进行价格欺诈或者以次充好。这实际上就是我们在前面提及的法律在稳定预期中的作用。换言之，制定和执行普遍适用的法律所形成的制度信任，有时候会转为谈判者个体间的信任。如果人们相信法律能够约束各方、失信者会受到惩罚，那么即便谈判各方互不了解或者互不信任，也能展开某种程度的合作交流。再如，估计您也知道政府信息公开，开办企业需要注册登记，房屋买卖过户需要登记，公开发行证券的公司必须依法披露相关信息，就连诉讼程序中都存在某些举证责任倒置的制度设计。这些实际上都是法律要求占有信息一方公开某些信息，由此也对减少信息不对称现象的发生起到了一定的作用。除此以外，法律也可能针对某些情况下由信息不充分引发的问题提供救济，例如，民商事法律中的"重大误解"制度。

2. 社会机制

在第二章和第四章的讨论中，我们介绍了许多社会机制能够在信息不充分的情况下起到稳定预期和减少分歧的作用，涉及共享观念、社会规范、社会资本、非正式控制、替代性机制供给等诸多要素，实际上共同指向的都是某种社会连带或者关系纽带。无论是从费孝通先生讨论的"乡土中国"[①]，还是从埃里克森教授提到的"关系紧密群体"[②]，我们都可以看到人们如何利用这些纽带或者机制达成交易或者解决纠纷，相信您对这些现象并不陌生。但有人或许会提出一个疑问：随着社会的流动性和异质性的增强，这些机制还有作用吗？事实上，以往的法学研究大多从这点出发，强调法律为何成为现代社会的支配方式。就此而言，许多经验研究确实发现一些传统的社会机制和关系纽带的作用有所减弱，但同时发现许多新的关系纽带在不断产生。除了我们在前面已经提到的帕特南教授发现的"连接性社会资本"，英国伦敦大学的科特威尔教授也在传统共同体之外提出了"工具型/利益

---

① 费孝通：《乡土中国》，上海：上海人民出版社 2013 年版，第 6 - 11 页。
② ［美］罗伯特·C. 埃里克森：《无需法律的秩序——邻人如何解决纠纷》，苏力译，北京：中国政法大学出版社 2003 年版，第 149 - 224 页。

型共同体""信仰型/价值型共同体""情感型共同体"等其他类型。①

3. 谈判技术

当然，正如我们在第二章提到的，尽管法律机制和许多社会机制都具有稳定人们预期的作用，但它们并不能完全解决法律谈判微观场景中的信息不对称问题，我们还需要运用谈判技术来进一步探知谈判者的主观态度和相关信息。相信您在阅读完本书第三章和第四章的相关讨论后，已经发现了一些具体技巧。例如，"复述"有助于更准确地把握对方表达的意思以及其中蕴含的信息，"引导式提问"可以获得您所关心的更多信息，谈判情境主客观评估的各种方案更是为了适应信息不充分下决策的现实而提出来的。这些技术说起来可能显得有些专业化，但不过是人们日常经验的提炼而已。为了尽量减少信息不充分对法律谈判造成的影响，我们建议您在谈判中特别注意做好以下三方面的工作：其一，充分的谈判准备，包括做好尽职调查、利用法律规定或市场惯例获取尽可能多的公开资料，通过法律手段强制对方披露特定重要信息等。其二，灵活运用各种谈判沟通技巧，例如积极聆听、主动提问、解读非语言信号等，逐步打开对方的"黑匣子"，揭示对方想要隐瞒的信息和真实动机。其三，主动建立信任，塑造相互信任的谈判情境，例如，通过互惠的承诺、对未来合作前

① See Roger Cotterrell, *Law, Culture and Society: Legal Ideas in the Mirror of Social Theory*, Burlington, VT: Ashgate Publishing Company, 2006, pp. 68 - 70.

景的展望等，引导对方透露更多的信息。

如果您还记得本书第二章第一节谈到的宏观与微观、结构与能动者、主观与客观的关系框架，相信您对这里所谈到的法律机制、社会机制和谈判技术会有更深的理解。① 大体来说，法律机制和社会机制侧重于宏观、结构、客观的维度，为谈判者的微观互动提供了基本框架、行为标准和预期保障。人们如果违背了这些机制，就会付出代价，由此可以在一定程度上保证谈判者在信息不充分的情况下勇敢地进行沟通交流。谈判技巧则更侧重于微观、能动者、主观的维度，是交流沟通中谈判者的能动性的反映。恰当的谈判技术不仅可以帮助谈判者根据需要探知法律机制和社会机制无法提供的具体信息，还可以在不违背法律强制性规定的基础上，突破或者修正法律机制和社会机制，例如，我们已经提到的谈判各方创制新的客观标准，以及在谈判和解协议中约定违约责任条款、在和解协议上设定担保等。

二、如何在现实差别的基础上谋得一个更公平的谈判地位

每个人都享有人格上的平等，这是现代社会的共识。然而，人们在经济、教育、经历、性别、职业、资源等方面存在现实差别，亦是人所共知的常识。因此，现代法律以人人平等作为价值

---

① 一个以法律与社会规范为考察重心的理论阐释，参见彭小龙：《规范多元的法治协同：基于构成性视角的观察》，《中国法学》2021 年第 5 期。

依归，各种法律制度大多建立在抽象的"一般的人"的预设基础之上，但法律运作注定是在各种现实差别中进行的。这种矛盾不仅浸透在形式法治与实质法治的抽象争论层面，还给处于微观互动场景中的法律谈判带来深刻影响。通过本书的阐述，或许您已经深刻地感觉到，我们必须破除谈判各方地位绝对平等的"幻想"，更不应将此作为一个既定前提或者事实来展开谈判。无论是从法治的基本要求出发，还是从获得一个更为妥当的谈判结果来看，如何在各种现实差别的基础上谋得一个更公平的谈判地位，是法律谈判必须解决的问题。通过分析法律运作中地位不平等的根源及其表征，本书第三章已经具体介绍了法律谈判的平衡技能（表3-6），其具体内容不再重复。接下来，我们将综合知识架构、技术构成、情境构造等各方面的资源，基于"三位一体"的法律谈判思维提出以下三点更具整体性的建议。

1. 通过法律谈判思维的整体运用来改善谈判地位

面对一个强势的谈判对手，人们常常容易陷入两种情形。一种情形是因为对方的强大而盲目顺从，既可能表现为回避或者退出，也可能是一味地迎合对方的主张和诉求。但无论是哪种情况，都将使谈判者付出过于昂贵的代价，而且这种委曲求全或者妥协让步不一定能够换回对方的真诚回报。另一种情形则是在对方的强硬态度下采取过激的反应，既可能是不顾对方感受的单方面行动，甚至还会出现主动攻击的情况。这种蛮干有可能激化矛盾，使得谈判者无法通过谈判合意来获取自己想要的利益。尤里教授也注意到这种现象，并将之概括为回避（avoid）、迎合（accommodate)、攻击（attack）的 3A 陷阱，而他提出的解决方案则是我们在第三章所介绍的"积极说'不'"，即先明确自己的利益（是），再否定对方的要求（不），最后抛出一个对方可能接受的方案（是）。[①] 应当说，这种方案有助于捍卫谈判者的核心利益，但基本上还属于谈判桌内的沟通技巧，有时并不容易奏效。究其原因，关键是最后的"是"往往不容易那么找到或者真正打动强势的对方。如果从"三位一体"的思维框架来看，实际上我们可以做的事情更多。例如，在知识架构层面上找到对方信服或者不得不遵从的客观标准，或者结合谈判情境评估找出对方强势的根源予以逆向操作，或许就能够彻底改变谈判地位格局、影响对方的态度，甚至有可能都不需要说最后一个"是"。由于法律谈判中的知识、技术、情境等要素及其运用相互关联，通过三者的综合运用，我们还可以提炼出更多的方案，表 3-6 中的各种平衡技能实际上都是这种整体思维的产物。当然，除了有助于做出更好的准备和谋划，法律谈判思维的统筹考虑还能够让谈判者保持信心和情绪稳定，而这对于处理谈判地位悬殊问题来说亦是极为关键的因素。

2. 通过法律谈判思维要素框架来提升谈判实力

具体的法律谈判往往会涉及谈判桌内与谈判桌外的各种因素，涉及从准备到结束的各个环节。如果能够重视并充分运用本

---

① 参见［美］威廉·尤里：《突破型谈判（进阶篇）：学会拒绝拿到更多》，刘语珊译，北京：中信出版集团 2023 年版，第 XV - XXV 页。

书提到的几个要素框架（见图 0-3），或许能够在整合各种资源的基础上，提升您的谈判实力以及与对方的议价能力。其一，"分蛋糕"与"做蛋糕"的结合。在现实生活中，并不是所有强势的谈判对手都不愿意合作，有时可能只是因为意识不到潜在的合作空间或者利益提升的可能。当面对这样的谈判对手时，如果您能够展示出自己的独特价值，让对方发现您是合适的"分蛋糕"或者"做蛋糕"的伙伴，或者能够让对方和您一起将"分蛋糕"变成"做蛋糕"，那么谈判合意就很有可能会达成。其二，谈判桌内与谈判桌外的结合。正如 3-D 谈判术所主张的，特定情境中谈判地位的悬殊可以通过谈判桌外的活动予以矫正。我们在第四章也向您建议积极运用宏观因素来改变谈判的微观情境，在此不再重复。其三，流程管理框架。在与强势者进行谈判的过程中，您可能受到的压力是全方位的，要处理的问题也是极为复杂的。在这种情况下，建议您参考上一节概括的法律谈判思维四个环节十二个操作要点，这将帮助您较为精准地掌控全场，聚焦自己的核心利益，关注对方的利益诉求，在坚持整体利益的情况下保持谈判的灵活性。

3. 通过法律谈判思维策略框架和问题解决框架解决具体问题

法律谈判总是面对具体的人和处理具体的事，即便是与强势者谈判亦没有例外。合理运用策略框架和问题解决框架，让我们既能从宏观视角全面审视谈判整体结构，又能在具体事项中关注到差异和细节，为解决在与强势者谈判中出现的具体问题找到合适的办法。其一，识别谈判事项类型能够促进与强势者的有效沟通。如果谈判各方的利益存在兼容空间，那么处于劣势的一方就无须紧张，更无须"硬碰硬"，通过理解问题、建立联系、找到方案的九个操作要点，在很大程度上可以让强势者基于自身利益考虑而变得不那么强势。如果谈判涉及的是"固定且有限的资源"，处于劣势的一方就要保护好自己的核心利益，在谈判目标、初始报价、替代方案、底价等要点上做充分的准备。当然，如果可能的话，也应当尽量通过谈判桌外的活动或者谈判方案的重新绘制，寻找将竞争型谈判转化为合作型谈判的可能。其二，理解谈判风格可以让人们在与强势者谈判时更加从容。强势者也是有血有肉的个体，而只要是个体，总是会存在各种情感陷阱。意识到这一点，至少不会让您一碰到强势者就心生畏惧。说不定，通过对照表3-4的各种表征，您会发现强势者同时也是一位软式风格的谈判者，在这种情况下谈判地位悬殊或许就不是什么问题。当然，大概率情况下，您可能发现强势者也是一位硬式风格的谈判者，这种情况当然不理想，但也没有糟糕到底。通过找出对方强硬的原因、对照原则型谈判的操作要点并结合知识、技术和情境要素的发挥，我们至少能够知道依靠什么、从哪些方面来影响对方。其三，懂得问题解决框架可以让您更适应与强势者谈判的情景。相对于地位不那么悬殊的谈判，与强势者进行谈判更容易遇到谈判选择困难、对方不合作、谈判陷入僵局等问题，因此，运用法律谈判的系统思维，积极寻找替代方案，妥善运用障碍突破技能和平衡技能，或许会有助于您把强势者拉回谈判桌并展开有效的交流沟通。

三、在法律实践中如何与"不理性"的人沟通

在本书中，我们提到了很多可能让刚进入法律实践的年轻学生感到惊讶错愕的现象。例如，明明坐下来好好谈判对于双方都是最好的选择，可是在费尽口舌讲道理、摆事实之后，对方还是坚持用更具对抗性的方式来解决问题；对方的诉求明显站不住脚，可对方仍然自信笃定，完全不顾法律上的规定，甚至摆出一副"爱咋咋地"的做派；本来双方交流沟通得非常好，眼看就要达成合意，对方却突然变卦，还抛出一些奇奇怪怪的说辞……当然，如果您久经法律职场，对于诸如此类现象或许早已司空见惯。在前文有关如何理解谈判者的主观态度、如何应对信息不充分、如何突破谈判障碍等讨论的基础上，本书将针对这些现象提出如下三点建议。

1. 不要轻视对方的"理由"

遇到以上情形，很多人的第一反应可能是感叹这世界上还有这么"不讲理"或者"不可理喻"的人。这种反应很正常，但可能会影响谈判情绪，甚至会让人对谈判"心生倦意"或者作出更为强硬的回应。显然，这些反应和回应都不利于接下来的交流沟通，甚至可能中了对方的"圈套"，前文已经介绍过的虚开高价/低价、声东击西、懦夫策略等谈判诡计（硬式棒球法）用的就是这种故意"不讲理"的招数。因此，正如我们此前一直强调的，这个时候不妨先冷静下来，想一想：对方是真的"不讲理"吗？

毛泽东同志曾说过，"世上决没有无缘无故的爱，也没有无

缘无故的恨"①。这句话同样适用于法律谈判中的交流沟通。有的谈判对手可能对您的说理不置可否，有的则会提出一些让您觉得非常荒唐的"理由"，这些理由或是明显违背法律常识，或是可能连对方自己都不相信的"托词"，但人们在谈判中的言谈举止总是有着自觉或者不自觉的"理由"在支撑着。因此，当遇到看起来"不讲理"的谈判对手时，最好不要感到惊讶或者愤怒，而是要考虑是不是对方讲的"理"与您认定的"理"不一样。当然，如果您认同第二章有关客观标准多样性及其关系的观点，肯定就不会认为这种现象在法律谈判中只是某种例外。

认识到对方可能并不是不"讲理"，或许可以让您平复情绪，进一步思考对方的"理"是什么，以及为什么双方在"理由"的认知上会出现分歧。基于"三位一体"的法律谈判思维，本书对这些现象的多种成因做了相关讨论，比较重要的因素涉及三个方面。其一，信息不充分。例如，对谈判事项相关信息把握不够全面导致对己方利益缺乏足够清晰的认识，意识不到己方利益需要他方配合才能实现，看不到谈判各方利益存在兼容共赢的空间，错误地估计己方与他方的谈判地位，等等。其二，客观标准分歧。法律无疑是法律谈判中最重要的客观标准，但习俗、惯例、行规、共享观念等其他客观标准在现实生活中同样具有其深厚的正当性和认同基础。事实上，即便谈判各方都依据法律进行谈判，法律本身的含义及法律运作中的不确定也会造成谈判者的理解分歧，更何况，很多谈判事项缺乏法律的明确规定，人们对待法律也存在敬畏、利用、对抗等多种态度。其三，主观认识差

---

① 《毛泽东选集》（第3卷），北京：人民出版社1991年版，第871页。

异。人们在理解信息、把握客观标准时往往会掺杂自己的主观态度。受到成长经历、教育文化、工作职业、经济状况等各种因素的复杂影响，个体间的主观态度会存在明显差异，同时也不可避免地存在各种认知偏差和感知偏差。

意识到"各说各理"可能是法律谈判中常见的现象，剖析其可能的成因，我们或许就能够更加心平气和地看待对方的"不讲理"，在理解对方"理由"及其背后的"理性"的同时，将精力聚焦在如何"说理"之上。由于本书在前面相关部分就如何应对信息不充分、如何探知和影响主观态度等问题已有详细讨论，接下来我们主要聚焦于客观标准等"理由"的给定与接受展开讨论。

2. 不要苛求"理由"的深刻全面

认识到对方不是"不理性"而是有自己的"理由"，并不是道德宣教式地要求您"理解"对方。就如【事例5】中的G公司和H经理，他们那样做显然有其经济上或者其他方面的考虑。如果只是一味地理解他们的这些考虑，很容易丧失己方的利益和立场，那么为何还需要谈判呢？事实上，"知我者谓我心忧，不知我者谓我何求"，人与人之间的理解或者共情本来就是一件很难的事情，片面要求理解对方不仅不合理而且做不到，到最后可能还是会陷入各执己见。看到这儿，或许您会感觉到有些沮丧——既然在法律谈判中存在那么多具有认同基础的"理由"，我们又如何期待谈判各方能够通过沟通说理达成合意呢？对此，本书给出的建议是，不要苛求谈判说理的深刻全面。简要来说，法律谈判中的合作并不要求各方必须在方方面面达成彻底的共识。有时候，只要能够在抽象的原则层面或者非常具体的问题上找到共同点，谈判就有可能获得成功。下面请允许我们用非常简约的篇幅介绍一下罗尔斯的"重叠共识"（overlapping consensus）和桑斯坦的"未完全理论化合意"（incompletely theorized agreements），其原因在于这两种理论对价值多元的社会中人们如何达成共识展开了深入分析。

"重叠共识"是罗尔斯在其晚期作品中提出的一个概念。简要来说，他认为，在多元化的社会中，人们可能因为宗教、哲学或者道德观念上的差异而具有深刻分歧，但这些个人信仰和价值观念上的分歧并不一定会破坏社会的稳定公正，而是可能通过理性的对话协商，找到某些共同认可的基本价值或者抽象原则。这种重叠共识既不要求人们放弃自己的道德、宗教或者哲学信仰，同时也能够为维系政治稳定和社会合作提供必要的基础。① 桑斯坦并不完全反对罗尔斯的这种抽象化的"重叠共识"，但他认为有时候人们的分歧可能恰恰在于一些根深蒂固的根本原则。执着于在这些原则层面上达成共识不仅很困难，甚至反而可能导致社会撕裂和人们分歧的加深。他认为，现实中的情形可能恰恰相反，人们虽然缺乏对更广泛或者更深刻的哲学、道德或者政治理论上的共识，但这并不妨碍他们在某些具体的问题或者事项上达成一致。② 或者说，人们的合作可以不依赖于"灵魂深处闹革

---

① 参见［美］罗尔斯：《政治自由主义》，万俊人译，南京：译林出版社 2011 年版，第 133 页。

② See Cass R. Sunstein, *Legal Reasoning and Political Conflict*, 2nd edition, Oxford：Oxford University Press，2018，pp. 36 - 38.

命",而是可以通过这些范围较"窄"或者程度较"浅"的共识来实现。

应当说,罗尔斯和桑斯坦的理论并不是针对法律谈判而形成的,而是各有其理论语境,但对于法律谈判的微观互动而言,"重叠共识"与"未完全理论化合意"确实为持有不同"理由"的谈判各方达成合意提供了某种可能的说明。就前者而言,大到我们在许多国际事件磋商中常常可以看到的"宣言"或者"共识",小到本书提到的以"儿童利益最大化"等共识性理念、原则、价值等来推动谈判的进行,这些抽象化的(有时甚至是空洞的)"重叠共识"不仅可以维系谈判各方的关系,同时还能为接下来具体问题的沟通、头脑风暴或者方案评估选择提供条件。就后者而言,【事例5】或许就是一个明显的例子。F调解员和H经理可以在及时解决小区环境噪声污染这个非常具体的问题上达成一致,但各自深层次的理由可能完全不同。H经理的主要考虑或许只是长远的经济利益,而F调解员更多考虑的是则恢复正常生活。当然,"重叠共识"和"未完全理论化合意"看似在抽象与具体上各执一端,但实际上并不必然冲突。在法律谈判中既能在抽象层面上找到共识,又能在具体问题上发现共同点,无疑更有助于谈判合意的达成。

3. 不要忽视"理由"的沟通方式

讨论到这里,或许还有一个遗留问题:即便我们意识到谈判各方秉持的"理由"不尽相同,而且也找到了达成合意的可能契机,那么又该如何展开具体的"理由"给定与接受呢?我们的建议是不要忽视"理由"的沟通方式。就此而言，我们在第四章曾经向您介绍了蒂利的研究。在他看来，人们就是通过"理由"的给定与接受来适应并建构相互之间的社会关系的。不仅如此，他还对"理由"的类型进行了划分，其中涉及不同的"理由"与社会关系的适应和建构的关联。

具体来说，蒂利从两个维度对"理由"作了区分。一个维度是看"理由"是通俗的还是专业的。例如，之所以没有按时赶到谈判现场是因为"火车晚点了"或者"早上吃坏肚子了"等，这些都是通俗的理由；之所以要求损害赔偿是因为对方"违反合同约定的义务"或者"装修使用的材料导致呼吸系统疾病"，这些则是专业的理由。另一个维度则是看"理由"是程式化的还是内含因果表述。所谓程式性理由，权衡的是 Y（事件、行为或后果）与 X（先于 Y 的事件、行为或后果）之间的匹配程度而不深究真实的因果关系，例如"火车晚点了""违反合同约定的义务"。因果表述性理由则追溯的是由 X 到 Y 的因果过程，例如"早上吃坏肚子了"导致无法按时到会，"装修使用的材料导致呼吸系统疾病"因而要求赔偿。

通过这两个维度的区分，蒂利给出了四种理由类型：惯例、故事、准则、专业表述（见表 5 - 2）。（1）惯例。"火车晚点了"就是一个典型的惯例式理由。它的接受不需要专业知识，依赖的是社会的普遍性认识，或者是理由给定者与接收者之间的共享经验。同时，惯例遵循的是适当性逻辑，也就是说它满足了"说得过去"的标准就可以了，它不需要非常详细地说明因果充分性，也不需要真实性，更不需要具有多么强大的解释力。（2）故事。

"早上吃坏肚子了"就是在给出故事式理由。与惯例不同，故事包含一定的因果要素，而不只是满足适当性逻辑。接收者不会满足于"正好碰巧""我不是故意的"等普遍惯例，而是要求必须给出一个看起来更复杂的原因。一般来说，故事重构并精简了已发生的社会过程，需要给出一幅令人印象深刻的 X 到 Y 的图谱。(3) 准则。"违反合同约定的义务"是典型的准则式理由。相比之下，准则不需要太多解释，"遵守规则"这件事本身就可以成为理由。这种理由需要遵循专门的范畴、证据处理程序和诠释规则，并在抽象的准则与具体发生的事情之间建立一定的关系。(4) 专业表述。"装修使用的材料导致呼吸系统疾病"则是一种专业表述式理由。这种理由要求用专业性的知识（而非生活常识）为事情的发生提供因果性的解释（而非适当性逻辑）。如果给定者是专业人士，而接收者不是专业人士，那么给定者就必须提供更多的背景知识才有可能使得该理由被接受。

表 5-2　查尔斯·蒂利的"理由"类型划分①

	通俗	专业
程式	惯例	准则
因果表述	故事	专业表述

相信通过以上简要介绍，您已经发现了这些不同理由对应的恰当的社会关系有所差异。查尔斯·蒂利进一步给出了两者之间的若干假设：

---

① 参见［美］查尔斯·蒂利：《为什么》，李钧鹏译，北京：北京时代华文书局2014 年版，第 18 页。

在其专业领域内，理由给予者提倡并实施准则和专业表述，而避免惯例与故事……专业领域的理由给予者通常是将惯例和故事转换为自己偏好语言的高手，并经常指导他人予以合作……从而，在任何社会情境中，知识专业化程度越高，准则和专业表述越普遍。

在理由给予者和接收者之间的关系较远，或给予者地位较高时，给予者给出程式，而非因果表述……从而，程式的给予者宣告了自己的优越性或与接收者之间的差异。

理由的接收者通常会要求给予者作出因果表述，以此挑战对方所宣告的优越性……这些要求通常表现为对对方提出的程式表示不满，并要求了解 Y 究竟如何且为何发生的细节。

即使是当权者给出的准则，目达耳通的接收者同样可以利用这些准则，阐明它们遭到给予者的误用，以此挑战给定的理由。

即使理由给予者和接收者之间存在距离或不平等关系，只要接收者具有明显的影响给予者后续福祉的权力，给予者就会从程式转为因果表述。[①]

当然，以上假设或许还需要结合具体语境来判断，您也可以在此基础上推导出更多的假设。结合蒂利的这些讨论，本书建议您在与所谓的"不理性"的人沟通时，注意以下三点。

---

① ［美］查尔斯·蒂利：《为什么》，李钧鹏译，北京：北京时代华文书局 2014 年版，第 160－161 页。

第一，法律谈判中的说理并非要给出一个"充分"的说明，往往只是需要给出一个对方可以"接受"的说法。人们常常给自己或他人寻找理由，并不是出于某种对真相或者自圆其说的追求；相反，这些理由也可能是非常肤浅的、矛盾的，甚至从旁观者来看非常牵强，但只要能够让对方接受，谈判就有可能达成合意。

第二，法律谈判中理由给定取决于谈判情境，特别是谈判各方之间的关系。这些情境和关系会强烈地影响他们对"理由"的提出、接受或者抗拒。例如我们在分析【事例4】秋菊的"说法"时所发现的，不同的沟通情境和沟通对象在很大程度上决定了对这种"说法"的理解、接受并影响到了后续的沟通过程。

第三，法律谈判中"理由"的给定与接受，给营造谈判情境制造了空间。尽管您的谈判对手看起来似乎"不讲理"，但一定有其"理由"。通过调整理由的给出方式，或者通过不同"理由"的混合搭配，或许有助于谈判各方的有效沟通。

第三节　法律谈判思维的养成路径

行文至此，本书有关"三位一体"法律谈判思维的讨论基本上结束了。如果您对这些讨论有所认同的话，可能会想进一步知道这种法律谈判思维究竟如何才能养成。坦白说，在这个问题上难以给您一个简短回答。除需要对本书论及的知识、技术、情境等多方面的要素及其复杂关系进行系统梳理之外，关键在于法律谈判思维的养成涉及教学模式、机制和方法等更多内容，因而需要另外一本专门的书籍才能予以详细展示。在此，本书仅从三个方面为您提供一些建议。

一、超越"屠龙术"：重点在于思维框架而不是具体技巧

在阅读本书之前，您或许已经看过一些谈判类书籍，甚至接受过一些谈判培训，但可能很少有人专门讨论思维框架，而是将更多精力放在谈判的具体技巧上。本书并不是要否定谈判技巧的意义，事实上本书中也有大量内容讨论各种谈判战略和谈判技能。不过，我们认为仅仅注重技巧的学习训练，很难应对法律谈判实践的需求，一个重要的原因在于法律谈判具有很强的行为性和过程性。

所谓"行为性"，主要是指法律谈判总是面对具体的人、解决具体的事。不同的谈判事项可能要求不同的战略和技能，不同的谈判对手也需要您以不同的方式与之交流沟通。设想一下【事例 4】中的"秋菊打官司"：如果村长面对的不是"秋菊"而是一位更为"温顺"的村民（例如后期转变态度的秋菊的丈夫），他采用的沟通方式或许就很管用；如果村长踢的不是"要命的地方"，或许秋菊也用不着像后来那样诉诸裁决、复议或者诉讼等机制；如果行政诉讼过程中聘请的律师面对的是一位懂法律的人，或许他的解释方法早就可以让对方明确法律上的"说法"是什么……遗憾的是，这些情况都没有发生，其原因就在于谈判的人和事的差异。在这个意义上，不全面深入了解并系统把握谈判的知识、技术和情境

因素，我们很难掌控法律谈判的整体格局，技术学得再好也可能无处安放，而安放错误则很可能导致"南辕北辙"。

所谓"过程性"，主要是指法律谈判是一项复杂的人际交往活动。法律谈判可能成功或是失败，可能顺畅或是受阻，但谈判各方的社会关系都可能因此而发生改变。失败的谈判并非完全没有意义，不仅可以积累经验，处理妥当的话还能改善各方关系，为将来合作提供契机。成功的谈判也并不总是积极的，如果处理不妥当也可能会引起对方的不适，甚至使本来存在的重复性交往"到此为止"。谈判中的竞争与合作更是变幻莫测，不是所有的利益关系兼容的谈判都能达成合意，也并非所有"资源固定且有限"的谈判都必然是你死我活，两者之间还存在转化可能。显然，要在适应这些复杂关系中推进有效沟通，实现谈判目标和谈判利益，就不能只将目光盯在具体技巧层面，而是要充分关注到法律谈判涉及的多种知识、技术、情境等因素及其复杂关系。如此，才能够根据具体谈判的特殊情况，灵活予以组合运用，避免某些谈判技巧的僵化使用。看到这儿，或许您就更加清楚为何本书不援用传统的竞争型谈判与合作型谈判的界定。当然，这也是我们没有在本书中刻意区分索取价值与创造价值、纠纷解决型谈判与达成交易型谈判等传统分类的原因。①

---

① 这些分类参见［美］迪帕克·马哈拉、马克斯·巴泽曼：《哈佛经典谈判术》，吴弈俊译，北京：中国人民大学出版社2009年版，第2－60页；［美］斯蒂芬·B. 戈尔德堡，弗兰克·E. A. 桑德、南茜·H. 罗杰斯、塞拉·伦道夫·科尔：《纠纷解决——谈判、调解和其他机制》，蔡彦敏、曾宇、刘晶晶译，北京：中国政法大学出版社2004年版，第68－71页。

在绪论中，我们已从"道"与"术"的关系角度向您介绍了本书为何不以谈判技巧为中心展开讨论，在此处则从法律谈判能力养成的角度对"道术结合"的法律谈判思维作出一些补强说明。综合这些讨论，我们建议您在掌握各种谈判技术的时候，最好是将之融入法律谈判思维的整体框架之中，由此才能避免花了很大力气习得的各种技术变成"中看不中用"的"屠龙术"。

二、超越"守法主义"：需要掌握的不仅仅是法律

当我们谈到"法律谈判"时，很多人可能会习惯性地认为这就是一个运用谈判技能适用法律的过程。这种理解，并不能说错，但至少不够精确，不足以全面把握法律谈判的性质和过程，甚至可能因过分聚焦于法律知识，而形成某种"守法主义"的思维定式。正如本书向您揭示的那样，法律实践内含双重意义上的"知行合一"，即法律知识的"知"及其应用技能的"行"的结合，以及法律的"知"与其社会实践的"行"的结合。缺乏任何一个维度，我们都可能会像施克莱说的那样，"难以认识到，在一个复杂的社会世界中，法和法律程序的力量何在，弱点何在"。无论是过于夸大法律的作用，看不到其他社会主体、规范和机制的意义，还是过于贬低法律的意义，忽视运用法律来统摄其他社会要素的能力，都无法满足法律实践的要求。

基于法律实践的展开过程和基本性质，本书搭建了一个由知识架构、技术构成、情境构造等基本要素组成的法律谈判思维体系。在法律谈判的知识构成中，除法律法规以外，我们还需要了

解与谈判相关的习俗惯例、自治规范、共享观念等其他社会规范，甚至需要尽量探知谈判者的主观态度。在法律谈判的技术构成中，法律检索、推理、解释、论证等法律技能当然非常关键，但各种战略确定、沟通交流以及替代性机制运用等其他技术亦不可或缺。在法律谈判的情境构造中，除了了解法律的规定，还需要运用各种社会学、心理学、经济学等的知识和技能。为了让您有一个更直观的感受，图5-1整理了本书讨论的法律谈判思维的各种要素。从中不难看出，法律知识及其技能尽管很重要，却远不是全部的内容。

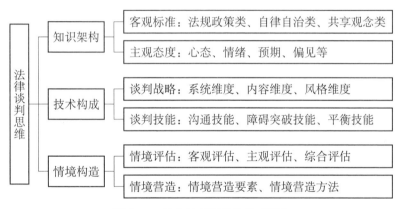

图5-1 法律谈判思维的构成要素

当然，有人可能会对此产生疑问：法律谈判思维涉及这么多因素，法律看上去比重那么小，这还是法律谈判吗？对此，我们或许有必要重申如下观点：法律谈判以熟知法律、深谙法理、精通技能为基本前提，超越"守法主义"并不是忽视法律知识及其专门技能，而是要求在此基础上学会如何在复杂的人际交往中妥善地应用这些知识和技能。事实上，法律本身是社会的构成因素，与其他社会要素存在复杂的关系。只关注法律本身而不顾及其他，表面上是将法律奉为圭臬，实际上却是一种封闭的僵硬思维，反而轻视了法律在与其他各种社会要素的互动中所蕴含的巨大力量。

三、超越"本本主义"：在适应和建构社会关系的过程中将知识转化为能力

相信无论对法律谈判是否事先有所了解，我们都知道这是一项实践活动，需要超越"本本主义"。可是，超越"本本主义"说起来简单，做起来却不是一件容易的事情。就此而言，本书反复提及的一个建议是努力在适应和建构社会关系的过程中将知识转化为能力。由于这个建议涉及以什么样的态度、目标和方式来面对真实的法律生活和现实世界，本章最后还想就这个建议多说几句。

首先，要学会"适应"社会关系。这不仅仅是说要进入谈判情境之中理解谈判各方的关系，同时也要求将谈判情境和各方关系放在社会现实中予以把握。只有这样我们才能避免出现"信息对称""地位绝对平等""法律理性"等"幻象"，才能深刻地理解谈判涉及的实质分歧是什么、谈判是否是一种明智的选择、谈判的空间何在以及如何才有可能达成合意。当然，在"适应"社会关系的过程中您也可能会接触到现实社会中存在的一些不那么美好的现象或者问题，这可能会让秉持公平、正义、平等对待每

一个人的您有些不适应，甚至可能感到失望和沮丧，但这些不美好的事物同样是真实的社会生活的组成部分。虽然人们常说"理想很丰满，现实很骨感"，但不能直面现实的"理想"其实并不是真的理想，很可能只是幻想，而秉持幻想来展开法律谈判或者法律实践，最后收获的可能只是挫折、失误或者沦为犬儒主义。

其次，要学会"建构"社会关系。强调法律谈判要"适应"社会关系，并不是说完全屈从于社会现实，而是要求运用法律知识、经验和技能来改善自己的谈判情境，为己方与他方创造出更为良好的关系，而这本身也是法律"实践"的题中应有之义。这也就意味着，法律谈判并不是简单地将法律规范"代入"具体的谈判事项之中，甚至不只是在法律规范与案件事实之间的"目光来回往返流转"，而是在法律与其他各种社会要素的互动中实现纠纷的妥善解决和社会关系的可持续发展。因此，法律谈判本身是一个极具创造性的工作，只懂法条而不知道如何妥善运用，很难成为一名优秀的法律谈判者。

再次，要懂得"社会关系"。真实的法律生活和现实生活从来不会为法律条文所困，而是体现为人与人之间的鲜活多样的各种联系。对于一位严谨的法律人来说，掌握法律规范、要件事实及其关联无疑是最基本的要求，但仅仅掌握这些尚不足以让您展开一场成功的法律谈判。无论是为了达成交易，还是为了妥善地解决纠纷，我们都需要努力扩展对社会关系的性质、层次和要素的了解，由此才能够识别出正在进行的谈判究竟是在"分蛋糕"还是在"做蛋糕"，怎样"分蛋糕"才能让各方都接受，有无可能将"分蛋糕"转变为"做蛋糕",以及如何通过"谈判桌内"与"谈判桌外"的联动获得更有效的谈判策略和更好的谈判结果。

最后,要学会将"知识"转化为"能力"。法律知识的准确把握很重要,了解各种相关的社会学、心理学等知识也殊为不易,但懂得这些知识,并不意味着具备了解决具体问题的实践能力。对于法律实践而言,最重要的或许也是最难的是如何将"知识"转化为"能力",这既是法律谈判必备的素质,同时也只有通过大量的训练实践才能逐渐获得。指望通过阅读谈判学之类的书籍就成为一名法律谈判高手,那是不切实际的。当然,不了解法律实践的过程和要求,不明晰法律谈判的要素及其关系,在谈判实践中纯粹"跟着感觉走"不仅缺乏效率,还可能出现偏差。通过法律谈判的"道术结合"以满足法律实践的"知行合一",即为本书提出"三位一体"法律谈判思维的原因和目标,希望本书能够对这种"能力"的养成或者转化提供某种框架或者参考。

扩展阅读

1. 埃里克·A. 波斯纳. 法律与社会规范. 沈明,译,北京:中国政法大学出版社,2004. 该书运用信号传递、博弈理论等经济分析工具,为人们为何倚重社会机制(规范)展开合作提供了一个有趣的论证。

2. 陆益龙. 转型中国的纠纷与秩序:法社会学的经验研究. 北京:中国人民大学出版社,2015. 该书主要从社会学的视角来探析当代中国的纠纷及其解决，为理解当前法律谈判适用的具体场景、条件和各种影响因素提供了诸多参考。

3. 刘坤轮. 法学教育与法律职业衔接问题研究. 北京：中国人民大学出版社，2009. 该书系统分析了法学教育、法律职业的实际状况以及二者对接中出现的问题，虽成书时间较早，但所揭示的现象对于思考当下的法律谈判及其培养模式等问题仍有重要参考价值。

结　语

法治、法律人与法律谈判思维

由于本书第五章已经对全书内容做了一个总结，结语部分不再重复这项工作。考虑到法律谈判（思维）对于法治和法律人的重要性常常被忽视，我们想就"法治、法律人与法律谈判思维"谈几点想法，并回应本书可能会引发的质疑。

我们预计可能会遭到两个方面的质疑。其一，法律谈判必然会涉及各种事实问题的处理，但全书几乎没有这方面的内容。其二，法律谈判思维将许多非法律的因素都包含进来，特别是把习俗习惯、自治规范甚至共享观念都当作谈判决策和行动的依据，是否有悖于法治的基本要求？第一个质疑无疑是合理的，却很难在本书中予以完整呈现。这不仅是因为篇幅有限，更重要的原因在于事实问题主要属于诉讼法、证据法、法律方法等其他研究所要解决的内容。当然，如果不限于要件事实，本书实际上也从信息收集运用、"信息不充分"下的决策等角度对法律谈判中的"事实"问题做了更广义的讨论。至于第二个质疑，尽管我们在第五章中略有说明，但尚不够充分，需要结合法治和法律人的素质略作讨论。

众所周知，法治的基本内涵确实是"依法而治"，但这并不是说法治就等同于法律或者法律机制。除了只有达到某些特定要求的法律才有可能构成法治，法治一定包含了比法律或者法律机制更多的内容。前者构成了现代以来有关形式/实质、薄/厚等各种法治观的争论核心，在此我们不过多涉及。后者则是指应当将法律以外的各种社会主体、规范和机制纳入法治的范畴之内，而这与本书对法律谈判（思维）的理解息息相关，具体可从必要性和可能性两个方面予以简单介绍。就必要性而言，如果法治只限于法律的机构、规范或者制度，也就意味着法律以外的要素不在其覆盖范围之下。可是，如果法治不具有覆盖全部现实生活的意义，又怎么能够称得上"法律的统治"（rule of law）？就可能性而言，相信通过对本书的阅读，您也发现了法律与其他各种社会主体、规范和机制存在错综复杂的互动关系，"法律的统治"并不要求法律对所有社会领域都予以直接或者深度的干预，而是可以在这种互动中实现法律对其他社会要素的统摄，既确保个体尊严和社会秩序，同时又维系社会活力和多元价值。或许只有结合这些必要性和可能性，我们才能理解法治为何会成为社会治理的支配性方式，同时也是现代社会应当追求的人们的基本生存方式。①

如果您也认为以上说法有些道理，并认同本书提出的谈判是法律实践或者法律运作的基本展开方式的话，那么我们或许应当以更宽阔的视野来理解法律人的使命，以更严格的标准来审视法律人的基本素质。无论是忠诚于法治，还是切实地为当事人利益服务，法律人无疑需要掌握法律知识及其应用技能，但不能仅限于这些"人为理性"，同时还应当努力理解现实社会及其要素、构造和运作规律，并运用法律知识技能来统摄并释放各种社会要素的作用。毫无疑问，"法是善良与公平之技艺"（ius est ars boni et aequi），但我们不能假定社会现实就是"善良与公平"的，局限在所谓的"信息充分"下作出看似逻辑周密的决策，忽视法律以外的其他价值或者理由，掩耳盗铃般地假设所有人的地位平

---

① 参见彭小龙：《规范多元的法治协同：基于构成性视角的观察》，《中国法学》2021 年第 5 期；彭小龙：《法治社会的内涵及其构造》，《中国人民大学学报》2023 年第 5 期。

等。相反，法律人应当是坚持法治理想、具有解决实际问题能力的现实主义者，应当善于运用"人为理性"或者"技艺"使一个不总是那么美好的社会现实变得更加美好，在注定信息不充分的环境中展开畅通的交流沟通、在不存在绝对平等的条件下谋得一个尽量公平的地位、在每个人都有自己的脾气的情况下进行真诚的说理说服。

应当说，在高等法学院校中，培养造就法律人的这些素质的的工作主要应当由法律谈判之类的课程来承担。毕竟，法学理论和部门法学都有其任务和分工，需要将主要的精力放在法律的原理、规则和制度的讲授之上。遗憾的是，法律谈判在目前的教学体系中往往只是被当作一门纯粹的实务操作课程来对待，或只是对法律知识及其推理技术的进一步强化，或是干脆沦为人际交往技巧的传授。坦白说，我们或许还没有充分意识到法律谈判是一门融原理、制度与技术为一体的学问，涉及法学、社会学、经济学、心理学等许多学科的知识、方法和技术。在目前的书籍、教学和培训中，除讲述谈判技巧或者法律操作技巧以外，存在无可用教材、无成形课程体系、无恰当教学方法等"三无"现象。这种现象的形成在很大程度上不能归结于不受重视，毕竟法律谈判作为法律硕士研究生必修课已经十余年了；关键的原因可能还在于研究的匮乏，尤其是理论与实践、法学与其他学科、专业知识与技能养成的结合度明显不够。在这种情况下，本书绪论提到的"学法律、就是背法条"等误解和"法学毕业生'不好用'"等现象也就不足为奇了。

正是基于以上考虑，本人虽然主要在高校从事理论研究和教学工作，但还是不揣浅陋，在从事法社会学、法治理论、纠纷解决、司法制度等研究的基础上提炼出一个"三位一体"的法律谈判思维。由于学养积累不够，特别是实务经验匮乏，本书肯定还存在许多缺陷甚至错误，对很多问题还需要接下来做出更多深入的研究。希望这本书不至于太辜负您的期待，也恳请得到您的批评指正。

参考文献

（一）中文著作

1. 毛泽东选集：第3卷．北京：人民出版社，1991.

2. 习近平．论坚持全面依法治国．北京：中央文献出版社，2020.

3. 蔡彦敏，祝聪，刘晶晶．谈判学与谈判实务．北京：清华大学出版社，2011.

4. 范愉．非诉讼纠纷解决机制．北京：中国人民大学出版社，2000.

5. 范愉．纠纷解决的理论与实践．北京：清华大学出版社，2007.

6. 范愉．非诉讼程序（ADR）教程．4版．北京：中国人民大学出版社，2020.

7. 费孝通．乡土中国．上海：上海人民出版社，2013.

8. 韩德云，袁飞．法律谈判．北京：法律出版社，2018.

9. 刘坤轮．法学教育与法律职业衔接问题研究．北京：中国人民大学出版社，2009.

10. 陆益龙.转型中国的纠纷与秩序：法社会学的经验研究.北京：中国人民大学出版社，2015.

11. 彭小龙.非职业法官研究：理念、制度与实践.北京：北京大学出版社，2012.

12. 冉井富.当代中国民事诉讼率变迁研究：一个比较法社会学的视角.北京：中国人民大学出版社，2005.

13. 苏力，等.秋菊的困惑：一部电影与中国法学三十年.陈欣，强世功编，北京：生活·读书·新知三联书店，2023.

14. 王利明.人民的福祉是最高的法律.2版.北京：北京大学出版社，2018.

15. 俞可平.社群主义.北京：东方出版社，2015.

16. 赵鼎新.什么是社会学.北京：生活·读书·新知三联书店，2021.

17. 朱景文.现代西方法社会学.北京：法律出版社，1994.

18. 朱景文.比较法社会学的框架和方法：法制化、本土化和全球化.北京：中国人民大学出版社，2001.

19. 朱景文.中国法律发展报告2020：中国法治评估的理论、方法和实践.北京：中国人民大学出版社，2020.

（二）中文译著

1. 马克思恩格斯全集：第3卷.北京：人民出版社，1960.

2. 马克思恩格斯全集：第28卷.北京：人民出版社，2018.

3. 马克思.路易·波拿巴的雾月十八日.北京：人民出版社，2018.

4. 罗伯特·C.埃里克森.无需法律的秩序：邻人如何解决

纠纷．苏力，译．北京：中国政法大学出版社，2003.

5. 欧根·埃利希．法社会学原理．舒国滢，译．北京：中国大百科全书出版社，2009.

6. 理查德·波斯纳．法官如何思考．苏力，译．北京：北京大学出版社，2009.

7. 埃里克·A. 波斯纳．法律与社会规范．沈明，译．北京：中国政法大学出版社，2004.

8. 布迪厄，华康德．实践与反思：反思社会学导引．李猛，李康，译．北京：中央编译出版社，1998.

9. 唐纳德·布莱克．法律的运作行为．苏力，唐越，译．北京：中国政法大学出版社，2004.

10. 唐纳德·布莱克．正义的纯粹社会学．徐昕，田璐，译．杭州：浙江人民出版社，2009.

11. 米尔伊安·R. 达玛什卡．司法和国家权力的多种面孔：比较视野中的法律程序．郑戈，译．北京：中国政法大学出版社，2004.

12. 查尔斯·蒂利．为什么．李钧鹏，译．北京：北京时代华文书局，2014.

13. 罗杰·费希尔，威廉·尤里，布鲁斯·巴顿．谈判力．王燕，罗昕，译．北京：中信出版社，2012.

14. X. M. 弗拉斯科纳，H. 李．赫瑟林顿．法律职业就是谈判：律师谈判制胜战略．高如华，译，北京：法律出版社，2005.

15. 杰罗姆·弗兰克．初审法院：美国司法中的神话与现实．

赵承寿，译.北京：中国政法大学出版社，2007.

16. 杰罗姆·弗兰克.法律与现代精神.刘楠，王竹，译.北京：法律出版社，2020.

17. 劳伦斯·弗里德曼.碰撞：法律如何影响人的行为.邱遥堃，译.侯猛，校.北京：中国民主法制出版社，2021.

18. 米歇尔·J. 盖尔芬德，珍妮·M. 布雷特.谈判与文化：心理过程、社会过程与具体情境.张燕雪丹，柏埕，侯佳儒，译.北京：中国政法大学出版社，2019.

19. 斯蒂芬·B. 戈尔德堡，弗兰克·E. A. 桑德，南茜·H. 罗杰斯，塞拉·伦道夫·科尔.纠纷解决：谈判、调解和其他机制.蔡彦敏，曾宇，刘晶晶，译.北京：中国政法大学出版社，2004.

20. 克利福德·格尔茨.地方知识.杨德睿，译.北京：商务印书馆，2016.

21. 哈特.法律的概念.2 版.许家馨，李冠宜，译.北京：法律出版社，2006.

22. 马克·范·胡克.法律的沟通之维.孙国东，译.刘坤轮，校.北京：法律出版社，2008.

23. 爱德华·霍尔.超越文化.何道宽，译.北京：北京大学出版社，2010.

24. 菲利普·K. 霍华德.无法生活：将美国人民从法律丛林中解放出来.林彦，杨珍，译.北京：法律出版社，2011.

25. 安东尼·吉登斯.社会的构成：结构化理论纲要.李康，李猛，译.北京：中国人民大学出版社，2016.

26. 本杰明·卡多佐．司法过程的性质．苏力，译．北京：商务印书馆，2002.

27. 富勒．法律的道德性．郑戈，译．北京：商务印书馆，2005.

28. 罗杰·科特威尔．法律社会学导论：第 2 版．彭小龙，译．北京：中国政法大学出版社，2015.

29. 卡尔·拉伦茨．法学方法论：全本·第 6 版．黄家镇，译．北京：商务印书馆，2020.

30. 阿兰·佩卡尔·朗珀勒，奥雷利安·科尔松．谈判的艺术．张怡，邢铁英，译．北京：北京大学出版社．2012.

31. 罗伊·J. 列维奇，布鲁斯·巴里，戴维·M. 桑德斯．列维奇谈判学．郭旭力，等译．北京：中国人民大学出版社，2008.

32. 罗尔斯．正义论．何怀宏，何包钢，廖申白，译．北京：中国社会科学出版社，1988.

33. 尼古拉斯·卢曼．法社会学．宾凯，译．上海：上海世纪出版集团，2013.

34. 尼可拉斯·鲁曼．社会中的法．李君韬，译．台北：五南图书出版股份有限公司，2019.

35. 罗尔斯．政治自由主义．万俊人，译．南京：译林出版社，2011.

36. 罗杰·费希尔，威廉·尤里，布鲁斯·巴顿．谈判力．王燕，罗昕，译．北京：中信出版社，2009.

37. 迪帕克·马哈拉，马克斯·巴泽曼．哈佛经典谈判术．吴弈俊，译，北京：中国人民大学出版社，2009.

38. 罗伯特·芒金. 谈判致胜. 刘坤轮, 译. 北京: 中国人民大学出版社, 2011.

39. 萨利·安格尔·梅丽. 诉讼的话语: 生活在美国社会底层人的法律意识. 郭星华, 王晓蓓, 王平, 译. 北京: 北京大学出版社, 2007.

40. 梅因. 古代法. 郭亮, 译. 北京: 法律出版社, 2015.

41. 诺内特, 塞尔兹尼克. 转变中的法律与社会. 张志铭, 译. 北京: 中国政法大学出版社, 1994.

42. 罗伯特·帕特南. 使民主运转起来. 王列, 赖海榕, 译. 南昌: 江西人民出版社, 2001.

43. 罗伯特·帕特南. 独自打保龄: 美国社区的衰落与复兴. 刘波, 等译. 北京: 北京大学出版社, 2011.

44. 狄恩·普鲁特, 金盛熙. 社会冲突: 升级、僵局及解决. 王凡妹, 译. 北京: 人民邮电出版社, 2013.

45. 菲利普·塞尔兹尼克. 社群主义的说服力. 李清伟, 马洪, 译. 上海: 上海人民出版社, 2009.

46. 朱迪丝·N. 施克莱. 守法主义: 法、道德和政治审判. 彭亚楠, 译. 北京: 中国政法大学出版社, 2005.

47. 布莱恩·塔玛纳哈. 法律多元主义阐释: 历史、理论与影响. 赵英男, 译. 北京: 商务印书馆, 2023.

48. 利·汤普森. 汤普森谈判学. 赵欣, 陆华强, 译. 北京: 中国人民大学出版社, 2009.

49. 拉里·L. 特普利. 法律谈判简论. 陈曦, 译. 北京: 中国政法大学出版社, 2017.

50. 涂尔干. 乱伦禁忌及其起源. 汲喆，付德根，渠东，译. 上海：上海人民出版社，2003.

51. 涂尔干. 社会分工论. 渠敬东，译. 北京：商务印书馆，2020.

52. 涂尔干. 社会学方法的准则. 狄玉明，译. 北京：商务印书馆，2020.

53.3. 史蒂文·瓦戈，史蒂文·巴坎. 法律与社会：第9版. 邢朝国，梁坤，译. 北京：中国人民大学出版社，2023.

54. 马克斯·韦伯. 经济与社会：第1卷. 阎克文，译. 上海：上海世纪出版集团，2010.

55. 弗里德里克·肖尔. 像法律人那样思考：法律推理新论. 增订版. 雷磊，译. 北京：中国法制出版社，2023.

56. 威廉·尤里. 突破型谈判. 进阶篇：学会拒绝拿到更多. 刘语珊，译. 北京：中信出版集团，2023.

57. 威廉·尤里. 突破型谈判：如何搞定难缠的人. 袁品涵，译，北京：中信出版集团，2023.

58. 帕特丽夏·尤伊克，苏珊·S. 西尔贝. 日常生活与法律. 陆益龙，译. 北京：商务印书馆，2015.

59. 彼得·约翰斯顿. 劣势谈判：小人物的谈判策略. 吴婷，李建敏，译. 海口：南方出版社，2011.

（三）英文著作

1. CASS R SUNSTEIN. Legal reasoning and political conflict. 2nd edition. Oxford：Oxford University Press，2018.

2. DAVID A LAX，JAMES K SEBENIUS. 3 - D negotia-

tion：powerful tools to change the game in your most important deals. Boston：Harvard Business School Press，2006.

3. DONALD BLACK. Sociological justice，New York：Oxford University Press，1989.

4. GEORGE GURVITCH. Sociology of law. London：Kegan Paul，Trench，Trubner & Co.，Ltd.，1947.

5. LAURA NADER & HARRY F TODD. The disputing process：law in ten societies. New York：Columbia University Press，1978.

6. MARC GALANTER. Why the haves come out ahead：the classic essay and new observations. Louisiana：Quid Pro Books，2014.

7. MARY DOUGLAS. How institutions think. New York：Syracuse University Press，1986.

8. ROGER COTTERRELL. Law，Culture and society：legal ideas in the mirror of social theory. Burlington，VT：Ashgate Publishing Company，2006.

（四）中文论文

1. 朗·富勒．人类互动与法．丁建峰，译//吴彦．富勒法哲学．北京：商务印书馆，2023.

2. 陈金钊．把法律作为修辞：认真对待法律话语．山东大学学报（哲学社会科学版），2012（1）.

3. 范愉．"诉讼社会"与"无讼社会"的辨析和启示：纠纷解决机制中的国家与社会．法学家，2013（1）.

4. 季卫东.法律程序的意义:对中国法制建设的另一种思考.中国社会科学,1993(1).

5. 刘作翔.当代中国的规范体系:理论与制度结构.中国社会科学,2019(7).

6. 罗豪才,宋功德.认真对待软法:公域软法的一般理论及其中国实践.中国法学,2006(2).

7. 彭小龙.规范多元的法治协同:基于构成性视角的观察.中国法学,2021(5).

8. 彭小龙.法实证研究中的"理论"问题.法制与社会发展,2022(4).

9. 彭小龙.法治社会的内涵及其构造.中国人民大学学报,2023(5).

10. 彭小龙."枫桥经验"与当代中国纠纷解决机制结构变迁.中国法学,2023(6).

11. 苏力.法律人思维?//北大法律评论:第14卷第2辑.北京:北京大学出版社,2013.

12. 孙笑侠.法律人思维的二元论:兼与苏力商榷.中外法学,2013(6).

13. 王启梁.国家治理中的多元规范:资源与挑战.环球法律评论,2016(2).

14. 张泰苏.中国人在行政纠纷中为何偏好信访?.社会学研究,2009(3).

（五）英文论文

1. ADAM D GALINSKY & THOMAS MUSSWEILER. First

offers as anchors: the role of perspective-taking and negotiator focus. Journal of personality and social psychology. vol. 81, no. 4 (2001).

2. DENNIS P STOLLE, DAVID B WEXLER, BRUCE J WINICK & EDWARD A DAUER. Integrating preventive law and therapeutic jurisprudence: a law and psychology based approach to lawyering. California western law review. vol. 34, no. 1 (1997).

3. GERALD R WILLIAMS. Negotiation as a healing process. Journal of dispute resolution. no. 1 (1996).

4. HOWARD S ERLANGER, ELIZABETH CHAMBLISS & MARYGOLD S MELLI. Participation and flexibility in informal processes: cautions from the divorce context. Law & society review. vol. 21, no. 4 (1987).

5. JAMES J WHITE. The pros and cons of getting to yes. Journal of legal education. vol. 34, no. 1 (1984).

6. JOHN O HALEY. The myth of the reluctant litigant. The journal of japanese studies. vol. 4, no. 2 (1978).

7. MARC GALANTER. Why the "Haves" come out ahead: speculations on the limits of legal change. Law & society review. vol. 9, no. 1 (1974).

8. MARGARET DAVIES. Legal pluralism. in PETER CANE & HERBERT M KRITZER eds. The Oxford handbook of empirical legal research. Oxford: Oxford University Press, 2010.

9. RICHARD LEMPERT. More tales of two courts: explo-

ring changes in the "disputes settlement function" of trial courts. Law & society review. vol. 13，no. 1 (1978).

10. RICHARD LEMPERT. The dynamics of informal procedure：the case of a public housing eviction board. Law & society review. vol. 23，no. 3 (1989).

11. ROBERT A KAGAN. The routinization of debt collection：an essay on social change and conflict in the courts. Law & social review. vol. 18，no. 3 (1984).

12. ROBERT H MNOOKIN & LEWIS KORRNHAUSER. Bargaining in the shadow of the law：the case of divorce. Yale law journal. vol. 88，no. 5 (1979).

13. ROBERT H MNOOKIN. Why negotiations fail：an exploration of barriers to the resolution of conflict. Ohio State journal on dispute resolution. vol. 8，no. 2 (1993).

14. S E MERRY. Legal pluralism. Law & society review. vol. 22，no. 5 (1988).

15. SALLY FALK MOORE. Law and social change：the semi-autonomous social field as an appropriate subject of study. Law and society review. vol. 7，no. 4 (1973) .

16. STEWART MACAULAY. Non-contractual relations in business：a preliminary study. American sociological review. vol. 28，no. 1 (1963).

17. TEHILA SAGY. What's so private about private ordering？. Law & society review. vol. 45，no. 4 (2011).

18. TORBJÖRN VALLINDER. When the courts go marching in//C NEAL TATE & TORBJÖRN VALLINDER eds. . The global expansion of judicial power. New York: New York University Press, 1995.

19. WILLIAM L F FELSTINER. Influences of social organization on dispute processing. Law & society review. vol. 9, no. 1 (1974).

后　记

　　本书是一份历经多年才完成的"作业"，而这份作业缘起于我 2006 年攻读博士学位之初。范愉老师的教导不仅让我感受到坚持法治理想的现实主义的魅力和艰辛，同时也促使我日益关注人们通过法律展开交往的丰富且复杂的面向。当 2012 年回到中国人民大学任教时，我开设的第一门课就是"法律谈判"，范愉老师就法律谈判的研究和教学给出了许多建议，也提出了许多期许。这本小书凝聚了过去十余年间我在法律谈判领域的一些思考和探索，不敢奢望这份"作业"完成得有多漂亮，是否合格也有赖于读者评断，但老师倡导的"将理论法学与实用法学或法解释学加以结合的研究路径，在民事诉讼、司法制度与法社会学的研究中找到一条融会贯通之路"，一直是我这些年从事研究（包含创作这本小书）坚持和努力的方向。

　　本书也是一份凝聚了多人智慧的"作业"：书中所列的诸多文献，谈判学、纠纷解决、法社会学、法律理论等领域的许多研究成果，为本书的创作提供了诸多启发和材料。与此同时，在这些年的研究和教学过程中，与许多优秀的法官、仲裁员、调解员、律师等实务专家，以及从事纠纷解决、法律谈判、法社会学等教学科研的同行的交流，让我获益匪浅，也让本书提出的法律谈判思维及其框架获得诸多宝贵的深化、检验和完善的机会。此外，过去十余年间在中国人民大学选修过我开设的"法律谈判"课程的同学们，一届又一届地见证了本书的基本轮廓和实质主张的形成和完善，积极参与了法律谈判思维及其框架的淬炼和成型。在这个意义上，他们既是本书的参与者，也是本书适时的最新阅读者。我的博士研究生姚禹辉、魏金荣、李建军、李卓恒帮助我整理授课录音稿，这对于本书能够以较为系统且通俗的方式呈现出来非常重要。最后，中国人民大学法学院的支持，以及中国人民大学研究生院将法律谈判列入"研究生示范课程建设"项目，为本书的研究和教学提供了充分的条件和空间。中国人民大学出版社政法分社郭虹社长和方明、王静、白俊峰等编辑的专业和用心，确保本书得以高质高效地出版。对于这些支持和付出，我表示由衷的感谢！

本书在某种意义上也是一份有待继续完成的"作业"。正如本书结语提到的，"法律谈判是一门融原理、制度与技术为一体的学问，涉及法学、社会学、经济学、心理学等许多学科的知识、方法和技术"，本人学力不逮、经验匮乏，尽管付出很大努力，对法律谈判及其思维的把握仍存在诸多不周全甚至错误之处，对很多问题也只是稍微触及而未作详细展开。今后，本人将继续在法律谈判及相关领域努力，同时也真诚地期待各位专家和读者的宝贵意见。

图书在版编目（CIP）数据

法律谈判思维/彭小龙著．－－北京：中国人民大
学出版社，2024.5
ISBN 978-7-300-32833-1

Ⅰ.①法… Ⅱ.①彭… Ⅲ.①法律-谈判学 Ⅳ.
①D90-055

中国国家版本馆 CIP 数据核字（2024）第 094019 号

法律谈判思维

彭小龙　著

Falü Tanpan Siwei

出版发行	中国人民大学出版社				
社　　址	北京中关村大街 31 号		**邮政编码**　100080		
电　　话	010 - 62511242（总编室）		010 - 62511770（质管部）		
	010 - 82501766（邮购部）		010 - 62514148（门市部）		
	010 - 62515195（发行公司）		010 - 62515275（盗版举报）		
网　　址	http://www.crup.com.cn				
经　　销	新华书店				
印　　刷	中煤（北京）印务有限公司				
开　　本	890 mm×1240 mm　1/32		**版　　次**	2024 年 5 月第 1 版	
印　　张	9.25 插页 3		**印　　次**	2024 年 5 月第 1 次印刷	
字　　数	192 000		**定　　价**	88.00 元